U0529216

General Logic and Thinking Skills Training

通识逻辑与思维训练

贾娇燕 编著

中国社会科学出版社

图书在版编目(CIP)数据

通识逻辑与思维训练/贾娇燕编著. —北京：中国社会科学出版社，2024.3(2024.10重印)

ISBN 978-7-5227-3269-5

Ⅰ.①通… Ⅱ.①贾… Ⅲ.①逻辑学—教学研究—高等学校—教材 Ⅳ.①B81

中国国家版本馆 CIP 数据核字(2024)第 055037 号

出 版 人	赵剑英
责任编辑	梁世超
责任校对	闫 萃
责任印制	戴 宽

出　　版	中国社会科学出版社
社　　址	北京鼓楼西大街甲 158 号
邮　　编	100720
网　　址	http://www.csspw.cn
发 行 部	010-84083685
门 市 部	010-84029450
经　　销	新华书店及其他书店

印　　刷	北京明恒达印务有限公司
装　　订	廊坊市广阳区广增装订厂
版　　次	2024 年 3 月第 1 版
印　　次	2024 年 10 月第 2 次印刷

开　　本	710×1000 1/16
印　　张	20.75
插　　页	2
字　　数	311 千字
定　　价	119.00 元

凡购买中国社会科学出版社图书，如有质量问题请与本社营销中心联系调换
电话：010-84083683
版权所有　侵权必究

前　言

本书为逻辑学通识读本，可用于高校逻辑学课程教学，亦可供社会读者学习和参考。本书的编写目的是使学习者系统掌握逻辑学知识，并通过思维训练，提高推理论证水平，顺利应对各种类型的逻辑能力测试。

逻辑学是一门重要的工具性学科，它为一切科学研究和社会工作提供逻辑分析、逻辑推理和逻辑论证工具。因此，不管是从事自然科学和社会科学研究的科研工作者，还是负责国家政治、经济、社会管理的公职人员，抑或是服务于生产生活、各行各业的普通劳动者，都有必要学习逻辑。

高等教育的目标是培养具有创新精神与实践能力的人才。对大学生来说，能够正确地理解、评价和运用所学知识进行思考和探究，是他们走上工作岗位、建设国家、服务社会的必备素质。逻辑学以提高推理和论证能力为核心，对拓展与完善知识结构、提升思维能力和综合素质有着不可替代的作用。

近年来，包含逻辑能力测试的各类考试越来越多，其适用范围也越来越广，如国家公务员录用考试、硕士专业学位入学考试、企事业员工录用考试等。此类考试都以考查应试者是否具有严谨的推理能力和在语言信息处理基础上的论证能力为核心，其目的是科学准确地测试应试者的逻辑思维能力。要顺利应对此类测试，逻辑知识学习和逻辑应用能力训练必不可少。

本书内容包括两个方面。一是系统的形式逻辑和非形式逻辑知识。其中，形式逻辑关注推理形式的有效性，以传统逻辑为主，亦涉及少量现代逻辑知识，如统计归纳推理等；非形式逻辑关注分析、评价、建构自然语言论证的非形式化的程序和规范，帮助人们评析论证的好坏，把握构建论证的逻辑技巧，以论证和谬误为主，还包括思维的基本规律及常用逻辑方法。二是丰富的逻辑实例和逻辑能力测试训练题目，以及对实例和题目的科学分析。全书共八章，分别是导论、概念、性质命题及其推理、模态推理与关系推理、复合命题及其推理、逻辑思维的基本规律、归纳推理与类比推理、论证和谬误。希望本书的出版能够为逻辑学通识教学和逻辑学习者提供帮助。限于水平，本书可能存在缺点或错误，恳请读者批评指正。

作者

2023 年 3 月于济南

目 录

第一章　导论 …………………………………………………（1）
　第一节　逻辑学的创立与分类 ………………………………（3）
　　一　逻辑学的创立 …………………………………………（3）
　　二　逻辑学的分类 …………………………………………（5）
　第二节　逻辑学的研究对象 …………………………………（7）
　　一　形式逻辑的研究对象 …………………………………（7）
　　二　非形式逻辑的研究对象 ………………………………（12）
　第三节　逻辑学与相关学科的关系 …………………………（14）
　　一　逻辑学与辩证法的关系 ………………………………（15）
　　二　逻辑学与语言学的关系 ………………………………（16）
　第四节　逻辑学的性质与作用 ………………………………（18）
　　一　逻辑学的性质 …………………………………………（18）
　　二　逻辑学的作用 …………………………………………（19）
　　三　学习逻辑的方法 ………………………………………（23）
　思考和练习一 …………………………………………………（24）

第二章　概念 …………………………………………………（27）
　第一节　概念及其逻辑特征 …………………………………（29）
　　一　概念的界定 ……………………………………………（29）
　　二　概念的内涵和外延 ……………………………………（31）

三　概念的内涵和外延应用于逻辑能力测试 ………………(34)
　第二节　概念的种类 ……………………………………………(35)
　　一　概念的三种分类 …………………………………………(35)
　　二　概念的种类应用于逻辑能力测试 ………………………(38)
　第三节　概念间的外延关系 ……………………………………(39)
　　一　概念间的五种外延关系 …………………………………(40)
　　二　概念间的外延关系应用于逻辑能力测试 ………………(44)
　第四节　明确概念的逻辑方法 …………………………………(47)
　　一　概念的限制和概括 ………………………………………(47)
　　二　划分 ………………………………………………………(50)
　　三　定义 ………………………………………………………(53)
　　四　定义应用于逻辑能力测试 ………………………………(58)
　思考和练习二 ……………………………………………………(60)

第三章　性质命题及其推理 ……………………………………(67)
　第一节　命题与推理概述 ………………………………………(69)
　　一　命题概述 …………………………………………………(69)
　　二　推理概述 …………………………………………………(72)
　第二节　性质命题 ………………………………………………(75)
　　一　性质命题的界定 …………………………………………(75)
　　二　性质命题的种类 …………………………………………(76)
　　三　性质命题的对当关系 ……………………………………(80)
　　四　性质命题主、谓项的周延性 ……………………………(83)
　第三节　性质命题直接推理 ……………………………………(83)
　　一　对当关系推理 ……………………………………………(84)
　　二　变形推理 …………………………………………………(86)
　　三　性质命题直接推理应用于逻辑能力测试 ………………(89)
　第四节　三段论 …………………………………………………(91)
　　一　三段论的一般规则 ………………………………………(91)

二　三段论的格与式……………………………………(97)
　　三　三段论的省略式……………………………………(102)
　　四　三段论应用于逻辑能力测试………………………(104)
思考和练习三………………………………………………(106)

第四章　模态推理与关系推理……………………………(115)
第一节　模态命题及其推理………………………………(117)
　　一　模态命题……………………………………………(117)
　　二　模态推理……………………………………………(120)
　　三　模态推理应用于逻辑能力测试……………………(123)
第二节　关系命题及其推理………………………………(124)
　　一　关系命题……………………………………………(124)
　　二　关系推理……………………………………………(128)
　　三　关系推理应用于逻辑能力测试……………………(132)
思考和练习四………………………………………………(133)

第五章　复合命题及其推理………………………………(137)
第一节　联言命题及其推理………………………………(139)
　　一　联言命题……………………………………………(139)
　　二　联言推理……………………………………………(141)
第二节　选言命题及其推理………………………………(142)
　　一　选言命题……………………………………………(142)
　　二　选言推理……………………………………………(145)
　　三　选言推理应用于逻辑能力测试……………………(148)
第三节　假言命题及其推理………………………………(149)
　　一　假言命题……………………………………………(149)
　　二　假言推理……………………………………………(154)
　　三　假言推理应用于逻辑能力测试……………………(163)
第四节　负命题及其推理…………………………………(165)

一　负命题 ··· (165)
　　二　负命题等值推理 ······································· (170)
　　三　负命题等值推理应用于逻辑能力测试 ······· (171)
第五节　多重复合命题及复合命题的其他推理 ······· (174)
　　一　多重复合命题 ··· (174)
　　二　复合命题的其他推理 ································ (176)
　　三　复合命题的其他推理应用于逻辑能力测试 ······· (182)
第六节　真值形式的判定方法 ································ (184)
　　一　真值表法 ··· (184)
　　二　归谬赋值法 ·· (186)
思考和练习五 ··· (187)

第六章　逻辑思维的基本规律 ································ (201)
　第一节　同一律 ··· (204)
　第二节　矛盾律 ··· (208)
　　一　矛盾律的内容 ··· (208)
　　二　悖论 ··· (211)
　第三节　排中律 ··· (212)
　　一　排中律的内容 ··· (212)
　　二　矛盾律和排中律的关系 ···························· (215)
　第四节　充足理由律 ··· (216)
　思考和练习六 ··· (218)

第七章　归纳推理与类比推理 ································ (221)
　第一节　归纳推理概述 ··· (223)
　第二节　传统归纳推理 ··· (224)
　　一　完全归纳推理 ··· (225)
　　二　不完全归纳推理 ······································· (226)
　　三　传统归纳推理应用于逻辑能力测试 ········· (229)

第三节　统计归纳推理……………………………………(230)
　　一　什么是统计归纳推理…………………………………(230)
　　二　影响统计归纳推理可靠性的因素……………………(231)
　　三　与统计归纳推理相关的"数字陷阱"…………………(232)
　　四　统计归纳推理应用于逻辑能力测试…………………(233)
第四节　探求因果联系的逻辑方法………………………(235)
　　一　什么是因果联系………………………………………(235)
　　二　探求因果联系的五种逻辑方法………………………(236)
　　三　探求因果联系的逻辑方法应用于逻辑能力测试……(242)
第五节　类比推理…………………………………………(244)
　　一　类比推理的特点与作用………………………………(244)
　　二　类比推理应用于逻辑能力测试………………………(248)
思考和练习七………………………………………………(250)

第八章　论证和谬误……………………………………(259)
第一节　论证概述…………………………………………(261)
　　一　论证的构成……………………………………………(261)
　　二　论证与推理及验证的关系……………………………(264)
　　三　诡辩……………………………………………………(265)
第二节　论证的类型与规则………………………………(266)
　　一　论证的类型……………………………………………(266)
　　二　论证的规则……………………………………………(270)
第三节　反驳………………………………………………(273)
　　一　反驳的方法……………………………………………(273)
　　二　反驳的类型……………………………………………(275)
第四节　谬误………………………………………………(278)
　　一　谬误的界定……………………………………………(278)
　　二　谬误的类型……………………………………………(278)
　　三　谬误应用于逻辑能力测试……………………………(285)

第五节　论证的分析评价与逻辑能力测试……………………（286）
　　一　识别隐含假设……………………………………………（287）
　　二　断定结论…………………………………………………（289）
　　三　加强论证…………………………………………………（291）
　　四　削弱论证…………………………………………………（293）
　　五　解释与评价………………………………………………（295）
　思考和练习八……………………………………………………（298）

习题参考答案………………………………………………（307）

主要参考书目………………………………………………（321）

第一章 导论

1

第一节 逻辑学的创立与分类

汉语的"逻辑"是一个音译外来词，由近代思想家严复译自英文的 Logic，这一术语又导源于希腊文 λόγος，最早出现在古希腊哲学家赫拉克利特的著作中，有思维、理性、思想、规律性等意义。我国历史上曾出现过的"名学""辩学""论理学""理则学"等名称，含义较近于"逻辑"。

现代汉语中，"逻辑"是一个多义词。《现代汉语词典》对"逻辑"的解释为：

①思维的规律：这几句话不合～。②客观的规律性：生活的～｜事物发展的～。③逻辑学。[1]

除了以上三种意义，"逻辑"还可以表示"某种特殊的理论、观点或看问题的方式"。例如：

  在有些人看来，擅长说谎话的人更聪明，这真是奇怪的逻辑。

可见，要正确理解"逻辑"的含义，需要联系上下文，结合具体的语境进行分析。

一　逻辑学的创立

逻辑学是一门历史悠久的学科。早在两千多年前，随着社会实践、自然科学的发展和思想论战的展开，在古代中国、印度和希腊这三个主要的世界文明发源地几乎同时产生了以思维规律和论辩方法为研究对象的逻辑学说。

春秋战国时期是中国思想和文化取得巨大发展的阶段。这一时期，社会和政治发生重大变革，不同阶级、阶层和政治派别的思想家都企图建立并推行一套新的学说，以期对政治社会、思想文化产生重要影响。

---

[1] 中国社会科学院语言研究所词典编辑室编：《现代汉语词典》(第七版)，商务印书馆2016年版，第861页。

其时，诸子蜂起，百家争鸣，各家各派宣传己见，驳斥他说，论辩之风盛行。要想在激烈的思想争辩中取得优势，就不能不关注论辩的规律和技巧，"名辩之学"由此而生，其代表人物有孔子、邓析、惠施、尹文、公孙龙、墨子、荀子等。"名辩之学"可称为中国古代的逻辑学，其主要内容见之于诸子相关著述，以《墨经》和《正名篇》为代表。如《墨经》中有言："或谓之牛，或谓之非牛，是争彼也，是不俱当。不俱当，必或不当。"[①] 这句话用逻辑语言表达就是："牛"与"非牛"是相互矛盾的概念，二者不可同真，必有一假。

古代印度是一个宗教学派林立的国家。公元前4世纪以来，各宗教学派为了自身发展，宣传本派的教义，展开了频繁的辩论。因为辩论的胜负直接关系到教派的荣辱甚至存亡，所以各派极为注重辩论的规则和技巧，在这个过程中逐渐形成了古因明学，并发展成新因明学。"因明"的"因"指推理的依据，"明"有"学说"之意，"因明"是古代印度关于思维和推理的学说，也称为因明逻辑，其代表人物有足目、无著、世亲、陈那等，代表著作有《因明正理门论》《因明入正理论》等。

公元前6世纪至公元前4世纪是古希腊奴隶制的鼎盛时期，这一时期经济繁荣，科学发展，人们的思想异常活跃，出现了众多哲学家，形成了不同的哲学派别。各哲学派别在解答自然与社会诸多问题的过程中，也对思维及其形式和规律进行了探究，代表人物有爱利亚的芝诺、苏格拉底等。古希腊哲学家对思维规律的反思，是人类认识历史上的一个重大进步，它实质性地提出了逻辑学的任务。在前人研究基础上，亚里士多德全面继承和发展了对思维形式及其规律的探索，使逻辑学成为一门独立的学科。

综上，尽管古代中国、印度、希腊都出现过各种逻辑学说，但逻辑学作为一门独立的学科，诞生于古代希腊，它的创立者是古希腊哲学家亚里士多德。亚里士多德著有《范畴篇》《解释篇》《前分析篇》《后分

---

① （清）孙诒让：《墨子间诂》，中华书局2001年版，第346页。

析篇》《论辩篇》和《辩谬篇》等一系列逻辑学著述，从概念、命题、推理等各个方面研究逻辑形式，阐释逻辑规律，建立演绎逻辑体系，是真正意义上的逻辑学著述。后人把六篇合为一本，命名为《工具论》，是逻辑学史上具有划时代意义的经典著作。

二 逻辑学的分类

逻辑学是一门不断发展的学科。两千多年来，它的内容被不断丰富和充实，体系趋向完备，如今，逻辑学已经成为一个严密而庞大的科学系统。按照不同的标准，逻辑学有不同的分类。例如，按照发展阶段，可以分成传统逻辑和现代逻辑；按照研究对象，可以分成形式逻辑和非形式逻辑。

（一）传统逻辑与现代逻辑

1. 传统逻辑

传统逻辑也叫普通逻辑，是研究日常思维规律的科学，主要包括传统演绎逻辑、古典归纳逻辑等。传统逻辑探究在日常生活中如何正确使用概念、命题和推理，如何使思维具有确定性、一贯性和可论证性，帮助人们正确认识世界和表达思想。传统逻辑所揭示的规律具有普遍性和一般性，突出体现了逻辑学的工具性学科特点，是逻辑学的重要分支。

传统演绎逻辑是传统逻辑的起点和核心。亚里士多德是逻辑学的创立者，其主要成就表现在建立了以概念为基础、以三段论为核心的演绎逻辑系统。另外，他明确表述了矛盾律、排中律、同一律等思维的基本规律，开创了模态逻辑，探究了论辩的方法以及谬误和诡辩问题。亚里士多德之后，传统逻辑继续发展，古希腊的斯多葛学派对联言命题、选言命题、假言命题等复合命题及其推理形式进行研究，充实了演绎逻辑的内容。

17世纪，英国哲学家培根提出了归纳法，奠定了归纳逻辑的基础。此后，英国哲学家穆勒继承并发展了培根的学说，系统阐述了探求因果联系的五种基本方法，逻辑史上称为"穆勒五法"。培根和穆勒的归纳逻辑系统被称为古典归纳逻辑，进一步丰富了传统逻辑的内容。

2. 现代逻辑

现代逻辑也叫数理逻辑、符号逻辑，是用数学方法来研究推理、计算等逻辑问题的科学，主要包括现代演绎逻辑、现代归纳逻辑。

最早提出把推理变成逻辑演算这一思想的是17世纪末的德国哲学家莱布尼兹。一百多年之后，英国数学家布尔建立了"逻辑代数"，把莱布尼兹的思想变成了现实，成为数理逻辑的早期形式。此后，数理逻辑逐步完善，最终形成了一门新兴学科并继续不断发展。现代归纳逻辑是以概率演算为基础，注重定量分析的科学，包括概率演算、统计推理等内容，其显著特点是使用概率来分析归纳，对归纳推理加以系统化和定量化，并借助演绎逻辑的公理化方法，构建各种形式化归纳逻辑体系。目前，现代逻辑作为一门基础性学科，在电子技术、人工智能、信息论、控制论、数学、语言学、符号学等各个领域得到了广泛应用。

对比传统逻辑与现代逻辑：传统逻辑重在探究日常思维规律，增强人们思考问题和表达观点的能力，使人头脑清晰，能言善辩；而现代逻辑重在探究专业数理规律，其符号化的逻辑规则与日常思维无密切联系，并且受数学等专业知识的限制，难学难懂。

（二）形式逻辑与非形式逻辑

1. 形式逻辑

形式逻辑是以思维的逻辑形式为主要研究对象的逻辑学，其关注的核心问题是推理形式的有效性。传统逻辑和现代逻辑的主要内容，包括传统演绎逻辑、古典归纳逻辑、现代演绎逻辑和现代归纳逻辑，都以思维的逻辑形式为主要研究对象，都属于形式逻辑。

2. 非形式逻辑

非形式逻辑是逻辑学的分支，其研究对象取材于政治论辩、法律论辩、报刊评论、人际交往等日常生活领域，它通过分析、评价、建构自然语言论证的非形式化的程序和规范，帮助人们评析论证的好坏，把握构建论证的逻辑技巧。非形式逻辑之所以是"非形式"的，是因为它不以逻辑形式为主要分析工具，也不以逻辑形式的有效性为主要评价依据。

非形式逻辑兴起于20世纪70年代。一些西方逻辑学家认为，逻辑学发展到现代逻辑阶段，其数学化、抽象化以及远离现实生活的倾向越来越严重，与日常思维之间的距离越来越远，这与逻辑学产生时的提高逻辑思维能力的初衷不相符，因此，逻辑学应回归到关注现实生活中的推理和论证中去。此论证不只是前提与结论之间的形式化模式，而是更为广泛的主张、断言、数据、理由以及反例和确证之间的各种关系与作用，即非形式化的语言理解、分析、评价的标准和程序。

需要指出，非形式逻辑与形式逻辑并非截然对立，非形式逻辑是在形式逻辑基础上，通过论证的评价要素、语用要素建立起来的逻辑学类型，它并不排斥形式逻辑的规律和规范，只是不把逻辑形式作为评价论证的关键，不把逻辑形式的有效性作为评价论证的标准。

本书以系统讲述逻辑学知识、提高逻辑思维能力为目的，重在阐释日常思维规律，训练推理和论证方法，因此，内容既包括形式逻辑，也包括非形式逻辑。形式逻辑以传统逻辑为主，涉及少量现代逻辑知识，如统计归纳等；非形式逻辑主要涉及论证和谬误的有关内容。

第二节 逻辑学的研究对象

形式逻辑与非形式逻辑的研究对象不同，下面分别论述。

一 形式逻辑的研究对象

形式逻辑的研究对象是思维的逻辑形式。

(一) 思维与思维形式

思维是指在表象、概念的基础上进行分析、综合、判断、推理等的认识活动，是人类所特有的精神活动。思维有两个基本特征：一是概括性，二是间接性。概括性是指思维能够从许多个别事物的各种各样的属性中，抽象出一类事物的内在的、本质的属性，而舍弃了那些表面的、非本质的属性。例如"商品"在现实生活中是千差万别的，但"商品"这一概念的本质属性是"用来交换的劳动产品"。思维的间接性是指思维能够根据已有知识推出新知识，从而能够理解和把握那些没有或者根本无法直接感知的事物。例如俄国化学家门捷列夫发现元素的周期性，是在已经发现了 63 种元素的基础上，通过不断的分析、推演而得出的正确结论。如果没有思维的间接性，就没有知识的继承性，人类对客观世界的认识就不会不断发展。

任何思维都有内容和形式两个方面，思维内容必须依靠一定的形式才能表现出来。思维内容是思维所反映的对象及其特有属性；思维形式是思维的反映方式，主要有概念、命题、推理等。如"原子""物理""教师""电视"是概念；"并非这些人都是教师""中华民族是一个伟大的民族""如果你说的话是正确的，我们就按照你说的去做"是命题；"凡是金属都是导电的，铁是金属，所以铁是导电的"是推理。概念组成命题，命题组成推理，离开了概念、命题、推理，思维就无法进行。形式逻辑研究的对象是概念、命题、推理等思维形式，而不是思维的具体内容。

（二）思维的逻辑形式

思维的逻辑形式是指内容各不相同的思维形式（命题、推理）所具有的共同结构。如以下三例：

  所有商品都是有价值的。

  一切犯罪都是危害社会的行为。

  凡是新闻都是对新近发生事件的报道。

这是三个内容各不相同的命题，但有着共同的逻辑形式，即"所有……都是……"。如果以 S 表示命题中的"商品""犯罪""新闻"，用 P 表示命题中的"有价值的""危害社会的行为""对新近发生事件的报道"，三个命题的逻辑形式可以表示为"所有 S 都是 P"。凡是具有这种逻辑形式的命题都是性质命题中的全称肯定命题。

再如以下三例：

  如果电脑主板坏了，就开不了机。

  如果过度砍伐树木，就会造成水土流失。

如果认真听课，就能通过这次考试。

这是三个内容各不相同的复合命题，但有着共同的逻辑形式，即"如果……就……"。如果以 p 表示命题中的前一个成分命题，以 q 表示命题中的后一个成分命题，三个复合命题的逻辑形式可以表示为"如果 p，就 q"。凡是具有这种逻辑形式的复合命题都是充分条件假言命题。

不但命题有着共同的逻辑形式，推理也是如此。如以下两例：

所有犯罪行为都会受到法律制裁，

网络诈骗是犯罪行为，

所以，网络诈骗会受到法律制裁。

凡是小说都是社会生活的反映，

微型小说是小说，

所以，微型小说是社会生活的反映。

这是两个三段论推理，尽管内容不相同，但具有共同的逻辑形式。如果两个推理都用 M 表示前提中的相同概念，用 S 和 P 分别表示结论中的前后两个不同概念，这两个推理的逻辑形式可以表示为：

所有 M 都是 P

所有 S 都是 M

所以，所有 S 都是 P

再如以下两例：

只有年满 18 岁，才能参加选举；

小王参加了选举；

所以，小王年满 18 岁。

只有精神上没有缺陷的人，才能充当证人；

他充当了证人；

所以，他精神上没有缺陷。

这是两个必要条件假言推理，尽管内容不相同，但有着共同的逻辑形式。如果两个推理都用 p 表示第一个前提的前一个命题，用 q 表示第一个前提的后一个命题，这两个推理的逻辑形式可以表示为：

只有 p，才 q

q
_____
所以，p

以上三段论推理和必要条件假言推理都是演绎推理。不仅演绎推理有共同的逻辑形式，归纳推理和类比推理亦然。归纳推理如以下两例：

铁是导电的，
铜是导电的，
铝是导电的，
铅是导电的，
……
所以，金属都是导电的。

燕子会飞，
麻雀会飞，
天鹅会飞，
乌鸦会飞，
……
所以，鸟都会飞。

这是两个不完全归纳推理，其内容不相同，但有着共同的逻辑形式：

S_1 是 P

S_2 是 P

S_3 是 P

……

S_n 是 P

S_1、S_2、S_3……S_n 是 S 类的部分对象
_____
所以，所有的 S 都是 P

类比推理如以下两例：

乌兹别克地区具有日照长、霜期短、气温高、雨量适中等自然条件，所以能够生长长绒棉。我国的塔里木河两岸过去没有长绒棉，但具有和乌兹别克相似的条件，因此可以推断：塔里木河两岸

地区也可以生长长绒棉。

我国曾经被称为贫油国,但地质学家李四光进行了长期而深入的调查后,发现我国东北松辽平原的地质结构与中亚细亚的地质结构非常相似,而中亚细亚有大量的石油出产,于是他推论我国的松辽平原也可能蕴藏着大量石油。后来,大庆油田的发现证明了李四光的推论是正确的。

这两个类比推理的内容不相同,但有着相同的逻辑形式:

A 对象具有属性 a、b、c、d

B 对象具有属性 a、b、c

所以,B 对象具有属性 d

综上所述,思维的逻辑形式是从内容各异的各种命题和推理中抽象出来的共同结构。形式逻辑主要从逻辑形式方面去研究思维,而思维的具体内容,是各门具体科学要研究和解决的问题。例如,"并非所有物种都是变异的"这一命题的内容是否正确,是生物学要研究的内容;"所有的金属都不是液体"这一命题的内容是否正确,是物理学研究的内容。

从这一点上看,形式逻辑与语法有相似之处。语法是研究词、词组和句子的结构规律的学科,它不研究词、词组和句子的具体内容,而是研究词、词组、句子的共同组合方式和类型。例如以下三例:

我很喜欢鲜花。

他正在学习文件。

你常常看电影。

三个句子的意义各不相同,但从语法上讲,都是"代词+副词+动词+名词"形式,都是"主语+状语+动语+宾语"结构,都是一般主谓句。可见,语法和形式逻辑类似,都舍弃了具体的内容而抽象出一般的结构和规律。正因此,人们通常把形式逻辑称为"思维的语法"。

当然,形式逻辑并不是要把思维形式和思维内容完全割裂开来,形式逻辑的研究目的,正是为了使人们更自觉地掌握逻辑规律,更好地把思维形式和思维内容联系起来，正确地认识和反映世界。

另外，形式逻辑主要研究逻辑形式的真假，探究当某一个逻辑形式为真或为假时，另外一个逻辑形式的真假情况。如已知"所有 S 都是 P"为真，可以得出"有的 S 是 P"为真，"有的 S 不是 P"为假。逻辑形式包括两个部分：逻辑常项和逻辑变项。逻辑常项是逻辑形式中固定不变的项，如"所有……都是……""如果……就……"等。逻辑变项是指逻辑形式中可以变化的项，常用字母 S、P、q、M 等来代表。逻辑常项决定逻辑形式的性质；而逻辑变项不管是哪一个具体的概念或命题，都不会改变逻辑形式的性质。如"所有 S 都是 P"之所以被称为全称肯定命题，是因为逻辑常项"所有……都是……"的缘故，与"S"和"P"无关；同样，"如果 p，就 q"之所以被称为充分条件假言命题，是因为逻辑常项"如果……就……"的缘故，与"p"与"q"无关。

二　非形式逻辑的研究对象

非形式逻辑的主要研究对象是论证，还包括思维的基本规律和简单逻辑方法。

（一）论证

论证是人们交流思想、表达观点的重要方式，是说服或影响他人的手段，是理性探讨、深化认识的主要形式。好的论证有说服力，无可辩驳；而坏的论证苍白无力，在逻辑上也站不住脚。非形式逻辑通过研究论证，建立论证评估规范，可以帮助人们提高分析、评价和构建论证的技能，引导人们识别形形色色的逻辑谬误与诡辩，从而合乎逻辑地交流与探讨。

非形式逻辑对论证的研究包括论证的各个方面：论证的本质和功能、论证的构成要素、论证的结构、论证形式、论证规范、论证评估方法、论证构建、论证批评和论证谬误辨析等。本书选取论证知识进行阐释和训练，以提高学习者正确分析、评价论证的能力，并能在实践中正确处理论证问题。例如：

有研究者指出，黄烷醇对提高认知功能有积极影响。黄烷醇是一种天然植物化合物，广泛存在于可可、红酒、茶、水果和蔬菜中。如果食用富含黄烷醇的食物，会提升心血管功能；心血管功能的提升有助于脑血管功能的改善；而有益于脑血管功能的食物会对认知功能产生积极影响。

以上论证的论点是"黄烷醇对提高认知功能有积极影响"。论据有三个：一是"如果食用富含黄烷醇的食物，会提升心血管功能"，二是"心血管功能的提升有助于脑血管功能的改善"，三是"有益于脑血管功能的食物会对认知功能产生积极影响"。三个论据依次递推，构成一个连锁推理，从而推出论点。论证类型是演绎论证。

在构建论证时，无论哪个要素，都要遵循一定的规则，这样才能保证论证正确有效，否则，就可能是"坏"的论证，即谬误。例如在电影《十五贯》中，无锡知县判案时是这样论证的：

> 看她艳若桃李，岂能无人勾引？年正青春，怎会冷若冰霜？她与奸夫情投意合，自然要生比翼双飞之意，父亲阻拦，因之杀其父而盗其财，此乃人之常情。哼哼，这桩案情就是不问，也已明白十之八九的了。[①]

此论证中的谬误表现在两个方面：一是知县凭苏戌娟年轻貌美，便判定她与人勾搭成奸，论点和论据不相干；二是在此基础上进而断定她是杀死养父的凶手，是用真实性尚待证明的命题充当论据，是"预期理由"谬误。

论证是非形式逻辑研究的核心内容。

（二）思维的基本规律

思维的基本规律是指正确思维应该遵循的一般规律，包括同一律、矛盾律、排中律和充足理由律。思维的基本规律是从正确的思维中总结出来的、各种推理和论证都应该遵守的规则，不论运用概念还是命题，或者是借助命题构成推理、进行论证，都应该遵守。思维的基本规律是人们正确思维的必要条件，只有遵循这些规律，才能保证人们思维的确

---

① 1958年出品昆曲电影《十五贯》台词。

定性、不矛盾性、明确性和可论证性。否则，就会犯逻辑错误。例如：

"语言是没有阶级性的"，这早就成了定论。可刚才大家为什么又说我的话代表了资产阶级的利益呢？

"语言"和"我的话"并不是一个概念，说话者把它们当作一个概念，违反了同一律，犯了"偷换概念"的逻辑错误。

再如：

一个官员要到外省去做官，临行前去老师处辞别。老师说："在外省做官不容易，做事要谨慎小心才是。"此人回答说："老师请放心，我觉得人们都喜欢戴高帽儿，我已经准备了100顶高帽儿，碰上人就奉送一顶，这样就万事顺利了。"老师听了生气地说："做官要正直，哪能随便送高帽儿奉承人呢？我就不喜欢别人奉承。"学生赶忙诚惶诚恐地说："学生错了，老师品格端正，不爱戴高帽儿，如今像老师这样贤达正直的人真太少了。"老师听了非常高兴。此人一出老师家大门，就对随从说："我的100顶高帽儿，现在只剩下99顶了。"

故事中的老师言行自相矛盾。一边称自己不喜欢别人奉承，一边又因为学生的奉承而沾沾自喜，其实是同时承认了两个互相否定的思想，违反了矛盾律。

排中律的目的是保证思维的明确性，要求对两个互相否定的思想必须承认一个为真，否则就会犯"模棱两可"的逻辑错误。充足理由律的目的是保证思维的可论证性，要求任何结论的推出必须要有充足的理由，否则就会犯"理由不充足"或"推不出"等逻辑错误。

除此之外，非形式逻辑还研究简单的逻辑方法，常见的有概括、限制、定义、划分等。

第三节　逻辑学与相关学科的关系

认清逻辑学和其他相关学科的关系，有助于准确理解逻辑学的研究对象和性质。

一 逻辑学与辩证法的关系

关于逻辑学与辩证法的关系,学术界的看法不一致。一般情况下,大家都承认逻辑学与辩证法作为哲学的两大不同类别,有着根本的差别。概括地说,辩证法是研究辩证思维及其规律的科学,而逻辑学是研究日常思维及其规律的科学。具体来说,辩证法与逻辑学的差别主要表现在:辩证法用辩证的观点研究思维,用发展变化的观点来分析概念、命题、推理和论证的内容;而逻辑学则撇开思维内容的发展变化,用静态的观点研究思维的规律,探求概念、命题、推理和论证的逻辑特征。

由于逻辑学和辩证法之间存在着根本差异,同样一句话,用逻辑学的观点分析与用辩证法的观点分析可能会有不同的结论,反映出逻辑学和辩证法的差异,也反映出思维的多样化。例如:

她是我的妈妈,又不是我的妈妈。[1]

用逻辑学的观点来看,这句话所表达的命题违反了矛盾律。矛盾律要求在同一个思维的过程中,互相否定的思想不能同时为真,此例中,"她是我的妈妈"和"她不是我的妈妈"两个命题显然互相否定,不能同时为真。用辩证法的观点来看,这句话并没有矛盾:"她是我的妈妈"是从血缘关系上讲的,是客观事实;"又不是我的妈妈"是从说话者的主观态度上讲的,表明说话者不愿承认沉沦堕落的"她"是自己的妈妈。两个看似矛盾的命题正好反映出说话者的思想斗争。

恩格斯把逻辑学和辩证法的关系比喻为初等数学与高等数学的关系,认为逻辑学是初等逻辑,辩证法是高等逻辑;也有人认为逻辑学是静态逻辑,而辩证法是动态逻辑。总之,逻辑学不排斥辩证法,辩证法也不排斥逻辑学,它们有各自的研究对象和作用,都是人类科学思维所不可缺少的内容。

---

[1] 老舍:《月牙儿》,人民文学出版社1987年版,第16页。

二 逻辑学与语言学的关系

逻辑学与语言学之间有着十分密切的关系，这是因为逻辑学是研究思维的科学，而无论思维的产生，还是思维活动的体现及思维结果的表达，都要通过语言来完成，离开语言材料的赤裸裸的思维是不存在的。

对逻辑学来讲，任何思维形式，不管是概念、命题还是推理，都要通过一定的语言形式来表达。如"动物""植物"两个概念要用词语来表达；"在座的都是上海人""有的树是常青的"两个命题要用单句来表达；"因为我们班所有的同学都是山东人，所以我们班长是山东人"这个推理要用复句来表达。这些都反映了逻辑学与语言学的密切联系。

当然，作为两门不同的学科，逻辑学与语言学有所不同。首先，语言学与逻辑学的研究对象不同：语言学以人类语言为研究对象，以语言的各个组成部分——语音、词汇、语义和语法等语言要素为研究重点；逻辑学以人类思维为研究对象，以思维的逻辑形式、规律和论证为研究内容。

其次，即使是两门学科都要涉及的内容，二者的研究侧重点也不同。尽管概念要用词语来表示，但是逻辑学对概念的研究与语言学对词语的研究差别很大。任何词语都包含形式和意义两个方面，这两个方面语言学都要研究，而逻辑学的研究只涉及词语的意义方面，不研究词语的结构。另外，尽管语言学和逻辑学都涉及词语的意义，但语言学全面研究词语意义的性质、特点、分类和发展变化，而逻辑学只研究词语意义所反映出的事物的特有属性和特定范围，即概念的内涵、外延和概念之间的外延关系等。尽管任何命题都要靠语句来表示，但逻辑学对命题的研究与语言学对语句的研究并不相同。任何语句都包含形式和意义两个方面，语言学都要研究，而逻辑学并不研究语句的句法结构。另一方面，尽管语言学和逻辑学都涉及语句的意义，但逻辑只涉及有真假意义的语句——命题，如"这是谁的书？""快走吧！"等语句谈不上真假，不能表达命题，不是逻辑学的研究对象。

逻辑与语法的关系是一个重要的问题。语法是语言学的重要组成部分，与逻辑有许多相似之处，主要表现在两者都具有高度的抽象性，都没有阶级性；另外，逻辑是语法的基础，语法要服从逻辑，任何语句都应该不仅合乎语法，而且要合乎逻辑，否则就是病句。如以下两例：

今年我省的大豆、小麦、玉米、棉花、甜菜等粮食作物都获得了丰收。

她现在不想看见一个人类，她憎恨所有的人。

这两个句子都符合语法搭配规则，但都不合逻辑。第一句，把"粮食作物"作为"棉花""甜菜"的属概念不正确，因为"粮食作物"是"对谷类作物、薯类作物和豆类作物的总称"，不包括"棉花"和"甜菜"。第二句，"她"不想看到的只能是一个"人"，而不是一个"人类"，"人类"是个集合概念，不能用作非集合概念。可见，语言表达中，语法和逻辑都应该遵守。

当然，逻辑和语法之间有着根本区别，主要表现在三个方面。首先，逻辑研究的是思维规律，而语法研究的是语言规律。其次，逻辑没有民族性，逻辑规律是全人类的；而语法具有民族性，不同民族的语法规则存在着很大的差异。最后，逻辑上的错误和语法上的失误不一一对应："有些话虽然用严格的逻辑眼光来分析有点说不过去，但是大家都这样说，都懂得它的意思，听的人和说的人中间毫无隔阂，毫无误会。站在语法的立场，就不能不承认它是正确的。"[1] 如以下两例：

大爹，您跟爸爸哪儿都像，就是有这么一点不像。[2]

街上黑沉沉的一无所有，只有一条灰白的路，看得分明。[3]

两个句子看上去都不符合逻辑规律。第一例，"哪儿都像"是对"像"的全部肯定，"就是有这么一点不像"是对"像"的部分否定，前后自相矛盾。第二例，"一无所有"是全部否定了街上有事物，而"只有一条灰白的路"又部分肯定了街上有事物，也是自相矛盾。然而，从

---

[1] 吕叔湘、朱德熙：《语法修辞讲话》，中国青年出版社1979年版，第179页。
[2] 周晔：《我的伯父鲁迅先生》，载教育部组织编写《语文·六年级上册》，人民教育出版社2019年版，第115页。
[3] 鲁迅：《药》，《鲁迅小说全编》，人民文学出版社2006年版，第20页。

语法上讲，第一例先是全部肯定，又部分否定，为的是使语意跌宕，使差异更加突出；第二例先是全部否定，又部分肯定，使肯定的部分"一条灰白的路"显得格外醒目。可见，逻辑和语法之间有明显区别。

第四节　逻辑学的性质与作用

一　逻辑学的性质

首先，逻辑学是一门工具性的学科。逻辑学是关于推理与论证的科学，它为一切科学提供逻辑分析、逻辑推理和逻辑论证的工具。从产生开始，逻辑学就一直被看作一门工具性学科，亚里士多德认为逻辑学是认识、论证的工具，他的逻辑学著作也以《工具论》命名；培根同样把归纳逻辑看作科学认识的工具，并以《新工具》为自己的逻辑学著作命名。逻辑学与其他学科不同，它所研究的内容是思维的最一般的联系，不以具体的对象为转移，所以，逻辑学所揭示的思维规律普遍适用于任何学科，是任何学科研究和发展的工具。

其次，逻辑学是一门基础性的学科。基础科学是探索自然界发展规律的科学，其研究成果是整个科学技术的理论基础。联合国教科文组织将基础科学分为数学、物理学、化学、生物学、天文学、地球科学、逻辑学七大学科。作为一门学科，逻辑学是人类科学研究的理论基础。各门学科虽然内容各不相同，但无不表现为一个概念、命题与推理有机结合的系统，无不与思维有着密切关系，因此，所有科学的学习和研究都离不开逻辑学。

最后，逻辑学是一门没有民族性和阶级性的学科。逻辑学所研究的思维规律是对全人类思维活动作出的抽象和概括，不同民族、不同阶级的人都可以利用其来认识世界、获取知识、表达思想。如果逻辑具有民族性和阶级性，不同民族和阶级的人就互不理解彼此的思想，就无法进行交流。当然，说逻辑学没有阶级性，并非说它与阶级没有任何关系，具有不同世界观、属于不同阶级的人，总会从本阶级的利益出发，借助逻辑学去更有效地为本阶级服务。

二 逻辑学的作用

不管对从事自然科学、社会科学研究的科研工作者，还是对负责国家政治、经济、社会管理的公职人员，抑或对服务于各行各业、生产生活的一般劳动者而言，学习逻辑都具有重要的意义。这是因为，逻辑是对思维规律和规则的科学反映，对任何人的思维都具有规范性。学习逻辑可以帮助人们认清哪些思维是合乎逻辑的，哪些是不合乎逻辑的，从而自觉地运用逻辑知识去思考问题、防止错误。

对大学生来说，能够有效地理解、评价和运用所学知识进行思考和探究，是他们将来走向工作岗位的必备素质，也应当是高等教育的核心目标，在这一方面，逻辑学有不可替代的作用。逻辑学不仅可以提供常用的逻辑知识，还可以培养学习者思考问题、解决问题的能力，尤其是随着我国高等教育的发展，以提高推理和论证能力为核心的逻辑学也愈加重要。

近年来，包含逻辑能力测试的综合考试越来越多，适用范围也越来越广，如各类硕士专业学位入学考试、国家公务员录用考试及企业员工录用考试等。无论是哪一种考试，都以考查学生是否具有严谨的逻辑推理能力和在处理众多信息基础上的论证能力、应变能力为核心，其目的是更科学、准确地测试应试者的逻辑思维能力。从这一方面来说，逻辑学有着重要的作用。

具体地说，学习逻辑有以下几点意义。

（一）有助于培养正确思考问题和探求知识的能力

有人认为，正确思考问题和探求知识与学习逻辑之间没有什么必然联系，因为大多数人没学习过逻辑，但照样可以进行思考并获取知识。持这种观点的人没有认识到，没有学习过逻辑的人在思考问题时也是在不自觉地遵守逻辑规则的，然而，正因为如此，他们就有可能不自觉地犯逻辑错误，并且在犯了逻辑错误之后还不知道自己错在哪里，更不知道为什么会犯这样的错误。如果掌握了逻辑知识，便可以自觉地遵守逻辑规则思考问题，减少犯错误的机会。

逻辑学是一门工具性的学科，它毫无例外地为其他科学提供思维工具。人们对客观世界的认识，对科学理论的学习，都要运用概念来组成命题并进行推理和论证，都要遵守逻辑思维的基本规律。例如，辩证唯物主义提出了"物质""运动""规律""实践""真理"等一系列概念，运用这些概念组成"世界的本质是物质的""物质是运动的""物质的运动是有规律的""物质运动的规律要通过实践来认识""实践是检验真理的唯一标准"等一系列命题，并运用这些命题作出了合乎逻辑规律的推理和论证。

科学史上大量的事实也体现了逻辑的重要作用。例如：

左旋多巴是治疗震颤性麻痹的有效药物，但因为这种药物主要靠进口，价格较高，而我国可以提取这种药物的野生植物藜豆又来源不足，所以一直是短缺药品。后来，医药工作者发现，猫豆的科属与藜豆相近，外形相似，在人体引发的中毒症状也大致相同，所以就推理猫豆中也可以提取出左旋多巴。经过实验，这种推理很快得到了验证，从而解决了医药短缺问题。

这一科学发现正是正确运用了类比推理的结果。

（二）有助于培养正确论证的能力和准确表达的能力

现实生活中，有些人善于发现问题并能找出问题的答案，但却不善于论证这些发现的正确性，拙于把自己的研究成果表达出来，实现科学认识成果的推广。可见，要把认识的成果转化为人类共同的知识财富，就必须有正确论证的能力和准确表达的能力，而无论是论证能力还是表达能力的培养都离不开逻辑。

论证是用已知为真的思想来确定另一思想的真或假。确定思想的真或假，会涉及许多逻辑问题。如果掌握了必要的逻辑规律，就能合乎逻辑地论证真或假，否则，便有可能出现逻辑错误。如以下两例：

并不是所有科学家都懂外语，所以，有的科学家懂外语。

我看他一定能够改正错误，因为只有承认错误，才能改正错误，而他已经承认错误了。

这两个论证都有逻辑错误。前一例，"并不是所有科学家都懂外语"

是一个负命题，它否定了一个全称肯定命题"所有科学家都懂外语"，按照逻辑规则，得出的结论应该是一个特称否定命题"有的科学家不懂外语"，而原结论"有的科学家懂外语"却是一个特称肯定命题。后一例运用了必要条件假言推理，按照规则，必要条件假言推理不能通过肯定前件"承认错误"，来得出结论"改正错误"。

正确的思想与合乎逻辑的论证要通过准确的表达才能让更多的人认识和接受。语言表达要鲜明、要生动，但最重要的是要准确无误，这就要求语言中涉及的概念、命题、推理、论证都没有逻辑错误，做到概念明确、命题合理、推理论证合乎逻辑，否则，就会出现表达不清、思维混乱的问题。例如：

近十年来，他利用各种不正当手段，将自己的子女、亲属等多人调入企事业单位。

根据概念间的外延关系，"子女"和"亲属"是真包含于关系，不能并列，此例犯了"并列不当"的逻辑错误。

日常语言中，有些命题和论证包含着隐含的前提和假设，只有准确把握这些隐含的前提和假设，才能正确理解和表达，否则可能会产生误解。例如：

一个人请几位朋友来家吃饭，约定的时间到了，却只来了甲、乙、丙三人。这人有点着急，便说："该来的怎么还不来。"甲听了心想："他说该来的还不来，那我是属于不该来的了。"于是就起身走了。主人一看更着急了，就说："不该走的怎么又走了。"乙听了心想："他说不该走的走了，那我是该走的了。"于是也走了。这下主人急坏了说："嗨，我说的又不是他们。"丙听了心想："他说说的不是他们，那就是说我了。"于是起身也走了。

故事中，主人和客人对"该来的""不该走的""不是他们"的预设完全不同，产生了误解。

（三）有助于批判谬误和战胜论辩对手

无论是政治论战、学术讨论还是日常生活中的思想冲突，相互对立的双方都想通过无懈可击的论辩来证明自己的观点。然而，相互对立的观点中总有一种是不正确的，会有着这样或那样的逻辑错误，这些由于违反逻辑规律而产生的错误就是谬误。学习、掌握逻辑知识，是人们运用正确的逻辑规则，准确反驳谬误的重要基础。例如：

  李某曾经有过小偷小摸的行为。最近，他所在的某街道办事处失盗了。办事处郑主任分析说："我看是李某干的，因为他有过偷窃行为，并且最近老在办事处周围转悠。"

这位办事处主任的论证有逻辑错误，要反驳，就可以明确指出他所举出的理由不足以证明他的结论，他的论证违反了充足理由律。

逻辑知识还有助于在论辩中出奇制胜。例如：

  甲：人年龄越大，就会懂得越多。

  乙：如果年龄越大懂得越多的话，百岁老人就是这世界上学问最高的人。

乙反驳甲，运用了反驳中经常使用的一种逻辑方法——归谬法。归谬法是一种间接反驳法，为了反驳"人年龄越大，就会懂得越多"这个说法，乙先假定它是真的，然后从假定中推出一个明显错误的结论"百岁老人是这世界上学问最高的人"，从而推出"人年龄越大，就会懂得越多"为假。

诡辩是一种特殊的谬误，是故意违反逻辑规律，制造逻辑混乱，为错误观点作辩护的行为。诡辩的逻辑错误比一般谬误更加隐蔽，也更难反驳。例如：

  古希腊诡辩家欧布利德曾经做过这样的诡辩：你没有失掉的东西，就是你有的东西；你没有失掉头上的角，所以你头上有角。

要反驳这个诡辩，就应当指出欧布利德是在偷换概念，制造逻辑混乱，违反了同一律。这句话中虽然有两个"没有失掉"，但第一个是指"原来就有的"，而第二个则是指"本来就没有的"，是含义不同的两个概念。可见，扎实地掌握逻辑知识，有助于准确指出诡辩中的逻辑错误，揭露其错误的本质。

三 学习逻辑的方法

逻辑是一门非常重要的基础学科，要学好，需要有科学的方法。

首先，要系统全面地掌握逻辑学的基本知识。

逻辑是一门系统性很强的学科，各部分知识有着紧密的联系。学习时，应注意全面系统地掌握其基本理论，从易到难、从简单到复杂，循序渐进。只有学懂了基础知识和基本理论，才能把握知识的内在联系，形成系统的理论和方法。一般来说，学习要从概念入手，再到命题和推理，然后到论证和谬误。

其次，既重视从思维的逻辑形式方面把握逻辑规律，又要结合具体论证养成批判性思维习惯。

形式逻辑的主要研究对象是思维的逻辑形式，因此，在学习时，要坚持从逻辑形式的角度去理解和掌握逻辑规律。不管是命题还是推理，都要弄清它们是哪种命题和推理，如何形式化表示，命题是否为真，推理是否有效。例如，对"只要给我一个支点，我就能撬起地球"这个命题，从逻辑学角度，要清楚这是一个充分条件假言命题，其形式为"只要 p，就 q"。

非形式逻辑的主要研究对象是论证，因此，在学习时，要着力培养对具体论证的理解、分析、评价和构建能力。对任何一个论证，都要能正确指出它的论题、论点、论据、论证方式、前提假设等要素；能判断论证是否正确，是否符合论证的规则，如果不正确，是什么逻辑错误，如何反驳等。例如：

> 顾客：请问我点的小米粥为什么还没有送来？我已经等了 10 分钟了。
>
> 服务员：你能不能不喝小米粥？我们有南瓜粥。

顾客问的是"我点的小米粥为什么还没有送来"，服务员说的是"我们有南瓜粥"，并没有对问题作出回答，犯了"转移论题"的逻辑错误。

最后，注意理论联系实际，用逻辑知识分析解决实际问题。

掌握逻辑知识并不是学习的最终目的，学习逻辑不能满足于记住一些逻辑规则，而是要运用这些规则去正确分析实际问题，提高逻辑分析能力，准确地论证思想和表达思想。这就要求我们用实践的方法来学习逻辑，做到理论联系实际，学以致用。例如，专题辩论赛是一种常见的论辩形式，论辩的辩题可以是一对具有矛盾关系的命题，如"地球是圆的"和"地球不是圆的"，也可以是一对具有反对关系的命题，如"人性本善"和"人性本恶"。辩题的逻辑关系不同，辩论方式应该有所不同。逻辑知识告诉我们：对矛盾关系的辩题，证明了己方，就一定能否定对方，否定了对方，也就能证明己方，因此可以采用证明和反驳两种方法进行辩论；对反对关系的辩题，证明了己方，一定能否定对方，但否定了对方，不一定就能证明己方，所以只能主要采用证明的方法进行辩论。

思考和练习一

思考题

一、逻辑学有哪些分类？

二、逻辑的研究对象是什么？

三、逻辑的性质和作用是什么？

练习题

一、指出下列句子中"逻辑"一词的含义。

1. 历史的逻辑是无情的。

2. 有人说与其让部分人先富起来，还不如大家都穷，这真是奇怪的逻辑。

3. 说话、写文章都要讲究逻辑，不要出现前后矛盾的错误。

4. 任何事物的发展都有它的逻辑，我们要努力认识并且抓住它。

5. 我国古代和近代学者曾经用"名学""辩学""理则学"等名称表示逻辑。

二、指出下列各句中具有相同逻辑形式的命题或推理。

1. 这所中学所有学生都是团员，张明是这所学校的学生，所以张明是团员。

2. 只有认清历史，才能继往开来。

3. 他既是教师，又是医生。

4. 倘若房屋产权明晰，他就能打赢这场官司；经查，房产证已明确了房屋产权；所以，他能打赢这场官司。

5. 王芳没有去过庐山，但李娜去过。

6. 如果作品获奖，它就是优秀作品；《白鹿原》获奖了；所以《白鹿原》是优秀作品。

7. 金属都是导电的，铜是金属，所以，铜是导电的。

8. 只有完善医疗机构分类管理制度，才能推进惠民措施。

2

第二章

概　念

第一节　概念及其逻辑特征

一　概念的界定

（一）概念的含义

世界上存在着各种各样的事物、现象和关系，这些事物、现象和关系有物质的，也有意识的。物质的如山、水、鸟、兽、风、云、雷、电、远亲、近邻、民族、国家等；意识的如思维、意识、道德、情感、意志等。这些事物、现象和关系是人类认识世界所涉及的对象，人们对它们的认识，首先要以概念的形式反映到头脑中来。可以说，概念是思维的起点，是思维的细胞，是思维的基本单位；没有概念就没有命题，就没有推理和论证。

概念是反映对象特有属性的思维形式。可以从两个方面来理解。

首先，概念要反映对象的特有属性。

世界上的事物既千差万别，又存在着相同之处，这些差别和相同之处构成了事物的属性。如"虎"和"豹"的相同之处有"哺乳动物""性情都比较凶猛，都能捕食兽类、伤害人畜"等；差别有"虎形体较大而豹形体较小""虎是黄色毛黑色斑纹而豹身上更多斑点""豹的毛色斑纹颜色也比虎多"等。属性是事物自身的性质及事物之间的关系。例如生死、颜色、形状、好坏等是事物自身的性质，小于、等于、多于、对称等是事物之间的关系。在属性中，有些是特有属性，有些是非特有属性，而概念反映的是对象的特有属性。

特有属性是一事物区别于其他事物的属性。例如"人"，其属性有"有神经""有感觉""能运动""多以有机物为食""用肺呼吸""能制造和利用工具""能劳动""能进行抽象思维""有语言"等，但只有"能制造和利用工具""能劳动""能进行抽象思维""有语言"把"人"同其他动物区别开来，这些属性是"人"所独有的，是"人"的特有属性。其他属性不仅"人"有，其他动物也可能有，是"人"的非特有属性。

对象的特有属性是多样的，从不同的角度考虑，可以得出不同的特有属性，形成不同的概念。如"北京""中华人民共和国的首都""中国北方最大的城市"三个概念，"北京"反映的是"地理位置"属性，"中华人民共和国的首都"反映的是"中国的政治、经济、文化中心"这一属性，而"中国北方最大的城市"反映的是"城市人口、面积、经济等综合实力第一"这一属性。

其次，概念对特有属性的反映既相对确定又不断深化。

对任何事物来说，它的特有属性在一定时期内是不变的，具有相对确定性，否则，我们就无法认识这些属性，也就无法理解概念。然而，相对确定并不代表一成不变，人们对事物的认识是一个不断深化的过程，概念对对象特有属性的反映也是一个不断深化的过程。

人们的认识大致是这样的：首先，在实践中获得感性认识，感性认识停留在对象的外部联系，是片面的认识，它在随后的社会实践中会得到纠正和发展；然后，在感性认识的基础上，通过比较、分析、综合、概括、抽象等方法，逐步认识到对象的特有属性，并形成概念。人们最初对特有属性的认识往往是不深刻的，随着社会实践的发展和认识水平的不断提高，可能有新的认识，对认识对象的特有属性的理解也就随之深化。例如对"原子""电""鲸""癌"等对象，现在的认识要比几百年前甚至几十年前要准确丰富得多。

总之，概念和概念所反映的对象不完全等同，前者是反映者，后者是被反映者。概念作为对对象特有属性的反映，有正确和不正确、深和浅、全面和不全面之分。

(二) 概念与词语的关系

概念和词语之间有密切的联系，也有明确的区别。

1. 概念与词语的联系

词语是概念的语言表现形式，概念的产生、存在和表达必须依靠词语，离开了词语的概念是不存在的；概念是词语的内容，词语之所以能表达事物现象或关系，就是因为有相应的概念。有的概念用单音节词来表达，如"山""水""书""大""小"；有的用双音节或多音节词表达，如"电话""伟大""国家""计算机";有的用词组来表达,如"技术监督""我的同学""简单命题";等等。

2. 概念与词语的区别

首先,词语是语言的基本单位,是语言学研究的对象;概念是思维的基本单位,是逻辑学、认识论研究的对象。概念只是词语意义的核心部分;除了概念意义外,词语意义还可能有色彩意义,如感情色彩、语体色彩、形象色彩等。

其次,任何概念都要用词语才能表达出来,但并非任何词语都能表达概念。一般来说,有实在意义的实词能表达概念,如名词、动词、形容词等;没有实在意义的虚词不能表达概念,如连词、介词、叹词、语气词等。

再次,同一个概念可以用多个词语来表达。核心意义相同的词语,不管其色彩意义如何,都可以表达同一个概念。例如,汉语中存在的普通话词和方言词,如"玉米——棒子——苞米""红薯——地瓜";口语词和书面语词,如"爸爸——父亲""妈妈——母亲";等义词,如"唯物主义——唯物论""讲演——演讲"等,每组都是同一个概念。因为同一个概念可以用多个词语来表达,说话和写文章时就可以根据需要选择最恰当的词语。

最后,同一个词语可以表达多个概念。这主要是指汉语里的多义词。例如"骄傲"一词,既可以指"自以为了不起,看不起别人",如"骄傲使人落后";也可以指"自豪",如"我们都以自己为中华儿女而感到骄傲";还可以指"值得自豪的人或事物",如"四大发明是中国的骄傲"。因此,"骄傲"是一个词语表达三个概念。另外,同一个词语,有时在集合意义下使用,有时在非集合意义下使用,也不是同一个概念。如"中国人是勤劳勇敢的"和"他是中国人"中的两个"中国人",是一个词语表达两个概念,前一个是集合概念,后一个是非集合概念,不能混淆。

二 概念的内涵和外延

内涵和外延是概念的两个基本逻辑特征,任何概念都具有内涵和外延。例如"文学"这一概念，它所反映的特有属性是"以语言文字为工具，形象化地反映客观现实的艺术"；同时，"文学"也反映了一切符合这一特有属性的事物和现象，即世界上所有的"文学"。可见，概念既反映特有属性，也反映具有这种特有属性的事物和现象，这两个方面就是概念的内涵和外延。

（一）什么是概念的内涵与外延

概念的内涵是指概念所反映对象的特有属性，概念的外延是指概念所反映对象的特定范围。例如"民主党派"这个概念，它的内涵是"接受中国共产党的领导、参加爱国统一战线的其他政党"，外延是所有的民主党派。逻辑学用定义的方法明确概念的内涵，用划分的方法来明确概念的外延，因此，"民主党派"的外延可以表示为"中国国民党革命委员会、中国民主同盟、中国民主建国会、中国民主促进会、中国农工民主党、中国致公党、九三学社和台湾民主自治同盟"。

可以说，概念的内涵是从质的方面来反映对象，而概念的外延从量的方面来反映对象。

概念的内涵和外延既相对确定又有发展变化。一方面，概念有相对确定的内涵和外延；另一方面，概念的内涵和外延可以随着客观情况的发展和人们认识的深入而发展变化。概念的内涵和外延是确定性和发展变化的辩证统一。

明确概念的外延，必须分清"概念的外延"与"概念所反映对象的组成部分"之间的差异。例如："树"这个概念，其外延可以表示为"杨树、柳树、槐树、榆树、梧桐树"等，不能表示为"树根、树干、树枝、树叶"，因为后者是概念所反映对象的组成部分。再如"人"这个概念，其外延可以表示为"美国人、日本人、朝鲜人、德国人、意大利人"等，不能表示为"头、躯干、四肢"等组成部分。再如"山东师范大学"的外延是"山东师范大学"自身，而不是"文学院、传媒学院、外语学院、历史文化学院"等。这是因为，概念的外延必须具有这个概念所反映的特有属性，表示外延的概念与原概念之间是属种关系，如可以说"杨树是树""梧桐树是树"，或者"美国人是人""意大利人是人"；

而组成部分不具有整体所具有的特有属性，不能说"树根是树""树叶是树"，或者"头是人""四肢是人"，或者"文学院是山东师范大学""历史文化学院是山东师范大学"。

（二）概念内涵和外延的反变关系

真正掌握一个概念，需要明确它的内涵和外延两个方面，仅了解内涵或仅了解外延都是不够的。例如"物理学"这个概念，如果仅知道"物理学是力学、声学、热学、磁学、光学、原子物理学等"还不够，因为这只是"物理学"的外延，只有再明确"物理学是研究物质运动最一般规律和物质基本结构的科学"这一"物理学"的内涵，才算真正掌握了这个概念。总之，从概念的内涵方面，可以认识概念所反映对象的性质和作用；从概念的外延方面，可以知道哪些是这个概念所反映的对象，哪些不是。内涵和外延相结合，才能准确而全面地认识概念。

作为概念的两个基本逻辑特征，内涵和外延之间存在着相互制约关系。对具体的概念而言，有什么样的内涵，就有什么样的外延。例如，在我国，"人民"这个概念在不同的历史时期有不同的内涵，抗日战争时期、解放战争时期、社会主义革命和建设时期，内涵有所变化，相应地就有了不同的外延。

概念所反映的特有属性越多，具有这种特有属性的对象数量就越少；反之，它所反映的特有属性越少，具有这种特有属性的对象数量就越多。即概念的内涵越多，外延越窄；内涵越少，外延越宽。这就是概念内涵和外延的反变关系。例如，"学生"的内涵是"在学校学习的人"，包括所有在大学、中学、小学学习的男性和女性，如果"学生"的特有属性再多一些，即内涵变多，变为"在学校学习的男性"，那么反映这一特有属性的概念就变成了"男学生"，"男学生"比"学生"数量少了，即外延变窄了。如果继续增加特有属性，变为"在高等学校学习的男性"，那么反映这一特有属性的概念就变成了"男大学生"，"男大学生"比"男学生"数量更少、外延更窄。反过来，如果把"学生"的特有属性减少，即内涵减少，变为"学习的人"，那么具有这一特有属性的对象数量就比"学生"多了，即外延变宽了。再如，从"国家"

到"资本主义国家"再到"美国",三个概念的内涵越来越多,但外延越来越窄;而如果从"美国"到"资本主义国家"再到"国家",概念的内涵越来越少,但外延越来越宽。

三　概念的内涵和外延应用于逻辑能力测试

概念的内涵和外延是逻辑能力综合测试中常涉及的问题。

例1（2020，云南）[①]

亲环境行为是指个体通过减少或消除自身活动对环境的负面影响,以达到改善生态系统结构的行为。它的本质是通过有效减轻环境问题,实现环境改善,核心任务是构造环境稳定友好型的社会。

根据亲环境行为的内涵,下面属于亲环境行为的是哪项?

A. 植树造林　　B. 低碳出行
C. 细水长流　　D. 围海造田

正确选项是B。"亲环境行为"的内涵是"个体通过减少或消除自身活动对环境的负面影响,以达到改善生态系统结构的行为",选项中A、D都不符合"减少或消除自身活动"这一内涵,C与"亲环境行为"内涵无关。

例2（2017，天津）

消费文化是指在一定的历史阶段中,人们在物质生产、精神生产、社会生活以及消费活动中所表现出来的消费理念、消费方式、消费行为和消费环境的总和。

根据上述定义,下列不属于消费文化的是哪项?

A. "十一"黄金周假期促进了居民参与国内外旅游的休闲消费
B. 年轻人更乐于通过网上购物的方式来购买自己需要的物品
C. 中老年人喜欢在购物环境比较安静和舒适的地方进行消费
D. 随着互联网的发展,许多年轻人开办了自己的网店

[①] 本书所引真题,国家公务员考试试题标注年份和"国考"二字;其他类型的公务员、事业编制、选调生考试试题标注年份和省市名称;硕士专业学位联考试题标注年份和专业学位英文简称。

正确选项是 D。四个选项中，A 项是消费行为，B 项是消费方式，C 项是消费环境，均符合题干所述"消费文化"的内涵。D 项，"开网店"不是消费，不属于"消费文化"。

例 3（2015，国考）

针对男婴出生率，甲和乙展开了讨论。

甲：人口统计发现一条规律，在新生婴儿中，男婴的出生率总是在 22/43 这个数值附近摆动，而不是 1/2。

乙：不对，许多资料都表明，多数国家和地区，比如俄罗斯、日本、美国、德国以及我国的台湾地区都是女人比男人多，可见，认为男婴出生率总在 22/43 上下波动是不成立的。

下列哪一个选项能说明甲或乙的逻辑错误？

A. 甲所说的统计规律不存在
B. 甲的统计调查不符合科学
C. 乙混淆了概念
D. 乙违反了矛盾律

正确选项是 C。"婴儿出生时的男女比例"和"社会人口构成中的男女比例"在内涵和外延上均不同，是两个不同的概念，乙混淆了这两个概念。

第二节　概念的种类

一　概念的三种分类

根据不同的标准，概念可以分出不同的种类。逻辑学上，概念常依据三种标准，分为单独概念和普遍概念、集合概念和非集合概念、正概念和负概念三组。

(一) 单独概念和普遍概念

根据所反映对象数量的不同，概念分为单独概念和普遍概念。

单独概念是反映一个事物的概念。单独概念所反映的对象是唯一的。例如"马克思""上海""中国""青藏高原""世界最高峰"等。单独概念或由一些专有名词表示，或由一些词组表示。专有名词如地名"广州""巴黎"，人名"朱德""列宁"，国名"日本""韩国"，事件名称"七七事变""五四运动"，等等；词组如"《水浒传》的作者""亚洲最大的城市""世界上人口最多的国家"等。这些专有名词和词组所表达的概念，其外延是一个独一无二的对象，都是单独概念。

普遍概念是反映一类事物的概念。例如"作家""干部""学生""国家"等。普遍概念可以用普通名词表示，也可以用动词或形容词表示，还可以用词组表示。如"植物""学校""星球"是普通名词，"走""分析""讨论"是动词，"伟大""卑微""好"是形容词，"全国重点高校""太阳系的行星"是词组。这些词和词组所表达的概念，反映的是一类事物，都是普遍概念。

（二）集合概念和非集合概念

根据所反映的对象是否为集合体，概念分为集合概念和非集合概念。

集合概念是以集合体为反映对象的概念。非集合概念是不以集合体为反映对象的概念。例如：

词汇——词　　群岛——岛　　丛书——书

山脉——山　　马匹——马　　船队——船

以上六组概念中，每组前一个反映的是集合体，是集合概念；后一个不反映集合体，是非集合概念。

"类"与"集合体"是两个不同的概念。同一类的每个分子都具有该类的特有属性，例如"动词"与"词"这两个概念，"动词"具有"词"的特有属性，可以说"动词是词"。然而，组成集合体的个体并不一定具有该集合体的特有属性，例如"词汇"与"词"这两个概念，"词汇"是一个反映集合体的概念，"词"是组成"词汇"的个体，但"词"不具有"词汇"所具有的"语言中词的总汇"这一特有属性，也不能说"词是词汇"。

另外，集合概念的外延仍是集合概念，不是非集合概念。如"工人阶级"是一个集合概念，其外延可以表示为"中国工人阶级、法国工人阶级、英国工人阶级"等集合体，而不能是某一个或某一些工人，如同一个团体是先进团体，并不能说明团体中的每个人都是先进个人。所以，集合体的属性并不一定适用于集合中的每个个体，例如"中国共产党是伟大的、光荣的、正确的"，并不代表每个党员是"伟大的、光荣的、正确的"。

同一个词语，可能在一个语境下表达集合意义，在另一语境下表达非集合意义。如"中国人"一词，在"中国人是勤劳勇敢的"中，指的是中国人这一集合体，是一个集合意义的概念；而在"我是一个中国人"中，指的是中国人中的某个个体，是一个非集合意义的概念。再如"北京大学的毕业生"，在"北京大学的毕业生遍布全国"这一命题中是集合意义的概念，而在"我弟弟是北京大学的毕业生"这一命题中是非集合意义的概念。

区分集合概念和非集合概念，区分在集合意义下使用的概念还是在非集合意义下使用的概念非常重要，有些命题和推理正是因为混淆了二者的区别而造成了逻辑错误。如把"共产党"和"共产党员"混淆，把"人类"和"人"混淆，把"群众是真正的英雄"和"我是一名群众"中的两个"群众"混淆，把"山东人是豪爽的"和"我和他都是山东人"中的两个"山东人"混淆，等等，都会犯"混淆概念"或者"偷换概念"的逻辑错误。

（三）正概念和负概念

根据所反映对象具有某种属性还是不具有某种属性，概念分为正概念和负概念。

正概念是反映对象具有某种属性的概念，如"民族主义""正义""有机物""正确"等，也叫肯定概念。

负概念是反映对象不具有某种属性的概念，如"非民族主义""非正义""无机物""不正确"等，也叫否定概念。

要分清正概念还是负概念，需要注意两点。

首先，从语言形式上看，负概念常常是在正概念前加"无""不""非"等否定词构成的，如"非理性""无意识""不确定因素"等。然而，并不是所有带有"无""不""非"的概念都是负概念，是不是负概念，要看"无""不""非"是否表示否定意义。如"非难""非洲""不丹"等概念的"非""不"不表示否定意义，它们都不是负概念。

其次，正、负概念是对一个特定范围而言的，例如"对抗性矛盾"和"非对抗性矛盾"这两个概念落在"矛盾"这个特定范围内。逻辑学把正、负概念所处的特定范围称为论域。如"有声电影"和"无声电影"的论域是"电影"，"本质属性"和"非本质属性"的论域是"属性"。一个正概念与其所对应的负概念的外延之和，等于二者所在论域的外延。如"无声电影"和"有声电影"，其外延之和等于"电影"的外延；"非本质属性"和"本质属性"，其外延之和等于"属性"的外延。

同一个概念可以从不同角度归为不同的类。如"非无产阶级"这一概念，按照所反映对象的数量，是一个普遍概念；按照所反映的对象是否为集合体，是一个集合概念；按照所反映的对象是否具有某种属性，是一个负概念。再如"上海沪剧团"是一个单独概念、集合概念、正概念。

二 概念的种类应用于逻辑能力测试

逻辑能力综合测试常常考查集合概念和非集合概念的理解问题，也有个别题目涉及其他的概念种类。

例1

人的认知能力是无限的，小张是人，因此小张的认知能力是无限的。

以下哪项推理犯了和上面同样的逻辑错误？

A. 水果含有丰富的维生素 C，苹果是水果，所以苹果含有丰富的维生素 C

B. 高三 1 班的学生都是山东人，小明是高三 1 班的学生，所以小明是山东人

C. 铅笔是书写工具，铅笔芯是铅笔的一部分，所以，铅笔芯也是书写工具

D. 这所大学的学生高考分数都很高，小赵是这所大学的学生，所以小赵高考分数很高

正确选项是 A。题干中的"人"，第一个是集合概念，第二个是非集合概念，是两个不同的概念。A 选项中的"水果"，第一个是集合概念，第二个是非集合概念，与题干相同。B 选项中的两个"高三 1 班的学生"是同一个概念，D 选项中的两个"这所大学的学生"是同一个概念。C 选项中"铅笔"和"铅笔的一部分"不是一个概念，"铅笔"与"铅笔芯"是整体与部分之间的关系。

例 2

整数：奇数：偶数

比照以上概念，可以选择下列哪项？

A. 三角形：锐角三角形：钝角三角形
B. 飞机：战斗机：客机
C. 古诗：七言诗：五言诗
D. 概念：单独概念：普遍概念

正确选项是 D。因为整数分为奇数和偶数，奇数的外延加偶数的外延等于整数的外延；选项 D 中，概念分为单独概念和普遍概念，单独概念的外延加普遍概念的外延等于概念的外延。其他选项都与题干不同。

第三节　概念间的外延关系

事物现象之间存在普遍联系，有着这样或那样的关系，如母女关系、师生关系等，但逻辑学所探讨的概念间的关系，并非这种特定概念的特殊关系，而是概念间的外延关系，主要看概念之间在外延上是相互排斥的还是可以部分或全部重合的。根据这一标准，概念间有全同关系、真包含于关系、真包含关系、交叉关系和全异关系五种外延关系。逻辑学通常借用"欧拉图"来表示这五种外延关系。

一　概念间的五种外延关系

(一) 全同关系

如果两个概念的外延完全重合，它们的关系就是全同关系，也叫同一关系（图 2-1）。例如：

《西游记》的作者　　吴承恩
英国首都　　　　　　伦敦
等边三角形　　　　　等角三角形

如果用 A 和 B 分别代表两个概念，全同关系可以表示为"所有的 A 是 B，所有的 B 是 A"。如"英国的首都是伦敦，伦敦是英国的首都"。

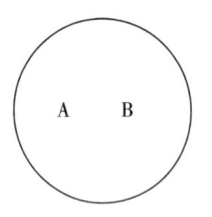

图 2-1

全同关系中的两个概念，从不同角度、不同侧面反映同一对象的不同属性，它们只是外延相同，内涵上各有侧重。例如"等边三角形"和"等角三角形"两个概念在外延上完全相同，但在内涵上，"等边三角形"从"边的关系"反映三角形，"等角三角形"从"角的关系"反映三角形，二者虽然是全同关系，却是两个概念，这与"父亲"与"爸爸"、"土豆"与"马铃薯"不同，后者不是全同关系的概念，而是用不同词语表示的同一个概念。

全同关系的概念在语言中可以交替使用，起到避免重复、提高表达效果的作用。

(二) 真包含于关系

如果有两个概念，前一个概念的全部外延与后一个概念的部分外延重合，前一个概念对后一个概念的关系是真包含于关系（图 2-2）。例如：

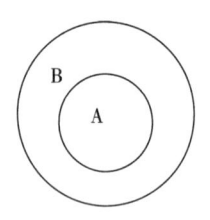

语文教师　　教师
有机化学　　化学
单独概念　　概念

如果用 A 代表外延窄的概念，用 B 代表外延宽的概念，真包含于关系可以表示为"凡 A 都是 B，有的 B 不是 A"。例如"凡语文教师都是教师，有的教师不是语文教师"。

图 2-2

(三) 真包含关系

如果有两个概念，前一个概念的部分外延与后一个概念的全部外延重合，前一个概念对后一个概念的关系是真包含关系（图2-3）。例如：

  学生 大学生
  国家 亚洲国家
  数学 计算数学

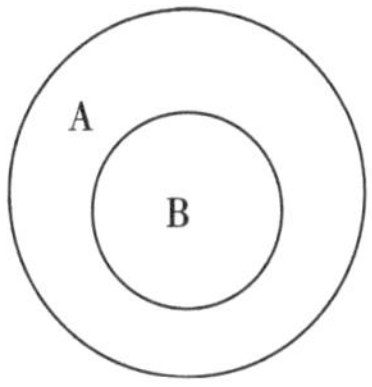

如果用A代表外延宽的概念，用B代表外延窄的概念，真包含关系可以表示为"凡B都是A，有的A不是B"。如"凡大学生都是学生，有的学生不是大学生"。

图2-3

古典逻辑学中，真包含于关系和真包含关系统称属种关系或包含关系。外延较宽的概念叫属概念，外延较窄的概念叫种概念，如"数学"和"计算数学"中，"数学"是属概念，"计算数学"是种概念。真包含于关系是种概念对属概念的关系，也叫下属关系，如"有机化学"对"化学"的关系；真包含关系是属概念对种概念的关系，也叫上属关系，如"国家"对"亚洲国家"的关系。

属种关系是反映类与子类的关系，如"树"和"柏树"之间的关系。它不同于整体与构成部分的关系，如"树"和"树叶"之间的关系；也不同于集合体与组成集合体的个体之间的关系，如"森林"和"树"之间的关系。属种关系的两个概念是真包含于关系或真包含关系，而整体与构成部分关系的概念不能是真包含于关系或真包含关系，集合体与个体关系的概念也不能是真包含于关系或真包含关系。

一个概念是种概念还是属概念是相对的。同一个概念，对某个概念来说是属概念，对另外一个概念来说可能是种概念。如"树"对"杨树"来说是属概念，但对"植物"来说是种概念。

概念的属种关系是一种非常重要的逻辑关系。许多逻辑方法，如定义、划分、概括、限制等都以概念间的属种关系为基础。语言中，属种关系的概念一般不能并列使用，否则，会犯"并列不当"的错误。例如：

  农业生产不能违反经济规律，也不能违反客观规律，违反了就要受到惩罚。

"经济规律"和"客观规律"是属种关系，"经济规律"是种概念，"客观规律"是属概念，二者不能简单并列。

（四）交叉关系

如果一个概念的部分外延与另外一个概念的部分外延重合，这两个概念间的关系是交叉关系（图 2-4）。例如：

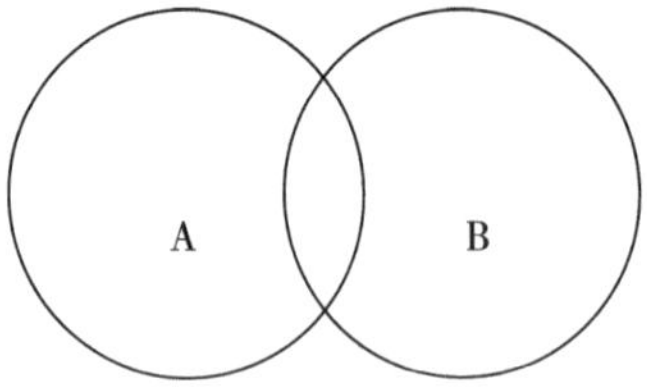

教师　　医生
学生　　共青团员
艺术家　文学家

如果用 A 和 B 分别代表两个概念，交叉关系可以表示为"有的 A 是 B，有的 A 不是 B；有的 B 是 A，有的 B 不是 A"。例如"有的教师是医生，有的教师不是医生；有的医生是教师，有的医生不是教师"。

图 2-4

以上四种关系的概念，在外延上全部或部分重合，都不完全排斥，统称为相容关系。

（五）全异关系

如果两个概念的外延完全排斥，这两个概念间的关系是全异关系，也叫不相容关系（图 2-5）。例如：

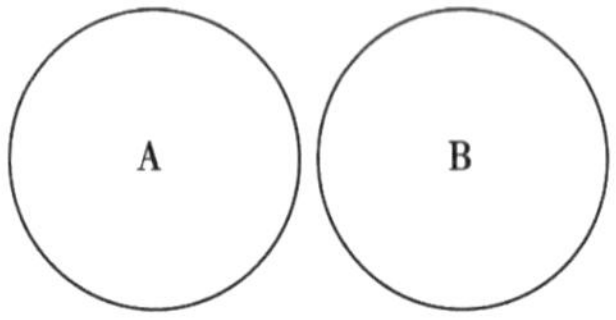

大型　　小型
公有制　非公有制
儿童　　企业

如果用 A 和 B 分别代表两个概念，全异关系可以表示为"所有的 A 都不是 B，所有的 B 都不是 A"。例如"所有的公有制都不是非公有制，所有的非公有制都不是公有制"。

图 2-5

全异关系的两个概念，有的属于同一个论域，如"大型"和"小型"、"公有制"和"非公有制"，有的不属于同一个论域，如"儿童"与"企业"。对属于同一个论域的概念来说，全异关系又分为矛盾关系和反对关系两类。

1. 矛盾关系

如果两个概念的外延完全排斥,并且两个概念的外延之和等于它们邻近属概念的外延,这两个概念间的关系是矛盾关系(图 2-6)。例如:

有声电影　　无声电影
共产党员　　非共产党员
正确　　　　不正确

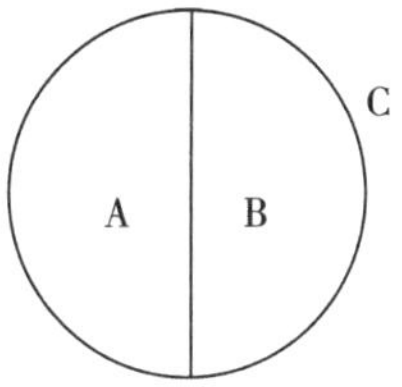

图 2-6

如果用 A 和 B 分别代表两个概念,C 代表 A、B 概念邻近的属概念,矛盾关系可以表示为"所有的 A 都不是 B,所有的 B 都不是 A,且 A 加 B 等于所有的 C"。例如"所有的有声电影都不是无声电影,所有的无声电影都不是有声电影,且无声电影加有声电影等于所有的电影"。

一般来说,矛盾关系的概念是同一论域下的正概念和负概念。

2. 反对关系

如果两个概念的外延完全排斥,并且两个概念的外延之和小于它们邻近属概念的外延,这两个概念间的关系是反对关系(图 2-7)。例如:

长篇小说　　短篇小说
美　　　　　丑
支持　　　　反对

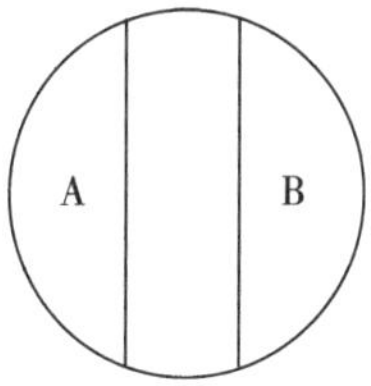

图 2-7

如果用 A 和 B 分别代表两个概念,C 代表 A、B 概念邻近的属概念,反对关系可以表示为"所有的 A 都不是 B,所有的 B 都不是 A,且 A 加 B 小于所有的 C"。例如"所有的长篇小说都不是短篇小说,所有的短篇小说都不是长篇小说,且长篇小说加短篇小说小于所有的小说"。

以上对概念间关系的分析,都以两个概念为例。如果是三个或三个以上的概念,需要对概念间的关系进行两两判断,再逐步明确。如分析"牡丹花""菊花""植物"三个概念的关系,需要分别考察"牡丹花"与"菊花"的关系,"牡丹花"与"植物"的关系,"菊花"与"植物"

的关系，然后得出结论："植物"真包含"牡丹花"和"菊花"，"牡丹花"和"菊花"是反对关系。这三个概念间的关系可以用欧拉图（图2-8）表示如下：

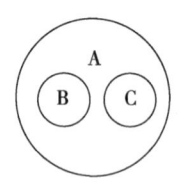

（A代表"植物"，B、C分别代表"牡丹花"和"菊花"）

图 2-8

二 概念间的外延关系应用于逻辑能力测试

概念间的外延关系是逻辑认知推理的基础，常用来解答命题和推理问题，是逻辑能力综合测试考查的内容之一。

例1（2022，国考）

纪录片 对于（ ） 相当于 （ ）对于 客观题

A. 电影；主观题

B. 国产片；选择题

C. 动画片；考试题

D. 译制片；必答题

正确选项是 D。A项，"纪录片"和"电影"是交叉关系，"主观题"和"客观题"是全异关系，排除。B项，"纪录片"和"国产片"是交叉关系，"选择题"和"客观题"是真包含于关系，排除。C项，"纪录片"和"动画片"是全异关系，"考试题"和"客观题"是交叉关系，排除。D项，"纪录片"和"译制片"是交叉关系，"必答题"和"客观题"是交叉关系，所以选 D。

例2（2021，福建）

党员：干部：服务人民

比照以上概念，可以选择下列哪项？

A. 青年：才俊：报效国家
B. 科学：精英：科技立身
C. 大国：工匠：技术强国
D. 学校：教师：教书育人

正确选项是 A。题干中的"党员"和"干部"为交叉关系，他们都是"服务人民"的主体。A 项中的"青年"和"才俊"是交叉关系，他们都是"报效国家"的主体。B 项的"科学"和"精英"是全异关系，C 项的"大国"和"工匠"是全异关系，D 项的"学校"和"教师"是全异关系，均可排除。

例 3

所有来自非洲的留学生都住在一号楼；所有住在一号楼的学生都参加今年的国际交流会；有些来自非洲的留学生加入了汉语俱乐部；有些数学专业的学生也加入了汉语俱乐部，所有数学专业的学生都没有参加今年的国际交流会。

由以上条件不能推出下面哪项结论？

A. 所有非洲留学生都参加今年的国际交流会
B. 没有一个数学专业的学生住在一号楼
C. 有些非洲留学生是数学专业的
D. 有些汉语俱乐部成员没有参加今年的国际交流会

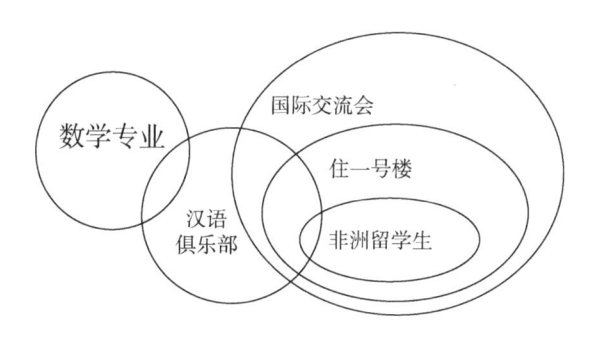

图 2-9

正确选项是 C。题干中概念间的外延关系可以表示为图 2-9。可见，A、B、D 项都正确，只有 C 项"有些非洲留学生是学数学专业的"错误。

例 4

某咨询公司的业务骨干中，1 个辽宁人，2 个北方人，1 个云南人，2 个人只负责核算业务，3 个人只负责审计业务。

如果以上介绍涉及了该公司业务骨干的所有成员，则该公司业务骨干的人数情况为哪项？

A. 最少可能 3 人，最多可能 8 人
B. 最少可能 5 人，最多可能 8 人
C. 最少可能 5 人，最多可能 9 人
D. 最少可能 3 人，最多可能 9 人

正确选项是 B。题干中主要涉及"辽宁人""北方人""云南人""负责核算业务""负责审计任务"等概念。其中，"辽宁人"和"北方人"之间是真包含于关系，"北方人"和"云南人"之间是全异关系，"负责核算业务"和"负责审计业务"之间是全异关系。若要人数最多，则概念之间尽可能是全异关系，因为"辽宁人"真包含于"北方人"，所以最多应为 2+1+2+3=8 人（图 2-10-1）。若要人数最少，概念之间尽可能互相重合，这样，2 个"北方人"和 1 个"云南人"可以真包含于"负责核算业务"和"负责审计业务"中，但 2 个"负责核算任务"和 3 个"负责审计任务"的不能重合，所以最少应为 2+3=5 人（图 2-10-2）。故选 B。

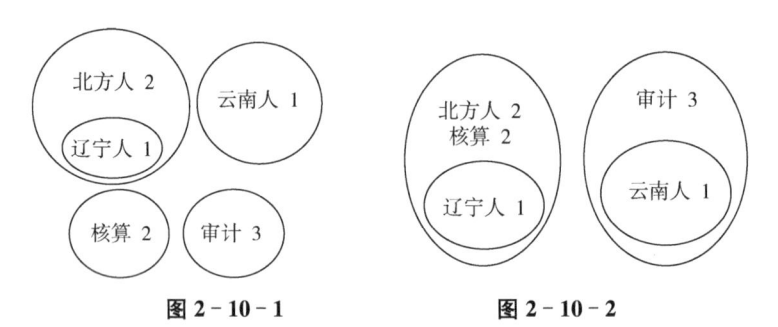

图 2-10-1

图 2-10-2

第四节　明确概念的逻辑方法

一　概念的限制和概括

概念的限制和概括是两种常见的逻辑方法，其依据是属种概念在内涵和外延上的反变关系。

属种关系的两个概念在内涵和外延上具有反变关系：内涵越多，外延越窄；内涵越少，外延越宽。例如：

人——学生——中国学生

《三国演义》——古典小说——小说

从"人"到"学生"，再到"中国学生"，概念的内涵越来越多，外延越来越窄；从"《三国演义》"到"古典小说"，再到"小说"，概念的内涵越来越少，外延越来越宽。概念的限制和概括是根据内涵与外延的反变关系，或者减少内涵而扩大外延，或者增加内涵而缩小外延的逻辑方法。

（一）什么是概念的限制和概括

1. 概念的限制

概念的限制是指通过增加内涵而缩小外延，从外延较宽的属概念过渡到外延较窄的种概念的逻辑方法。如：

问：昨天晚上你干什么去了？

答：看电影去了。

问：哪个国家的电影？

答：国产电影。

问：什么名字？

答：《满江红》。

从"电影"到"国产电影"，增加了"中国出品的"这一属性；从"国产电影"到"《满江红》"，又增加了电影的具体剧情、人物等属性。这样，概念的内涵逐渐增加而外延逐渐缩小，这是概念的限制。

概念的限制有一次限制和连续限制两种。如从"工人"到"纺织工人"是一次限制，若再继续增加内涵便是连续限制，如再限制为"女纺织工人"等。

概念的限制是有极限的，其极限是单独概念，如"山东""李白"等单独概念无法限制。这是因为概念的限制要在属种概念之间进行，而单独概念是一个独一无二的对象，其外延最小，没有种概念。从"西双版纳"到"美丽的西双版纳"也不是限制，因为"美丽的"不起限制作用，它只是对"西双版纳"的修饰，并不影响其内涵和外延。

应当注意，概念的限制必须是从属概念到种概念，不能从反映对象整体的概念到反映对象组成部分的概念，也不能从反映集合体的概念到反映组成集合体中的个体的概念。如可以把"词"限制为"单纯词"，但不能把"词"限制为"词根"，也不能把"词汇"限制为"词"，因为"词"与"词根"是整体与组成部分的关系，"词汇"与"词"是集合体与个体的关系，都不是属种关系。

2. 概念的概括

概念的概括是指通过减少内涵而扩大外延，从外延较窄的种概念过渡到外延较宽的属概念的逻辑方法。例如：

问：昨天你和谁一起去健身的？

答：<u>李海洋</u>。

问：他是做什么的？

答：他是<u>山东大学的大一新生</u>，是个<u>学生</u>。

从"李海洋"到"山东大学的大一新生"，减少了具体性别、个性等属性；从"山东大学的大一新生"到"学生"，又减少了"在山东大学读书""大学一年级"等属性。这样，概念的内涵逐渐减少而外延逐渐扩大，这就是概念的概括。

概念的概括有一次概括和连续概括两种。如从"中国"到"亚洲国家"是一次概括，若继续减少其内涵便是连续概括，如再概括为"国家"等。

概念的概括也是有极限的，概括的极限是范畴。范畴是一定领域内的最高的属概念，如"物质""意识""运动"等概念，它们的外延最宽，没有属概念，不能再进行概括。

应当注意，概念的概括必须是从种概念到属概念，不能从反映对象组成部分的概念到反映对象整体的概念，也不能从反映组成集合体的个体的概念到反映集合体的概念。如可以把"公马"概括为"马"，但不能把"马头"概括为"马"，也不能把"马"概括为"马群"，因为"马头"与"马"是组成部分与整体的关系，"马"与"马群"是个体与集合体的关系，都不是属种关系。

（二）概念的限制和概括的作用

对概念进行限制和概括，可以帮助人们更加准确地认识世界、更恰当地表达思想。

1. 概念的限制的作用

对概念进行限制会缩小问题的范围，使认识对象更明确，从而有助于认识从一般到特殊，更加具体而深入地认识对象的本质。例如：

问：这是个什么图形？
答：是个<u>三角形</u>。
问：哪一类三角形？
答：哦，是<u>直角三角形</u>。
问：是一般的直角三角形吗？
答：呀，是<u>等腰直角三角形</u>！

从"三角形"到"直角三角形"再到"等腰直角三角形"，通过连续限制，使认识越来越具体，越来越接近对象的本质特征。

实际应用中，概念限制到什么程度，要看认识的具体要求，以能够准确地反映对象及其特有属性为标准，做到恰到好处、适可而止，否则可能导致限制不当的错误。如以下两例：

爱迪生发明了灯。

一开门，走出来一个男的小伙子。

"爱迪生"发明的不是所有的"灯"，而是"电灯"，所以，前一例中的"灯"限制得不够，没有准确反映出对象的本质。后一例，"小伙子"本来就是男的，再用"男的"进行限制，纯属多余，犯了多余限制的逻辑错误。这两种情况都属于限制不当。

2. 概念的概括的作用

对概念进行概括，会扩大认识的范围，使认识对象更广泛，从而使认识从特殊到一般，有助于把握一类对象的共同本质。例如：

> 佛教、基督教、伊斯兰教是目前世界上最流行的宗教，而宗教是对客观世界的一种虚幻的反映，是一种社会意识形态。

从"佛教、基督教、伊斯兰教"到"宗教"，再到"社会意识形态"，通过连续概括，从类属和本质上把握了"佛教、基督教、伊斯兰教"，对它们的认识越来越深刻。

实际应用中，概念概括到什么程度，要看认识的具体要求，以能够准确断定对象及其类属为标准，做到概括适度，否则可能导致概括不当的错误。如以下两例：

> 我国的江河湖泊生产鱼、虾、蟹、盐、碱等水产。
>
> 铅笔是物质。

前一句，"鱼、虾、蟹"是"水产"，但"盐、碱"却不是，"盐、碱"和"水产"之间不是属种关系，概括错误。后一句，"铅笔"确实是"物质"，但这样概括太宽泛，没有准确揭示被概括概念的类属和本质，不如把"铅笔"概括为"文具"恰当。

二 划分

(一) 什么是划分

划分是指按照一定的标准，把一个属概念分为若干个种概念，揭示概念外延的逻辑方法。

准确把握一个概念，除了要知道这个概念的内涵，还应该知道具有此内涵的具体对象有哪些，即概念的外延是什么，划分正是明确概念外延的方法。例如：

> 人按照性别可以分为男人和女人；按年龄可以分为老年人、中年人、青年人和未成年人；按肤色可以分为白种人、黄种人、黑种人和棕种人。

此例是划分,它揭示了"人"这个概念的外延。

划分由划分的母项、划分的子项、划分的依据三个部分组成。划分的母项是被划分的概念,如上例中的"人"。划分的子项指从母项中划分出来的种概念,如上例中的"男人和女人""老年人、中年人、青年人和未成年人""白种人、黄种人、黑种人和棕种人"。划分的依据是把母项分成若干子项所依据的标准,如上例中的"性别""年龄""肤色"等。

(二) 划分的方法

1. 一次划分法和连续划分法

一次划分法是对划分的母项一次划分完毕的方法。例如:

> 唯物主义可以分为古代朴素唯物主义、机械唯物主义和辩证唯物主义三种。

连续划分法是把一次划分后所得的子项当作母项再进行划分的方法。例如:

> 汉语中,词根据是否能充当句法成分分为实词和虚词。实词又可以分为名词、动词、形容词、区别词、数词、量词、代词、副词、拟声词、叹词;虚词又可以分为介词、连词、助词、语气词。

上例先对"词"进行划分,再对分出的子项"实词""虚词"分别进行划分,是连续划分。

2. 二分法

二分法是把划分的母项划分为正、负概念的方法。二分法以划分的对象有无某种属性作为划分依据,是一种特殊的划分方法。如以下两例:

> 物质可以分为有机物和无机物。
>
> 战争可以分为正义战争和非正义战争。

前一例把"物质"划分为正概念"有机物"和负概念"无机物";后一例把"战争"划分为正概念"正义战争"和负概念"非正义战争"。这两个划分都用了二分法。

二分法有它的优点和缺点。优点是简便易操作,一般情况下,划分出的子项不会纠缠不清。缺点是二分法要分出一个负概念，而负概念仅反映对象不具有某种属性，不能反映对象具有什么属性，内涵不明确。因此，二分法虽然是一种有效的划分方法，却只能在特定的场合运用。

（三）划分的规则

为了保证划分的正确性，除了掌握划分的方法，还应该遵循划分的规则。

1. 划分要相称

正确的划分，母项的外延要与子项外延之和相同，即划分的子项要穷尽，否则会犯"划分不全"或"多出子项"的逻辑错误。

划分不全指子项的外延之和小于母项的外延。例如：

> 生物可以分为动物和植物。

此划分少了"微生物"这个子项，犯了"划分不全"的逻辑错误。

多出子项是指子项的外延之和大于母项的外延，例如：

> 文学体裁分为小说、散文、诗歌、戏剧、电影、戏曲。

此划分多出了"电影"和"戏曲"两个子项，犯了"多出子项"的逻辑错误。

有时，划分的子项比较多，可以只列出主要的子项，然后在后面加上"等""及其他"等词语，表示还有其他子项。

2. 每次划分的依据要同一

划分时，可以根据不同要求，选择对象的不同属性作为划分的标准，但是，每次划分只能使用一个标准，否则，会犯"混淆依据"的逻辑错误。例如：

> 文学作品分为古典文学作品、现当代文学作品、浪漫主义文学作品和现实主义文学作品。

此例中，"古典文学作品""现当代文学作品"按"写作时间"划分，而"浪漫主义文学作品"和"现实主义文学作品"按"创作方法"划分，划分的标准不同一，犯了"混淆依据"的逻辑错误，同时也犯了"子项相容"的逻辑错误。

3. 划分的子项要相互排斥

正确的划分要求子项在外延上是相互排斥的,即子项之间是全异关系。如果各子项之间有同一关系、属种关系、交叉关系,就会犯"子项相容"的逻辑错误。如以下两例:

今天到会的人有学生、团员和女同志。

我们班同学有山东人、四川人、烟台人和藏族人。

前一例,子项之间有交叉关系,后一例,子项之间既有交叉关系,又有属种关系,都犯了"子项相容"的逻辑错误。

4. 划分的母项与子项必须是属种关系,不能是整体与部分关系

划分的母项与子项必须是属种关系,这是划分的逻辑基础。如果是把反映对象整体的概念分成若干反映对象构成部分的概念,就不是划分,而是分解。比较以下两例:

句子按照语气可以分为陈述句、疑问句、祈使句、感叹句四类。

北京可以分为西城区、东城区、海淀区、朝阳区、丰台区、石景山区、顺义区、通州区等十六个区。

前一例,"句子"与"陈述句、疑问句、祈使句、感叹句"是属种关系,是划分。后一例,"北京"与各区之间是整体与构成部分的关系,不是划分。

三 定义

(一) 什么是定义

定义是揭示概念内涵的逻辑方法。

如以下两例:

网络犯罪指行为人运用计算机技术,借助网络对系统或信息进行攻击破坏,故意实施的触犯有关法律规范的行为。

主权是一个国家拥有的在其领域内按照自己的意志决定对内对外政策,处理国内国际一切事务,而不受任何外来干涉的最高

权力。

以上两例都是定义。第一例揭示了"网络犯罪"这一概念的内涵，第二例揭示了"主权"这一概念的内涵。

定义由被定义项、定义项、定义联项三部分组成。被定义项是被揭示内涵的概念，如上例中的"网络犯罪"和"主权"。定义项是用来揭示被定义项内涵的概念，如上例中的"行为人运用计算机技术，借助网络对系统或信息进行攻击破坏，故意实施的触犯有关法律规范的行为"和"一个国家拥有的在其领域内按照自己的意志决定对内对外政策，处理国内国际一切事务，而不受任何外来干涉的最高权力"。定义联项是联结被定义项和定义项的概念，如上例中的"指""是"。汉语中，被定义项和定义项常用一些相对固定的格式来联结，如"……是……""……即……""……指……""所谓……就是……"等。

（二）下定义的方法

下一个科学的定义，除了要正确把握概念所反映对象的特有属性外，还要掌握下定义的方法。

1. 属加种差定义法

属加种差定义法是通过揭示被定义项邻近的属概念和种差来下定义的方法，也叫真实定义法或实质定义法，是下定义的主要方法。

一般来说，被定义概念都有其属概念，属概念中有一个是邻近的属概念。如"青年人"邻近的属概念是"人"，"人"邻近的属概念是"动物"。另外，被定义概念与同一属概念的其他种概念存在本质的差别，这种本质差别就是"种差"。如"主语"这个概念的属概念是"句法成分"，而以"句法成分"为属概念的还有其他种概念，如"谓语""宾语"等，"主语"同"谓语""宾语"之间的本质的差别就是种差。

属加种差定义法，就是要找出被定义概念邻近的属概念和种差。用公式来表达属加种差定义法就是：被定义概念＝种差＋邻近的属概念。如以下两例：

生产关系指人们在物质资料的生产过程中形成的社会关系。

消费信贷是指银行等金融机构向消费者个人发放的用于购买消

费品的贷款。

这两个定义都运用了属加种差定义法。其中,"社会关系"和"贷款"分别是两个被定义概念邻近的属概念,"人们在物质资料的生产过程中形成的"和"银行等金融机构向消费者个人发放的用于购买消费品的"分别是"种差"。

运用属加种差定义法下定义,一般遵循下列步骤:首先,找出被定义概念临近的属概念;其次,找出被定义概念与其邻近属概念所包含的其他种概念的本质区别;最后,把种差和邻近的属概念合在一起。例如给"动物"下定义:首先,找出"动物"邻近的属概念"生物";其次,明确"动物"与其他"生物"的本质区别——以有机物为食料,有神经,有感觉,能运动;最后,将其和"生物"这一概念合在一起,就是"动物"的定义——动物是以有机物为食料,有神经,有感觉,能运动的生物。

种差所揭示的是被定义概念的特有属性,而特有属性是多方面的,所以种差也是多方面的。有的种差揭示对象的性质,有的揭示对象的功用,有的揭示对象的产生情况,有的揭示被定义概念所反映对象与另一对象的关系。所以,属加种差定义又分为性质定义、功用定义、发生定义和关系定义等类型。例如:

　　能手:具有某种技能,对某项工作或运动特别熟练的人。
　　零件:可以用来装配成机器、部件等的单个儿工件。
　　豆豉:把黄豆或黑豆泡透蒸熟或煮熟,经过发酵而成的食品。
　　奇数:不能被2整除的数。

以上第一个定义是性质定义,种差揭示了"能手"所反映对象的性质;第二个是功用定义,种差揭示了"零件"所反映对象的功用;第三个是发生定义,种差揭示了"豆豉"所反映对象的产生情况;第四个是关系定义,种差揭示了"奇数"所反映对象与"2"的关系。

另外,从不同的领域或角度出发,运用属加种差定义法对同一概念下的定义也可以不同。例如:

　　水:两个氢原子和一个氧原子化合而成的化合物。

> 水：无色无嗅无味的液体。

可见，"水"这个概念，从不同的角度揭示种差，有不同的定义。第一个定义从化学角度揭示种差，是发生定义；第二个定义从物理角度揭示种差，是性质定义。

2. 词语定义法

规定或说明词语意义的下定义法是词语定义法。若被定义项是一个意义需要规定或说明的词语，一般运用词语定义法下定义。如以下两例：

> 实事求是："实事"指实际的情况；"求"指寻找，求索；"是"指客观事物内部的联系，即规律性。实事求是就是根据实际情况来找出事物发展的规律性。

> 三好学生中的"三好"指品德好、学习好、身体好。

这两个定义都是词语定义。词语定义法与属加种差定义法不同，它不直接揭示对象的特有属性，而只说明或规定某个概念的意义。

词语定义法主要有两种，一是说明性词语定义法，二是规定性词语定义法。

说明性词语定义法是对某个词语已经确定的意义进行说明的方法，如上例中"实事求是"的定义就用了这种方法。再如：

> 英特纳雄耐尔是一个法语词，指"国际"，在《国际歌》中指国际共产主义的理想。

规定性词语定义法是对某个词语的意义作规定的方法，如上例中"三好"的定义就用了这种方法，再如：

> 五讲四美中的"五讲"指讲文明、讲礼貌、讲卫生、讲秩序、讲道德，"四美"指心灵美、语言美、行为美、环境美。

(三) 下定义的规则

给概念下一个正确的定义，除了掌握下定义的方法外，还要遵守下定义的规则。

1. 定义要相称

下定义时，定义项的外延必须与被定义项的外延完全相同，即定义项和被定义项是全同关系。否则，会犯"定义过宽"或"定义过窄"的逻辑错误。

定义过宽指定义项的外延大于被定义项的外延。如以下两例：

生产关系就是人与人之间的社会关系。

犯罪是指不合法的行为。

此两例犯了"定义过宽"的逻辑错误。

定义过窄指定义项的外延小于被定义项的外延。如以下两例：

商品是通过货币来交换的劳动产品。

处理品是因过季而减价或变价出售的物品。

此两例犯了"定义过窄"的逻辑错误。

2. 定义项中不能直接或间接地包含被定义项

如果违反在这一规则，会犯"同语反复"或"循环定义"的逻辑错误。

同语反复指定义项直接包含被定义项。如以下两例：

逻辑学是研究逻辑规律的学科。

心理学是研究心理规律的学科。

此两例的定义项都直接包含了定义项，犯了"同语反复"的逻辑错误。

循环定义指定义项间接包含被定义项。如以下两例：

原因指引起结果的现象，结果指原因引起的现象。

唯物主义是同唯心主义相对立的思想体系，唯心主义是同唯物主义相对立的体系。

此两例的定义项都间接包含了被定义项，犯了"循环定义"的逻辑错误。

3. 定义一般用肯定形式，不用否定形式

下定义的目的是揭示被定义项的内涵，明确被定义项所反映对象的特有属性，即说明被定义概念是什么，如果采用否定形式，只能说明被定义概念不是什么，不能揭示被定义项的内涵，不能说明被定义项所反映对象的特有属性。如以下两例：

  主语是主谓句中不是谓语的句法成分。

  坚定就是不动摇。

此两例的定义项都用了否定形式，都没有揭示被定义项的内涵，是错误的定义。

某些负概念可以用否定形式下定义。如以下两例：

  非电解质指在水溶液中和熔融状态下都不能形成离子，不能导电的化合物。

  无机化合物通常指不含碳元素的化合物。

这两个定义都采用了否定形式，是两个正确的定义，因为"非电解质""无机化合物"这两个负概念反映的是对象不具有某种属性。

4. 定义要清楚确切

下定义是为了揭示被定义项的内涵，所以，定义必须明确、清晰，不能用含糊、朦胧的词语或比喻的方法下定义。如以下两例：

  所谓生命就是塑造出来的模式化进行的新陈代谢。

  共产主义社会是无比美满、无比幸福的天堂。

前一例，"生命"的定义意义模糊不清，难以捉摸；后一例，用比喻对"共产主义"下定义，没有揭示这一概念的内涵。

四　定义应用于逻辑能力测试

作为揭示概念内涵的逻辑方法，定义在认识世界的过程中有着非常重要的意义。人们总是把在实践中获得的认识成果用定义的形式确定下来，以指导实践。另外，定义还可以帮助我们正确理解和使用概念，使表达更加准确。只有准确理解定义，才能在实际应用中作出正确的判断和推理。

定义是逻辑能力综合测试中考查的重要问题之一。

例1（2017，国考）

  传递关系指的是对甲、乙、丙三个对象来说，甲对乙有某种关系，乙对丙有该种关系，且甲与丙也有该种关系。反传递关系指的是甲对乙有某种关系，乙对丙有该种关系，但甲与丙一定没有该种关系。

根据上述定义，下列关系属于传递关系的是哪项？

A. 自然数中的大于关系　　B. 同学关系
C. 父子关系　　　　　　　D. 食物链的天敌关系

正确选项是 A。根据传递关系的定义，其关键信息是"甲对乙有某种关系，乙对丙有该种关系，且甲与丙也有该种关系"。A 项，甲＞乙＞丙，符合定义。B 项，同学的同学并不一定是同学，不符合定义。C 项，父亲的父亲是爷爷，不符合定义。D 项，例如狼吃羊，羊吃草，但狼不吃草，不符合定义。故选 A。

例 2（2019，青海）

本源制度是指在人类社会初期就形成的，在以后的社会生活中发挥着基本作用，人类生存所依赖的最基本的社会制度。派生制度是后来出现的，在本源制度的基础上形成并发展起来的社会制度。

根据上述定义，下面分别属于本源制度和派生制度的是哪项？

A. 君主制度和民主制度。
B. 等价交换制度和社会主义市场经济制度
C. 社会契约制度和法律制度
D. 独裁统治和社会主义制度

正确选项是 B。根据定义，本源制度的关键信息是"在人类社会初期就形成的，在以后的社会生活中发挥着基本作用，人类生存所依赖的最基本的社会制度"，派生制度的关键信息是"后来出现的，在本源制度的基础上形成并发展起来的社会制度"。A 项，君主制度和民主制度都是后出现的，都是派生制度。B 项，等价交换制度是在人类社会初期就形成的，并在以后的社会生活中发挥着作用，符合本源制度的定义；社会主义市场经济制度是后出现的，并且在等价交换这一制度的基础上形成，符合派生制度的定义。C 项，社会契约制度、法律制度都不是在人类社会初期就形成的，都是派生制度。D 项，独裁统治和社会主义制度都是后来出现的，都属于派生制度。故选 B。

例 3（2017，陕西）

正强化是指奖励那些符合组织目标的行为，以便使这些行为得到进一步加强，从而有利于组织目标的实现，强化的刺激物不仅包含奖金等物质奖励，还包含表扬、提升、改善工作关系等精神奖励。负强化指惩罚那些不符合组织目标的行为，以使这些行为削弱甚至消失，从而保证组织目标的实现不受干扰，事实上，对某种行为不再进行正强化也是一种负强化。

根据上述定义，下列不属于负强化的是哪项？

A. 工人工作时聊天声音很大，工厂设置了分贝器，达到一定分贝就报警，响声刺耳

B. 某企业的管理人员尽力发现员工在技能和能力方面与工作需求的对称性

C. 某企业从下个月开始取消对超额加班的额外奖励

D. 给员工设置无法实现的目标使他从未感受到骄傲自满

正确选项是 B。A 项，"设置了分贝器"是为了使聊天的行为削弱甚至消失，属于惩罚不符合组织目标的行为，符合负强化的定义。C 项，"取消对超额加班的额外奖励"，是对某种行为不再进行正强化，符合定义。D 项，"使员工从未感受到骄傲自满"，是为了使骄傲这种行为消失，从而保证组织目标的实现，符合定义。B 项，"尽力发现员工在技能和能力方面与工作需求的对称性"，是为了提升和改善工作关系，是正强化。

思考和练习二

思考题

一、什么是概念？概念与词语有什么关系？

二、什么是概念的内涵和外延？二者之间的关系怎样？

三、概念有哪些种类？

四、概念之间有哪些外延关系？

五、什么是概念的限制和概括？限制和概括的依据是什么？

六、什么是定义和划分？下定义和划分的规则有哪些？

练习题

一、指出下列句子中画横线的概念是在集合意义下使用，表达集合概念；还是在非集合意义下使用，表达非集合概念。

1. 我们班同学都是<u>山东人</u>。

2. <u>山东人</u>是勤劳的。

3. <u>人</u>是由猿进化来的。

4. 我们公司所有<u>人</u>都毕业于同一所大学。

5. <u>森林</u>占地球面积正在逐步减小。

6. 《拿来主义》是<u>鲁迅先生的杂文</u>。

7. 中国是<u>发展中的社会主义国家</u>，属于<u>第三世界</u>。

二、指出下列各组概念间的关系，并用欧拉图表示。

1. 数学家　　　物理学家　　　教育家

2. 文学家　　　诗人　　　　　小说家

3. 国家　　　　城镇　　　　　农村

4. 运动员　　　中国青年　　　日本青年　　大学生

5. 马克思主义　非马克思主义

6. 老舍　　　　《四世同堂》的作者

三、下列每小题只有一个选项是正确的，请根据概念间的外延关系选出正确的选项。

1. 某科技公司的员工情况如下：

（1）3 人由同学介绍来公司。

（2）4 人是北方人。

（3）2 人是辽宁人。

（4）5 人具有博士学位。

（5）辽宁人没有博士学位。

若以上情况包含了所有的该科技公司员工，那么，该科技公司员工的人数是（　　）

A. 最少 5 人，最多 12 人　　B. 最少 7 人，最多 12 人

C. 最少 5 人，最多 14 人　　D. 最少 7 人，最多 14 人

2. 某班 1 组有 8 人，3 个是云南人，1 个是北京人，2 个是北方人，1 个是保送生，3 个贫困生。

若以上情况包含了该组所有同学，下列关于该组同学的说法与题干有矛盾的是（　　）

A. 保送生来自北方　　B. 北京人既不是保送生也不是贫困生

C. 有 2 个贫困生是云南人　　D. 没有一个来自黑龙江的学生

3. 已知所有 A 都属于 B，有些 A 属于 C，所有 B 都属于 D，没有 E 属于 D，有些 E 属于 C。

不能从以上条件中推出的是（　　）

A. 有些 C 属于 D　　B. 没有 E 属于 B

C. 有些 A 属于 E　　D. 所有 A 都属于 D

4. 已知所有与诈骗犯联系过的人都被暂停工作了，所有被暂停工作的人都与小秦联系过。

下面说法为真的是（　　）

A. 可能有人没联系过诈骗犯，但联系过小秦

B. 小秦是诈骗犯

C. 所有与小秦联系的人都被暂停工作了

D. 所有诈骗犯都与小秦联系过

5. 已知某公司所有文员都是女性，所有技术人员都是男性，所有的已婚者都从事技术工作，公司的负责人尚未结婚。

下面说法为真的是（　　）

A. 负责人是女性　　B. 已婚者中有女性

C. 男员工中可能有未婚者　　D. 文员中有的是已婚者

四、下列概括与限制是否正确？为什么？

巴金　　　　　概括：作家

　　　　　　　　　　限制：青年时代的巴金

军队　　　　　　　概括：专政工具

　　　　　　　　　　限制：战士

演员　　　　　　　概括：青年演员

　　　　　　　　　　限制：文艺工作者

喜马拉雅山脉　　　概括：山

　　　　　　　　　　限制：珠穆朗玛峰

《西游记》　　　　概括：长篇小说

　　　　　　　　　　限制：吴承恩

单句　　　　　　　概括：句子

　　　　　　　　　　限制：主语

五、下列语句哪些是定义，哪些是划分，是否正确？如不正确，请指出其逻辑错误。

1. 南京大学分为文科各系和理科各系。

2. 数学是锻炼思想的体操。

3. 戏剧有多幕剧、独幕剧、历史剧、现代剧、喜剧、悲剧等。

4. 偶数是奇数加1而成的数，奇数是偶数减1而成的数。

5. 靠开工厂榨取剩余价值的人叫作资本家。

6. 展览会上展出了美术作品和木刻、油画、泥塑等。

7. 顽强不是懦弱。

8. 燃料工业是指开采煤炭、石油、油页岩及可燃气体并对其进行加工的工业部门的总称。可以分为煤炭工业、石油工业、太阳能利用工业、原子能工业以及天然气加工工业。

六、下列每小题只有一个选项是正确的，请根据定义的相关知识选出正确的选项。

1.（2018，广西）信赖保护原则是行政法的一项基本原则，是指政府对自己做出的行为或承诺应守信用，不得随意变更、反复无常。

根据以上定义，下列违反信赖保护原则的是（　　）

A. 某市环保局认为其下属县环保局对某企业处罚五万元过重,改为罚款 1 万元

B. 某市场监督局规定,凡外省牛奶进入本省销售必须先获得该局许可,并缴纳特别管理费,后因该规定涉嫌行政垄断被上级机关废除

C. 某市工商局拟吊销王某商店的营业执照,后经查实王某不存在虚报注册资本的问题,未施行此措施

D. 某市政府规定,对能够吸引企业到本市投资的个人给予奖励,老张引荐了某大型科技企业到该市投资,事成之后市政府却以老张是公务员为由拒绝给付奖励

2.(2022,广东)底线伦理,即道德底线或基本规范,是相对于较高的人生理想和价值观来讲的。不管人们追求什么样的生活方式或价值目标,都有一些基本的规则不能违反,有一些基本的界限不能逾越。

根据上述定义,下面违反了底线伦理的是(　　)

A. 没有能力帮助他人不要紧,但最起码不能骚扰或伤害别人

B. 某娱乐周刊为了提高本周销售额,恶意捏造了某明星被人追杀身亡的消息

C. 我们都爱钱,但必须通过合法渠道获得

D. 救护车在前往救人现场的道路上屡闯红灯

3.(2019,浙江)社会适应是指个人为与社会环境取得和谐的关系而产生的心理和行为的变化。它是个体与各种社会环境因素连续而不断改变的相互作用的过程。

根据上述定义,下面属于社会适应的是(　　)

A. 到海南半年后,小吴已经完全适应了当地的气候

B. 出国不到三个月,小王就基本掌握了当地语言,能够听说和阅读

C. 内向的小张转入销售岗后,与人打交道的机会增多,性格变得活泼起来

D. 小张进入新单位后,工作和人际关系都不适应,经常打电话向

老朋友倾诉

4. 当意识到自己正在被关注或观察的时候，有人会刻意改变一些行为或语言表达。

下面属于此种情况的是（　　）

A. 小张的办公桌靠近领导办公室门口，他每次偷懒都小心翼翼

B. 小李平时工作认真，因此年终奖领导给他发了更多的奖金

C. 看着同一小组的其他三人都完成了工作，剩余的一人也不由得加快了速度

D. 小明语文成绩下滑，老师让他担任课代表来督促他，最终他的语文成绩得到了很大提高

5. 社会集团购买力是指一定时期内社会或一定区域内的机关、团体、部队、学校、企事业、农村村镇机关等单位通过市场购买公用消费品的支付能力，是社会购买力的组成部分。

根据上述定义，下面属于社会集团购买力的是（　　）

A. 学校购买教学器材，用于各科教学

B. 某企业职工每月缴纳工会会费

C. 某企业向银行归还3亿元的贷款

D. 公务员小王下班后去市场购买食材，准备晚餐

6. 健康传播是一种将医学研究成果转化为大众的健康知识，并通过大众生活态度和行为方式的改变来降低患病率和死亡率，有效提高一个社区或国家生活质量和健康水准的行为。

根据上述定义，下面不属于健康传播的是（　　）

A. 某中学举办秋季传染病讲座

B. 某小区进行小儿手足口病防治宣传

C. 某电视台播出预防白内障的专家答问

D. 某医院举办心脑血管疾病治疗技术学术会议

7.（2012，青海）想象是指在原有经验的基础上创造新形象的思维活动。按照想象是否受意志控制，可分为随意想象和不随意想象。不随意想象的特点是把各种印象和信息离奇、突然、有时是无意义地组合在

一起。随意想象是把各种印象和信息自觉控制、有目的、经过意志的努力呈现出需要的场景。

根据上述定义，下面选项属于随意想象的是（　　）

A. 小张面对设计图，憧憬着新大楼竣工后的样子

B. 小王接到大学录取通知书，想到自己实现了奋斗目标，很高兴

C. 小李晚上睡觉时，梦到了儿时一起玩耍的伙伴

D. 小亮的父亲看着眼前的照片，回忆起了当年上山下乡时的场景

8. （2019，江苏）信息扶贫指政府或社会群体，借助信息技术手段来解决因信息闭塞而导致的经济、文化上的贫困问题。

根据上述定义，下面属于信息扶贫的是（　　）

A. 某快递公司联手互联网企业，在边远山区从贫困户中招聘一批快递员，经过专业培训后上岗，帮他们走上了脱贫致富的道路

B. 某手机企业面向农村推出了一款低成本、易操作、待机时间长的智能手机，村民们纷纷换掉了原来的旧手机

C. 某城市重点中学开设网络课堂，向贫困县中学进行同步直播，使两地师生共享优质教学资源。几年来，该县考上重点大学的人数明显增多

D. 大学毕业回到家乡的小周带着几个乡亲开了网店，在网上销售自家种植的红枣，销量上升，日子越来越好

9. （2019，吉林）语义记忆是指人们对一般知识和规律的记忆，与特殊的地点、时间无关；情景记忆是指人们根据时空关系对某个事件的记忆，这种记忆与个人亲身经历分不开，并受一定时间和空间的限制。

根据上述定义，下面分别属于语义记忆和情景记忆的是（　　）

A. 记得妈妈曾经帮自己穿衣服和记得曾经在哪里买了衣服

B. 记得小时候住在哪里和记得怎样使用照相机拍照

C. 记住"语法和修辞"的意思和记得昨晚看的话剧

D. 记住"逻辑"的意思和记得"逻辑"两个字怎么写

第三章
性质命题及其推理

第一节 命题与推理概述

一 命题概述

(一) 什么是命题

命题是通过语句反映事物情况的思维形式。如以下四例：

所有实干家都不是夸夸其谈的人。

鲁迅是浙江绍兴人。

并非小王和小张都有资格参加比赛。

只有满十八岁的公民，才有选举权和被选举权。

命题的主要特征是有真有假，谈不上真假的话语不是命题。如"他是你的朋友吗"只表示疑问，"快点说话呀"只表示祈使，都谈不上真假，都不是命题。命题是对事物情况的反映，有的反映是符合客观实际的，有的是不符合客观实际的，符合客观实际的命题是真的，不符合客观实际的命题是假的。如以下三例：

李白是我国唐代著名的诗人。

正确的思想是从天上掉下来的。

6是一个奇数。

以上三个命题，第一个符合客观实际，是真的，后两个不符合客观实际，是假的。

(二) 命题与判断

判断是对事物情况有所断定的思维形式，是被断定了的命题。命题和判断的不同在于命题是对事物情况的反映，其内容未经断定和论证，而判断是对事物情况的断定，其内容已被思维主体断定。例如，"鲁迅是浙江绍兴人"，如果是对鲁迅籍贯的反映，就可以看作命题；如果是对鲁迅籍贯的断定，就可以看作判断。

(三) 命题与语句

看以下两例：

农业是国民经济的基础。

如果他是你的好朋友，他就一定会帮助你克服困难。

以上两例是命题，也是语句，命题和语句是从不同角度来说的，它们之间有着密切的联系，也有着根本的区别。

1. 命题与语句的联系

命题是语句的内容，语句是命题的语言表现形式。命题的存在和表达必须依靠语句，离开了语句的命题是不存在的。有的命题用单句来表达，如"火车上所有的人都是去上海的"；有的用复句表达，如"只有绿灯亮了，才能通行"。

2. 命题与语句的区别

首先，语句是语言单位，属于语言学研究的对象；而命题是思维形式，属于逻辑学和认识论研究的对象。

其次，任何命题都要用语句表达，但并非任何语句都能表达命题。一般来说，汉语的陈述句和反问句常表达命题。如以下两例：

北京是中华人民共和国的首都。

难道损人利己就是精明吗？

前一句是陈述句，表达命题；后一句是反问句，也表现了对事物情况的反映，即"损人利己不是精明"，所以是命题。一般疑问句、感叹句、祈使句一般情况下不能直接表达命题。如以下三例：

这是谁的书？

祖国啊，我的母亲！

请您喝水。

第一句是一般疑问句，表示有疑而问；第二句是个感叹句，侧重于表示强烈的感情色彩；第三句是个祈使句，表示某种请求。三例都不以对事物情况有所反映为表达目的，都不表达命题。

再次，同一个命题可以用不同的语句来表达。汉语的表达方式非常丰富，一种意义常常可以用几种不同的语句来表示。如以下五句：

所有的金属都是导电的。

没有什么金属是不导电的。

难道还有什么金属不导电吗？

不导电的金属是没有的。

哪有不导电的金属！

这几个句子尽管具体形式不同，但除了在语气、感情色彩等方面有所差异外，基本意义相同，表示同一个命题。

最后，同一个语句可以表达不同的命题。如以下两例：

这是鲁迅的书。

他的店铺关门了。

前一句，既可以表示"这是鲁迅写的书"，也可以表示"这是鲁迅收藏的书"。后一句，既可以表示"他的店铺打烊了"，也可以表示"他的店铺倒闭了"。两例都是用一个语句表达不同命题，由汉语词语和句式的多义性造成。

（四）命题的分类

命题可以根据不同的标准分出不同的类型，按命题本身是否包含其他成分命题，可以分为简单命题和复合命题。

1. 简单命题

简单命题指不包含成分命题的命题，其变项是概念。如以下两例：

《红楼梦》是一部优秀的长篇小说。

三大于二。

简单命题又可以根据命题反映的是对象的性质还是对象之间的关系，分为性质命题和关系命题。如第一例"一部优秀的长篇小说"反映的是"《红楼梦》"的性质，是性质命题；第二例的"大于"反映的是"三"和"二"之间的关系，是关系命题。

2. 复合命题

复合命题指包含成分命题的命题，其变项是命题。如以下四例：

他不但学习好，而且身体也好。

他或者是个画家，或者是个诗人。

只有合理施肥，才能获得丰收。

并非所有批评你的人都是你的敌人。

根据成分命题之间的联系特点，复合命题分为：联言命题，如上面第一例；选言命题，如第二例；假言命题，如第三例；负命题，如第四例。

另外，根据是否包含模态词"可能""必然"等，命题可以分为模态命题和非模态命题。如以下两例：

今天可能下雨。

过于骄傲必然导致失败。

这两个命题都包含模态词，都是模态命题。其中，前一个命题包含模态词"可能"，是可能命题；后一个命题包含模态词"必然"，是必然命题。

二 推理概述

(一) 什么是推理

根据一个或几个已知命题，按照逻辑联系推出一个新命题的思维形式。如以下三例：

真理是不怕批评的，所以，怕批评的不是真理。

如果要实现科学技术的现代化，就必须大力发展教育事业；我国要实现科学技术的现代化；所以，我国必须大力发展教育事业。

铜加热后体积会增大，铝加热后体积会增大，铁加热后体积会增大，锡加热后体积会增大；铜、铝、铁、锡都是金属；所以，金属加热后体积会增大。

从结构上看，推理由前提和结论两个部分组成。前提是推理所依据的已知命题，结论是由已知命题推出的新命题。形式上，大多数推理是前提在前，结论在后，并用"所以""因此"等词语引出结论。当然，也有结论在前，前提在后，并用"因为"来说明前提的，例如：

鲸不是鱼，因为鱼是用鳃呼吸的，而鲸不是用鳃呼吸的。

(二) 推理的真实性与有效性

一个推理是否正确，需要看两个方面：一方面是看推理是否真实，另一方面是看推理是否有效,即推理的真实性和推理的有效性。

1. 推理的真实性

推理是由命题构成的,命题有真有假,因此推理也就有真有假,这就是推理的真实性问题。命题的真假以是否符合客观实际为标准,推理的真实性也不例外。推理的真实性指推理的内容是否符合客观实际。如果一个推理的内容符合客观实际,那么这个推理就是真实的;如果一个推理的内容不符合客观实际,那么这个推理就是虚假的。

2. 推理的有效性

推理不但在内容上有真实和虚假之分,在形式上也有正确和错误之别,这就是推理的有效性问题。推理的有效性是指推理的形式是否正确。如果一个推理的形式是正确的,这个推理就是有效的;如果一个推理的形式是错误的,这个推理就是无效的。

3. 推理真实性和有效性的具体情况

对一个推理,应该从真实性和有效性两个方面考察它是否正确。推理的真实性和有效性相互结合,有四种情况:真实而有效,真实而无效,不真实而有效,不真实而无效。因为推理由前提和结论两部分组成,所以真实性和有效性有七种情况("前提真实、形式有效、结论虚假"的情况不存在):前提真实、形式有效、结论真实,前提真实、形式无效、结论真实,前提真实、形式无效、结论虚假,前提虚假、形式有效、结论真实,前提虚假、形式有效、结论虚假,前提虚假、形式无效、结论真实,前提虚假、形式无效、结论虚假。

例如:

高尔基是自学成才的,高尔基是作家,所以,有些作家是自学成才的。

这个推理"前提真实、形式有效、结论真实",是一个"真实且有效"的推理。

所有的哺乳动物都是脊椎动物,鲸是脊椎动物,所以,鲸是哺乳动物。

这个推理"前提真实、形式无效、结论真实",是一个"真实但无效"的推理。

    所有的句子都是有主语和谓语的,"太好了!"是个句子,所以,"太好了!"是有主语和谓语的。

  这个推理"前提虚假、形式有效、结论虚假",是一个"虚假但有效"的推理。

    所有的动物都是哺乳动物,斑马是哺乳动物,所以,斑马是动物。

  这个推理"前提虚假、形式无效、结论真实",是一个"虚假且无效"的推理。

(三) 推理的分类

  推理可以根据不同的标准分出不同的类型。以下是主要的分类:

1. 演绎推理、归纳推理、类比推理

  根据思维进程方向的不同,推理可以分为演绎推理、归纳推理、类比推理。

  演绎推理是指由一般性前提推出个别性结论的推理,其思维进程方向是从一般到个别。

  根据前提中是否有复合命题,演绎推理又分为简单命题推理和复合命题推理。简单命题推理是指前提或结论是简单命题的推理。复合命题推理是指前提或结论是复合命题的推理。简单命题推理,又根据前提是由性质命题组成还是由关系命题组成,分为性质推理和关系推理。复合命题推理,又根据前提或结论中复合命题的类型,分为联言推理、选言推理、假言推理、负命题推理等。例如以下两例:

    所有的商品都是有价值的,商场里打折出售的蔬菜是商品,所以,商场里打折出售的蔬菜是有价值的。

    只有加强安全教育,才能不发生事故;A厂没有加强安全教育;所以,A厂发生了事故。

  这是两个演绎推理。前一例是简单命题推理中的性质推理,后一例是复合命题推理中的假言推理。

  归纳推理是指由个别性前提推出一般性结论的推理,其思维进程方

向是从个别到一般。根据前提是否穷尽列举了对象的全部，归纳推理又可以分为完全归纳推理和不完全归纳推理。例如：

> 中国的乌鸦是黑色的，英国的乌鸦是黑色的，澳大利亚的乌鸦是黑色的，印度的乌鸦是黑色的；中国、英国、澳大利亚、印度是一部分国家；所以，所有国家的乌鸦都是黑色的。

这是个不完全归纳推理。

类比推理是指由个别性前提推出个别性结论的推理。其推理进程是从个别到个别。例如：

> 美国加利福尼亚和我国浙江黄岩的地形、水文、土壤、温度、光照等自然条件相似；而我国黄岩地区适宜种植柑橘；因此，美国加利福尼亚也适宜种植柑橘。

类比推理的结论不必然真实，推理具有扩展性，属于广义的归纳推理。

2. 必然性推理和或然性推理

根据前提是否蕴涵结论，推理分为必然性推理和或然性推理。

必然性推理是前提包含结论的推理，包括演绎推理、完全归纳推理等。

或然性推理是前提不包含结论的推理，包括不完全归纳推理、类比推理等。

3. 模态推理和非模态推理

根据前提中是否有模态命题，推理分为模态推理和非模态推理。模态推理是前提中至少含有一个模态命题的推理。非模态推理是前提中没有模态命题的推理。例如：

> 济南动物园可能有长颈鹿，所以，济南动物园不必然没有长颈鹿。

这是个模态推理。

第二节 性质命题

一 性质命题的界定

性质命题指反映对象具有或不具有某种性质的命题。传统逻辑学中，性质命题称为直言命题。如以下三例：

  凡是人民当家作主的国家都不是少数人统治的国家。

  有的文学家是艺术家。

  这个人是语文教师。

  第一例反映了"凡是人民当家作主的国家"都不具有"少数人统治"的性质。第二例反映了"有的文学家"具有"艺术家"的性质。第三例反映了"这个人"具有"语文教师"的性质。

  性质命题有四个构成要素，分别是主项、谓项、联项和量项。

  主项是表示命题所反映的对象的概念，常用字母"S"表示。如上例中的"人民当家作主的国家""文学家"和"人"。

  谓项是表示反映对象具有或不具有的性质的概念，常用字母"P"表示。如上例中的"少数人统治的国家""艺术家"和"语文教师"。

  联项是联结主项和谓项的概念，如第一例中的"不是"和第二、第三例中的"是"。联项有肯定联项和否定联项两种类型。肯定联项是"是"，有时可以省略，如"有些小说对青年人的成长有利"；否定联项是"不是"，不能省略，否则，性质命题的类型会发生变化。

  量项是表示主项的数量的概念，如上例中的"凡是""有的""这个"。量项有全称量项、特称量项和单称量项三种类型。全称量项是反映对象全部外延的量项，通常用"所有""一切""凡是""每一个"表示，全称量项有时可以省略，如"知识来源于实践"。特称量项是反映对象部分外延的量项，通常用"有的""某些"来表示，特称量项不能省略，否则，特称命题会变成全称命题。单称量项是反映对象中的某一个个体的量项，通常用"某个""这个""那个"表示。

  性质命题的四个组成要素中，联项和量项是逻辑常项，决定性质命题的类型，主项和谓项是逻辑变项，不能决定性质命题的类型。

二　性质命题的种类

性质命题可以从不同的角度划分出不同的类型。

(一) 肯定命题和否定命题

按"质"的不同，性质命题分为肯定命题和否定命题两类。

性质命题的"质"，指被反映对象具有某种性质还是不具有某种性质，即联项是肯定联项还是否定联项。

反映对象具有某种性质的命题是肯定命题，其联项是肯定联项。如以下两例：

有的山东人是满族人。

林则徐是民族英雄。

反映对象不具有某种性质的命题是否定命题，其联项是否定联项。如以下两例：

自然科学不是上层建筑。

有的亚洲人不是中国人。

由于汉语表达方式的多样化，在区分肯定命题和否定命题的时候不能过于机械，应具体情况具体分析。如以下两例：

没有任何知识不是来源于实践的。

在座的没有一个人是四川人。

第一个是肯定命题，第二个是否定命题。不能仅凭句子中间的"不是"和"是"来断定它们的种类。

(二) 全称命题、特称命题、单称命题

按照"量"的不同，性质命题分为全称命题、特称命题和单称命题三类。

性质命题的"量"，指性质命题所反映的对象的数量，即所反映对象的外延。

反映了对象全部外延的命题是全称命题。如以下两例：

经济规律是客观规律。

所有的金属都不是液体。

反映了对象部分外延的命题是特称命题。如以下两例：

有些植物是木本植物。

有的大学生不是共青团员。

反映的是某一个单独对象的命题是单称命题。如以下两例：

地球是一颗行星。

这个人不是记者。

（三）全称肯定命题、全称否定命题、特称肯定命题、特称否定命题、单称肯定命题、单称否定命题

把"质"标准和"量"标准相结合，性质命题可分为全称肯定命题、全称否定命题、特称肯定命题、特称否定命题、单称肯定命题、单称否定命题六类。

全称肯定命题指反映全部对象具有某种性质的命题，其结构可以表示为"所有 S 都是 P"。例如：

所有的海洋动物都会游泳。

全称肯定命题用"A"表示，表示为 SAP。全称肯定命题主项 S 和谓项 P 之间的外延关系可以用欧拉图表示为：

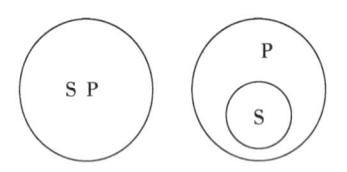

全称否定命题指反映对象全部不具有某种性质的命题，其结构可以表示为"所有 S 都不是 P"。例如：

所有搞阴谋诡计的人都不是正直的人。

全称否定命题用"E"表示，表示为 SEP。全称否定命题主项 S 和谓项 P 之间的外延关系可以用欧拉图表示为：

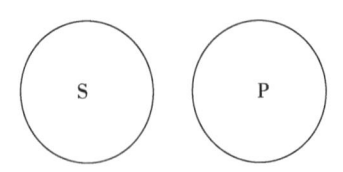

特称肯定命题指反映部分对象具有某种性质的命题，其结构可以表示为"有的 S 是 P"。例如：

有的鸟是会飞的。

特称肯定命题用"I"来表示，表示为 SIP。特称肯定命题主项 S 和谓项 P 之间的外延关系可以用欧拉图表示为：

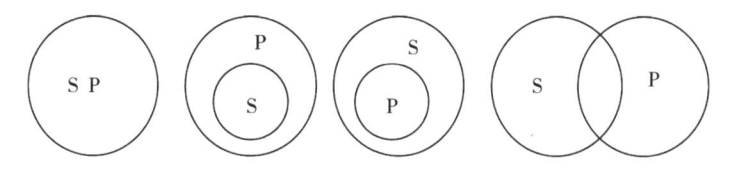

特称否定命题是指反映部分对象不具有某种性质的命题，其结构可以表示为"有的 S 不是 P"。例如：

　　有的鸟不会飞。

特称否定命题用"O"表示，表示为 SOP。特称否定命题主项 S 和谓项 P 之间的外延关系可以用欧拉图表示为：

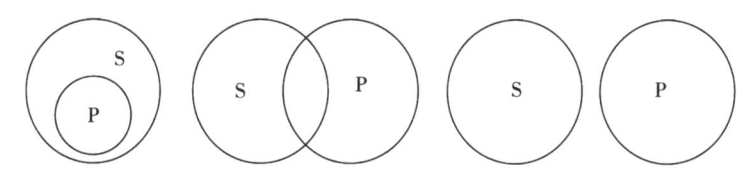

单称肯定命题指反映某一个单独对象具有某种性质的命题，其结构可以表示为"这个 S 是 P"。例如：

　　这个人是他的老师。

单称肯定命题主项 S 和谓项 P 之间的外延关系可以用欧拉图表示为：

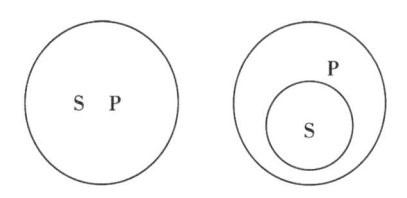

单称否定命题指反映某一个单独对象不具有某种性质的命题，其结构可以表示为"这个 S 不是 P"。例如：

　　托尔斯泰不是法国人。

单称否定命题主项 S 和谓项 P 之间的外延关系可以用欧拉图表示为：

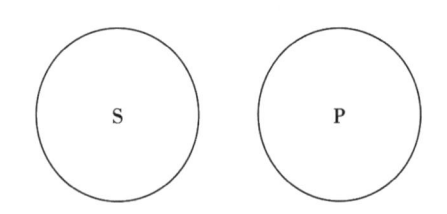

从欧拉图可以看出：单称肯定命题所反映主、谓项的外延与全称肯定命题所反映主、谓项的外延相同；单称否定命题所反映主、谓项的外延与全称否定命题所反映主、谓项的外延相同；所以，单称命题也分别用 A 和 E 表示。这样，性质命题可概括为 A、E、I、O 四种基本类型。

三　性质命题的对当关系

主项和谓项相同的性质命题 A、E、I、O 之间存在一定的真假对应关系。如以下两例：

所有的商品都是劳动产品。

有的商品不是劳动产品。

这两个性质命题类型不同，第一个是全称肯定命题 A，第二个是特称否定命题 O，但两个命题的主项和谓项相同，都是"商品"和"劳动产品"。这两个命题之间存在着真假对应关系：若前者为真，后者就为假；若前者为假，后者就为真。同样，若后者为真，前者就为假；后者为假，前者就为真。

主、谓项相同的 A、E、I、O 命题之间的真假对应关系，可以通过主项 S 和谓项 P 之间的外延关系表示出来。

A、E、I、O 四种性质命题 S 和 P 的外延关系如下：

命题的类型 \ 判断的真假 S 与 P 间的关系	 S P (S P)	 P/S	 S/P	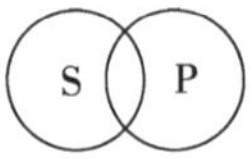 S P (相交)	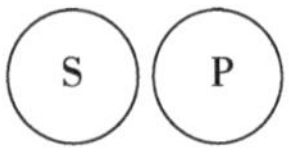 S　P
A	真	真	假	假	假
E	假	假	假	假	真
I	真	真	真	真	假
O	假	假	真	真	真

逻辑学上，通常用一个正方形的各边和对角线来表达 A、E、I、O 四种性质命题之间的真假对应关系，这种图形称为"逻辑方阵"。

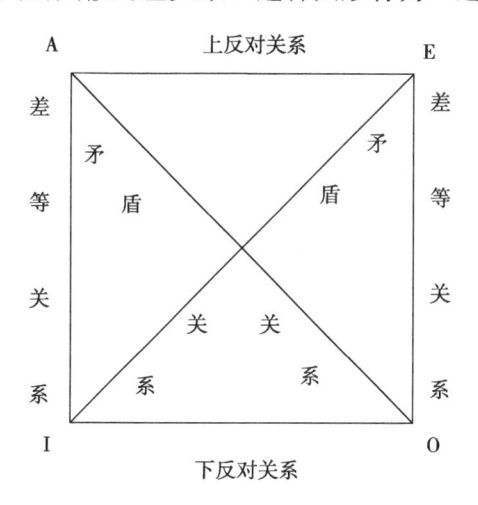

```
        A    上反对关系    E
        ┌─────────────────┐
      差 │╲       矛     ╱│ 差
        │ ╲    矛 盾    ╱ │
      等 │  ╲   盾     ╱  │ 等
        │   ╲        ╱   │
      关 │    ╲      ╱    │ 关
        │     ╲ 关 关    │
      系 │    ╱  系 系  ╲ │ 系
        │   ╱          ╲  │
        └─────────────────┘
        I    下反对关系    O
```

"逻辑方阵"所表示的 A、E、I、O 之间的真假对应关系，称为性质命题的对当关系。根据对当关系，可以由其中任意一种命题的真假来推出其他三种命题的真假。

A 和 E：如果一个为真，则另一个为假；如果一个为假，另一个真假不定。即不能同时为真，但可以同时为假。这种关系称为"上反对关系"。如以下两例：

我们班所有同学都是汉族人。

我们班所有同学都不是汉族人。

I 和 O：如果一个为假，则另一个为真；如果一个为真，另一个真假不定。即不能同时为假，但可以同时为真。这种关系称为"下反对关系"。如以下两例：

我们班有的同学是汉族人。

我们班有的同学不是汉族人。

A 和 O，E 和 I：如果一个为真，则另一个为假；如果一个为假，则另一个为真。即不能同时为真，也不能同时为假。这种关系称为"矛盾关系"。

A 和 O，如以下两例：

  我们班所有同学都是汉族人。

  我们班有的同学不是汉族人。

E 和 I，如以下两例：

  我们班所有同学都不是汉族人。

  我们班有的同学是汉族人。

A 和 I，E 和 O：如果全称命题为真，则特称命题为真；如果全称命题为假，则特称命题真假不定。如果特称命题为假，则全称命题为假；如果特称命题为真，则全称命题真假不定。即既可以同时为真，也可以同时为假。这种关系称为"差等关系"。

A 和 I，如以下两例：

  我们班所有同学都是汉族人。

  我们班有的同学是汉族人。

E 和 O，如以下两例：

  我们班所有同学都不是汉族人。

  我们班有的同学不是汉族人。

正确运用性质命题间的对当关系，需要注意以下两点：

首先，对当关系必须是主项和谓项都相同的 A、E、I、O 命题之间的真假关系，若主项或谓项不相同，就谈不上对当关系。

其次，单称肯定命题和单称否定命题也用 A 和 E 表示。但单称肯定命题和单称否定命题之间的关系并不像全称肯定命题和全称否定命题一样是上反对关系，而是矛盾关系，不能同真，也不能同假。如以下两例：

  长江是我国最长的河流。

  长江不是我国最长的河流。

这两个命题是矛盾关系。其中一个为真，另一个为假；其中一个为假，另一个为真。这是因为单称命题的主项反映的是一个单独的对象，它要么具有某种性质，要么不具有某种性质，不存在其他可能。

四　性质命题主、谓项的周延性
（一）什么是项的周延性

所谓项的周延性，是指性质命题对主项、谓项外延的反映情况。如果一个性质命题对其主项或谓项的全部外延作了反映，主项或谓项就是周延的；如果没有对其主项或谓项的全部外延作反映，主项或谓项就是不周延的。如以下两例：

所有的政党都是有阶级性的。

有的大学不是全国重点大学。

前一个命题对主项"政党"的全部外延作了反映，主项是周延的；后一个命题只对主项"大学"的部分外延作了反映，主项是不周延的。前一个命题只反映了主项"政党"的全部外延包含在谓项"有阶级性"的外延中，并未反映"有阶级性"的全部外延包含在"政党"的外延中，所以谓项是不周延的；后一个命题反映了主项"大学"的部分外延被排斥在谓项"全国重点大学"的全部外延之外，所以谓项是周延的。

（二）A、E、I、O 主项和谓项的周延情况

A、E、I、O 四种性质命题主项和谓项的周延情况如下表：

命题的类别	主项	谓项
A	周延	不周延
E	周延	周延
I	不周延	不周延
O	不周延	周延

上表可概括为：全称命题的主项和否定命题的谓项是周延的，特称命题的主项和肯定命题的谓项是不周延的。

第三节　性质命题直接推理

性质命题直接推理是以一个性质命题为前提，直接推出一个新的性

质命题作结论的推理。如由"这个班所有的同学都懂英语"推出"这个班有的同学懂英语"。

性质命题直接推理主要有两种类型：对当关系推理和变形推理。

一　对当关系推理

对当关系推理是根据 A、E、I、O 之间的真假对应关系进行的推理。有四种类型。

（一）由一命题真推出另一命题真

SAP 真→SIP 真

SEP 真→SOP 真

这两种推理的依据是差等关系：全称命题真，特称命题也真。分别如以下两例：

　　所有的金属都是导体，所以，有的金属是导体。

　　自然科学都不是上层建筑，所以，有的自然科学不是上层建筑。

（二）由一命题假推出另一命题假

SIP 假→SAP 假

SOP 假→SEP 假

这两种推理的依据是差等关系：特称命题假，全称命题也假。分别如以下两例：

　　有的自然科学是上层建筑是假的，所以，自然科学都是上层建筑是假的。

　　有的金属不是导体是假的，所以，所有的金属都不是导体是假的。

（三）由一命题真推出另一命题假

SAP 真→SOP 假

SOP 真→SAP 假

SEP 真→SIP 假

SIP 真→SEP 假

SAP 真→SEP 假

SEP 真→SAP 假

前四种推理的依据是矛盾关系：全称肯定命题真，则特称否定命题假；特称否定命题真，则全称肯定命题假；全称否定命题真，则特称肯定命题假；特称肯定命题真，则全称否定命题假。后两种推理的依据是上反对关系：全称肯定命题真，则全称否定命题假；全称否定命题真，则全称肯定命题假。分别如以下六例：

所有的金属都是导体，所以，有的金属不是导体是假的。

有的自然科学不是上层建筑，所以，自然科学都是上层建筑是假的。

自然科学都不是上层建筑，所以，有的自然科学是上层建筑是假的。

有的金属是导体，所以，所有的金属都不是导体是假的。

所有的金属都是导体，所以，所有的金属都不是导体是假的。

自然科学都不是上层建筑，所以，自然科学都是上层建筑是假的。

（四）由一命题假推出另一命题真

SAP 假→SOP 真

SOP 假→SAP 真

SEP 假→SIP 真

SIP 假→SEP 真

SIP 假→SOP 真

SOP 假→SIP 真

前四种推理的依据是矛盾关系：全称肯定命题假，则特称否定命题真；特称否定命题假，则全称肯定命题真；全称否定命题假，则特称肯定命题真；特称肯定命题假，则全称否定命题真。后两种推理的依据是下反对关系：特称肯定命题假，则特称否定命题真；特称否定命题假，则特称肯定命题真。分别如以下六例：

自然科学都是上层建筑是假的，所以，有的自然科学不是上层建筑。

有的金属不是导体是假的，所以，所有的金属都是导体。

所有的金属都不是导体是假的，所以，有的金属是导体。

有的自然科学是上层建筑是假的，所以，自然科学都不是上层建筑。

有的自然科学是上层建筑是假的，所以，有的自然科学不是上层建筑。

有的金属不是导体是假的，所以，有的金属是导体。

二 变形推理

变形推理是通过改变性质命题的联项，或者改变性质命题主项与谓项的位置，或者既改变联项，又改变主项与谓项的位置而得出结论的推理。变形推理主要有换质法、换位法、换质位法三种类型。

（一）换质法

换质法是通过改变性质命题的联项推出结论的推理。例如：

所有的商品都是有价值的，所以，所有的商品都不是无价值的。

这个推理把联项由肯定联项"是"改为否定联项"不是"，并把谓项由"有价值"改为其矛盾概念"无价值"，是换质法推理。

换质法推理必须遵循两条规则：

第一，只改变前提的质。或把肯定命题改为否定命题，或把否定命题改为肯定命题，即或把联项"是"改为"不是"，或把联项"不是"改为"是"。

第二，结论谓项是前提谓项的矛盾概念，或"P"换成"非P"，或"非P"换成"P"。

A、E、I、O都可以用换质法进行推理。它们的推理形式如下：

1. SAP→SE$\overline{P}$

例如：

我班所有同学都是团员，所以，我班所有同学都不是非团员。

2. SEP→SA$\bar{\text{P}}$

例如：

某公司所有员工都不是北方人，所以，某公司所有员工都是非北方人。

3. SIP→SO$\bar{\text{P}}$

例如：

有的青年是共产党员，所以，有的青年不是非共产党员。

4. SOP→SI$\bar{\text{P}}$

例如：

这些产品有的不是合格产品，所以，这些产品有的是不合格产品。

（二）换位法

换位法是通过改变性质命题主项和谓项的位置而推出结论的推理。例如：

有些哲学家是唯物主义者，所以，有些唯物主义者是哲学家。

这个推理把前提的主项"哲学家"换成了结论的谓项，把前提的谓项"唯物主义者"换成了结论的主项，是换位法推理。

换位法推理必须遵循两条规则：

第一，只改变主项和谓项的位置，不改变质。即前提是肯定命题的，结论也是肯定命题；前提是否定命题的，结论也是否定命题。仅前提和结论的主、谓项换了位置。

第二，前提中不周延的项换位后仍不得周延。这是因为前提中不周延的项是命题未对其全部外延都给予反映的项，如果它在结论中周延了，就超出了前提所反映的范围，犯"外延扩大"的错误。当然，前提中周延的项在结论可以不周延，这是因为只要结论所反映的范围未超出前提，结论就是必然性的。

A、E、I 三种性质命题可以用换位法进行推理。它们的推理形式如下：

1. SAP→PIS

例如：

> 我们班所有的同学都是团员，所以，有的团员是我们班同学。

这里除了改变主、谓项的位置，还把全称命题变成了特称命题，这是因为 P 在前提中不周延，在结论中也不能周延。

2. SEP→PES

例如：

> 某公司所有员工都不是北方人，所以，北方人都不是某公司员工。

这里只改变了主、谓项的位置，因为前提中主、谓项都周延，所以结论中主、谓项的周延性不受制约。

3. SIP→PIS

例如：

> 有的青年是共产党员，所以，有的共产党员是青年。

这里只改变了主、谓项的位置，这是因为前提中主、谓项都不周延，所以结论中主、谓项只能保持不周延性。

4. SOP→

SOP 不能进行换位。这是因为，根据换位法的第一条规则，SOP 只可能换位为 PES 或 POS，前提中的 S 项是不周延的，而无论是 PES 还是 POS，S 项都是周延的，这样就一定会违反换位法的第二条规则。所以，SOP 不能进行换位法推理。

（三）换质位法

换质位法是把换质法和换位法结合起来的推理方法。例如：

> 所有的商品都是有价值的，所以，所有无价值的都不是商品。

此推理先对全称肯定命题前提换质，再对换质后的全称否定命题换位。

换质位法需要在推理过程中分别遵守换质法和换位法的规则。

A、E、I 三种性质命题可以运用换质位法进行推理。它们的推理形式如下：

1. SAP→$\overline{P}E\overline{S}$

例如：

我们班所有同学都是共青团员，所以，非共青团员都不是我们班的同学。

2. SEP→$\overline{P}I\overline{S}$

例如：

某公司所有员工都不是北方人，所以，有的非北方人是某公司员工。

3. SIP→

SIP不能进行换质位推理。这是因为当SIP换质为SO$\overline{P}$后，根据换位法的规则，SO$\overline{P}$不能再换位。

4. SOP→$\overline{P}I\overline{S}$

例如：

有的大学生不是党员，所以，有的非党员是大学生。

三　性质命题直接推理应用于逻辑能力测试

性质推理在逻辑能力综合测试中应用广泛。

例1（2008，内蒙古）

小王是一名编程专家，小李是一名数学专家，其实，所有的编程专家都是数学专家。另外，国内大多数综合性大学都在培养编程专家。

根据以上条件，可以推出哪项结论？

A. 小王是由综合性大学培养的

B. 大多数编程专家是由综合性大学培养的

C. 有些数学专家是编程专家

D. 有些数学专家不是编程专家

正确选项是C。以"所有的编程专家都是数学专家"作前提，通过换位法变形推理，可以得出结论"有的数学专家是编程专家"，即 C 项。其他选项都不能推出。

例 2

教师让四名学生从各种颜色的铅笔中每人取一只，不管什么颜色，学生取了铅笔后，教师发现唯一的一只红笔被拿走了，便问谁拿了红笔。

甲说：我没有拿红笔。

乙说：是丁拿的红笔。

丙说：是乙拿的红笔。

丁说：我没有拿红笔。

如果四个人中只有一人说真话，那么拿了红笔的是谁？

A. 甲　　B. 乙　　C. 丙　　D. 丁

正确选项是 A。题干给出了四个性质命题及其真假情况，其中，乙和丁的话相矛盾，根据对当关系，一真一假。又因为"四个人中只有一人说真话"，所以甲和丙的话一定是假的。由甲的话为假可以推知是甲拿了红笔，故选 A。

例 3

某大学采购了一批录音笔作为老师的办公用品，对录音笔的分配情况，甲、乙、丙三人作了判断。甲说：有的老师没分到录音笔。乙说：并非所有的老师都没分到录音笔。丙说：文学院的王老师没分到录音笔。

如果三人的判断只有一个为真，则下列哪项为假？

A. 文学院的王老师分到了录音笔

B. 历史学院有些老师分到了录音笔

C. 化学院的老师都分到了录音笔

D. 数学院除了在外培训的田老师都分到了录音笔

正确选项是 D。甲、乙、丙三人的判断都是性质命题。根据对当关系，乙的判断"并非所有的老师都没分到录音笔"等值于"有的老师分到了录音笔"。因此，甲的判断和乙的判断是下反对关系，不可同假，至少有一真。又由"三人的判断只有一个为真",推出丙的判断一定为假,事实为"文学院的王老师分到了录音笔"。由此,进一步推出乙的判断为真,因为若乙的判断为假,就是说"所有的老师都没有分到录音笔",这与"文学院的王老师分到了录音笔"相矛盾。所以,甲的判断为假,进而得出"所有的老师都分到了录音笔"。四个选项中,只有 D 一定为假。

第四节　三段论

一　三段论的一般规则

三段论指由两个包含一个共同项的性质命题推出一个新性质命题的推理。三段论是传统逻辑的主要内容之一,也叫直言三段论。例如:

山东大学 2022 级的学生都是共青团员,

小刘是山东大学 2022 级的学生,

所以,小刘是共青团员。

三段论由三个性质命题组成,有两个前提,一个结论。上例中"山东大学 2022 级的学生都是共青团员"和"小刘是山东大学 2022 级的学生"是两个前提,它们包含"山东大学 2022 级的学生"这个共同的项,"小刘是共青团员"是结论。

三段论包含三个不同的项。前提和结论的三个性质命题,各有其主项和谓项,各出现了两次,如上例中的"山东大学 2022 级的学生""小刘""共青团员"分别出现了两次。三个项中,结论的主项叫小项,用字母 S 表示,如上例中的"小刘";结论的谓项叫大项,用字母 P 表示,如上例中的"共青团员";两个前提中共同的项叫中项,用字母 M 表示,如上例中的"山东大学 2022 级的学生",中项把大项和小项联结起来,在前提中起媒介作用,如果没有中项,三段论推理就无法进行。

三段论中:大项所在的前提叫大前提,如上例的"山东大学 2022 级的学生都是共青团员";小项所在的前提叫小前提,如上例的"小刘是山东大学 2022 级的学生"。

综上所述，上例的结构可以表示为：

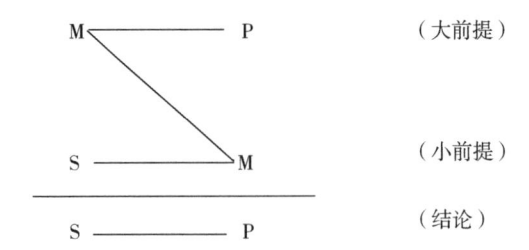

```
M ————————— P        （大前提）
       ╲
        ╲
S ————————→ M        （小前提）
—————————————
S ————————— P        （结论）
```

三段论是一种非常重要的推理形式，要保证三段论推理有效，必须遵循其规则。

(一) 关于项的规则

1. 一个三段论有且只能有三个不同的项

三段论通过中项 M 把小项 S 与大项 P 联系起来，从而推出结论，所以，一个三段论只能有三个不同的项。如果有两个项，只能构成一个性质命题，无法构成推理；如果有四个项，就会构成主项、谓项各不相同的两个性质命题，没有共同的项作为联系的中介，无法确定大项和小项之间的外延关系，得不出必然的结论。

违反本条规则所犯的逻辑错误叫"四名词"或"四概念"。例如：

朱自清的作品不是一天两天能读完的，

《荷塘月色》是朱自清的作品，

所以，《荷塘月色》不是一天两天能读完的。

这是一个无效的三段论，它的错误就在于有四个不同的项。大前提和小前提中虽然都有"朱自清的作品"这个词语，但它们并不是同一个概念。大前提中"朱自清的作品"是在集合意义下使用的集合概念，小前提中的"朱自清的作品"是非集合意义下使用的非集合概念，不能混淆。

2. 中项在前提中至少要周延一次

三段论中，中项起媒介作用，大项和小项要靠中项才能联系起来，而中项能否起到媒介作用，要看它能否确定大项和小项之间的外延关系。如果中项在前提中周延，那么中项的全部外延同大项或小项的外延关系确定，从而可以确定大项和小项之间的外延关系；如果中项在两个前提中都不周延，中项同大项或小项的外延关系不能确定，就起不到对大项和小项的媒介作用，大项、小项的外延关系就难以断定。

违反本条规则所犯的逻辑错误叫"中项不周延"。例如：

　　汽车是交通工具，

　　火车是交通工具，

　　所以，

上例之所以无法推出结论，是因为中项"交通工具"在两个前提中都不周延，不能确定小项"火车"和大项"汽车"之间的外延关系，不能得出必然性结论。

3. 前提中不周延的项，结论中不得周延

三段论是演绎推理，它的前提必须蕴涵结论，结论不能超出前提所反映的范围。如果一个三段论的大项或小项在前提中不周延，说明前提没有反映它们的全部外延，如果它们在结论中周延，说明结论反映了它们的全部外延，这样，结论所反映的外延超出了前提，不能保证结论具有必然性。

违反本条规则会犯"大项不当周延"或"小项不当周延"的逻辑错误。

"大项不当周延"也叫"大项扩大"，指大项在前提中不周延，在结论中周延。例如：

　　凡是小说都是文学作品，

　　诗歌不是小说，

　　所以，凡是诗歌都不是文学作品。

这是一个无效的三段论：大项"文学作品"在前提中是肯定命题的谓项，不周延；在结论中是否定命题的谓项，周延。

"小项不当周延"也叫"小项扩大"，指小项在前提中不周延，在结论中周延。例如：

　　凡是三好学生都学习好，

　　三好学生是学生，

所以，凡是学生都学习好。

这是一个无效的三段论：小项"学生"在前提中是肯定命题的谓项，不周延；在结论中是全称命题的主项，周延。

(二) 关于前提和结论的规则

1. 两个否定前提不能得出结论

如果两个前提都是否定的，那么大项和小项都与中项相排斥，这样，中项就无法使大项和小项有必然的联系，不能得出结论。例如：

所有的兔子都不是肉食动物，

所有的狮子都不是兔子，

所以，

2. 两个前提中如果有一个是否定的，则结论是否定的

两个前提中如果有一个是否定的，根据"两个否定前提不能得出结论"的规则，另外一个前提必须是肯定的。这样，或者中项与大项排斥而与小项相容，或者中项与小项排斥而与大项相容。但无论如何，中项使得大项和小项部分或全部排斥，所以结论必然是否定的。例如：

甲班所有的学生都不是上海人，

小王是上海人，

所以，小王不是甲班的学生。

凡是真理都是经得起实践检验的理论，

唯心主义不是真理，

所以，唯心主义不是经得起实践检验的理论。

两例中，第一个是大前提否定，第二个是小前提否定，都得出了否定结论。

3. 如果结论是否定的，则必有一个前提是否定的

如果一个三段论的结论是否定的，那么，大项和小项中必然有一个和中项部分或全部排斥，因此，大前提或小前提必然有一个是否定的，如上面两例。

2、3 两条规则也同时说明了另外两条规则：如果两个前提都是肯定的，则结论也是肯定的；如果结论是肯定的，则两个前提都是肯的。例如：

  所有的名词都是实词，

  所有的抽象名词都是名词，

  所以，所有的抽象名词都是实词。

以上规则是三段论的基本规则，由它们还可以推导出下面两条规则。

4. 两个特称前提不能得出结论

如果两个前提都是特称的，则两个前提可能有四种组合方式，即 II、OO 或 OI、IO，无论是哪一种组合，都不能得出结论。

如果是 II 组合，则两个前提中没有一个项是周延的，那么中项肯定不周延，不能得出结论。例如：

  有些文学家是艺术家，

  有些艺术家是教育家，

  所以，

上例的中项"艺术家"在两个前提中都不周延，违反了"中项在前提中至少要周延一次"的规则，不能得出结论。

如果是 OO 组合，则两个前提都是否定的，不能得出结论。例如：

  有些青年不是党员，

  有些学生不是党员，

  所以，

上例两个前提都是特称否定命题，违反了"两个否定前提不能得出结论"的规则，不能得出结论。

如果是 IO 或 OI 组合，则前提中只有一次周延机会（特称否定命题的谓项），这个周延的机会只能先满足中项的周延要求，否则"中项不周延"，就不能得出结论，这样，大项和小项都不能周延。另外，因为前提中有一个特称否定命题，根据"两个前提中如果有一个是否定的，则结论是否定的"规则，结论必须是否定的，而结论是否定的，大项必须周延，这样，大项在前提中不周延却在结论周延，就违反了"前提中不周延的项，结论中不得周延"的规则，不能得出结论。

5. 两个前提中如果有一个是特称的，则结论是特称的

因为"两个特称前提不能得出结论"，所以，如果两个前提中有一个是特称的，另一个必须是全称的，这样，两个前提可以有八种组合方式：AI 或 IA，AO 或 OA，EI 或 IE，EO 或 OE。按照规则，这八种前提组合能推出的结论只能是特称的。

四种组合中，EO 或 OE 不能得出结论，这是因为 E 和 O 都是否定命题，而"两个否定命题不能得出结论"。

如果是 AI 或 IA 组合，前提中只有一次周延机会（全称肯定命题的主项），这个周延的机会只能满足中项的周延要求，否则"中项不周延"不能得出结论。这样，大项和小项在前提中就都不周延，而大项和小项在前提中不周延，在结论中也不能周延，所以结论只能是特称肯定命题。例如：

  凡是成功者都是严格自律的人，
  有的成功者是知识分子，
  所以，有的知识分子是严格自律的人。

如果两个前提是 AO 或 OA 组合，则前提中有两次周延机会（全称肯定命题的主项和特称否定命题的谓项），一个周延的机会必须满足中项的周延要求，否则"中项不周延"不能得出结论，另一个周延的机会只能给大项，这是因为前提中有一个是否定的，结论就必须是否定的，而否定命题的谓项周延，即大项必须周延，这样，小项就不能周延，所以结论只能是特称否定。例如：

  凡是成功者都是严格自律的人，
  有的知识分子不严格自律，
  所以，有的知识分子不是成功者。

如果两个前提是 EI 或 IE 组合，则前提中有两次周延机会（全称否定命题的主项和谓项），一个周延的机会必须满足中项的周延要求，否则"中项不周延"不能得出结论。另一个周延的机会只能给大项，这是因为前提中有一个是否定的，结论就必须是否定的，而否定命题的谓项周延，即大项必须周延，这样，小项就不能周延，所以结论只能是特称

否定。例如：

  凡是成功者都不是懒惰松懈的人，

  有的知识分子是成功者，

  所以，有的知识分子不是懒惰松懈的人。

以上规则对检验三段论是否有效，既是充分的，又是必要的。只要遵守了这些规则，三段论就是有效的；而违反了其中任意一条规则，三段论都是无效的。

二 三段论的格与式

（一）三段论的格

三段论的格指由于中项在两个前提中所处的位置不同而形成的三段论的形式。三段论共有四个格。

1. 三段论的四个格

第一格：中项 M 在大前提中是主项，在小前提中是谓项，其结构为：

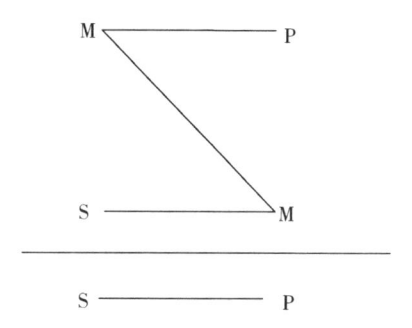

```
            M ————— P



     S ————— M
    ————————————————
     S ——————— P
```

例如：

  凡是三好学生都学习好，

  他是三好学生，

  所以，他学习好。

第一格的大前提反映的是某一类事物的性质，小前提反映的是某些事物属于这一类事物，结论得出了某些事物具有该性质。这一格最典型地表现了三段论的演绎推理特点，称为"典型格"或"完善格"，其他格则称为"不完善格"。这一格在实践中运用广泛，只要是根据一般原理去推断个别认识，就要用到它，其作用在司法工作中表现得尤其明显，所以又称为"审判格"。

第二格：中项 M 在大、小前提中都是谓项，其结构为：

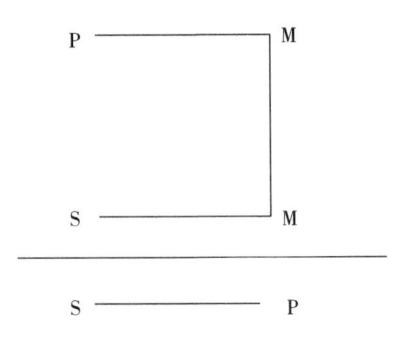

```
P ────────── M
             │
             │
S ────────── M
─────────────────
    S ────── P
```

例如：

　　凡是三好学生都学习好，

　　他学习不好，

　　所以，他不是三好学生。

第二格的结论是否定的，常用来反驳一个虚假的肯定命题，所以称为"反驳格"。这一格也常常用于说明某一事物不属于某一类事物，所以也称为"区别格"。

第三格：中项 M 在大、小前提中都是主项，其结构为：

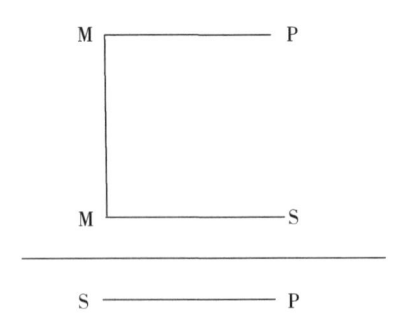

```
M ────────── P
│
│
M ────────── S
─────────────────
    S ────── P
```

例如：

　　凡是三好学生都学习好，

　　有的三好学生是学生干部，

所以，有的学生干部学习好。

第三格常用来反驳"以偏概全"的虚假全称命题，称为"例证格"。

第四格：中项 M 在大前提中是谓项，在小前提中是主项，其结构为：

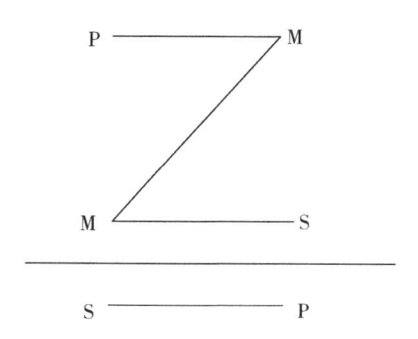

```
        P ——————— M
              /
             /
            /
           /
        M ——————— S
        ─────────────
        S ——————— P
```

例如：

  凡是三好学生都学习好，

  凡是学习好的学生都很勤奋，

  所以，有些很勤奋的学生是三好学生。

三段论的第四格在实践中较少用到，作用不大。

2. 三段论四个格的特殊规则

三段论的四个格各有各的特殊规则，特殊规则是依据一般规则，结合各格的具体结构推导出来的。

（1）第一格的特殊规则

第一，小前提必须是肯定的。

证明：假设小前提否定，因为"两个否定前提不能得出结论"，则大前提必须肯定，而如果大前提肯定，处于大前提谓项的大项不周延。另一方面，若小前提否定，根据"两个前提中如果有一个是否定的，则结论是否定的"的规则，则结论一定是否定的，而结论否定，处于结论谓项的大项就是周延的。这样，大项在前提中不周延，在结论中却周延，违反了"前提中不周延的项，结论中不得周延"的规则，所以小前提否定的假设不成立，即小前提必须肯定。

第二，大前提必须是全称的。

证明：以上已证明第一格的小前提是肯定的，则小前提的谓项不周延，而小前提的谓项是中项，所以中项不周延。这样，根据"中项在前提中至少要周延一次"的规则，中项在大前提中必须周延，而中项是大前提的主项，所以，大前提的主项必须周延，即大前提必须是全称命题。

(2) 第二格的特殊规则

第一，两个前提中必须有一个是否定的。

证明：如果两个前提都是否定的，就违反"两个否定前提不能得出结论"的规则；如果两个前提都是肯定的，则大、小前提的中项都不周延，违反了"中项在前提中至少要周延一次的规则"，不能得出结论。所以，两个前提中必须有一个是否定的。

第二，大前提必须是全称的。

证明：以上已证明第二格的两个前提中必须有一个是否定的，根据"两个前提中如果有一个是否定的，则结论是否定的"的规则，则结论是否定的，而结论否定，结论的大项周延，根据"前提中不周延的项，结论中不得周延"的规则，大项在前提中也必须周延，由于大项在大前提中处于主项位置，所以大前提必须是全称命题。

(3) 第三格的特殊规则

第一，小前提必须是肯定的。

证明：假设小前提否定，根据"两个否定前提不能得出结论"的规则，则大前提必须是肯定的，那么处于大前提谓项的大项就不周延。另外，如果小前提否定，根据"两个前提中如果有一个是否定的，则结论是否定的"的规则，则结论一定是否定的，那么处于结论谓项的大项就是周延的。这样，大项在前提中不周延而在结论中周延，违反了"前提中不周延的项，结论中不得周延"的规则，所以，小前提否定的假设不成立，即小前提必须肯定。

第二，结论必须是特称的。

证明：以上已证明第一格的小前提是肯定的，因此，作小前提谓项的小项不周延，根据"前提中不周延的项，结论中不得周延"的规则，小项在结论中也不能周延，所以，小项必须是特称的。

(4) 第四格的特殊规则

第一，若两个前提中有一个是否定的，则大前提是全称的。

第二，若大前提是肯定的，则小前提是全称的。

第三，若小前提是肯定的，则结论是特称的。

第四，任何一个前提都不能是特称否定命题。

第五，结论不能是全称肯定命题。

这几条特殊规则都可以根据三段论的一般规则，结合第四格的具体形式得到证明。

（二）三段论的式

三段论的式指由于前提和结论的质（肯定、否定）、量（全称、特称）不同而形成的三段论的不同形式，是 A、E、I、O 充当三段论两个前提和一个结论的不同组合形式。如以下两例：

所有的鸟都不是哺乳动物，

蝙蝠是哺乳动物，

所以，蝙蝠不是鸟。

我们班的同学都是爱好和平的，

在座的有些人不爱好和平，

所以，在座的有些人不是我们班的同学。

前一个三段论，大前提是 E 命题，小前提是 A 命题，结论是 E 命题，所以叫 EAE 式。后一个三段论，大前提是 A 命题，小前提是 O 命题，结论是 O 命题，所以叫 AOO 式。

理论上，A、E、I、O 可以任意组合来充当三段论的大、小前提和结论，按照不同质、量排列组合，可以有 64 个式，然而实际上大部分组合是无效的，如 EOE 式、EEO 式、III 式、IIO 式等都是无效式。排除无效式之后，三段论一共有 11 个有效式，它们是：AAA、AAI、AEE、AEO、AII、AOO、EAE、EAO、EIO、IAI、OAO。

按照三段论四个格的特殊规则，11 个有效式可以分配到四个格中去。例如，根据三段论第一格的特殊规则"小前提必须是肯定的，大前提必须是全称的"，结合 11 个有效式，第一格的前提可以有四种组合形式——AA、AI、EA、EI，再遵循三段论的一般规则，分别推出四种前提得出的结论，得到 AAA、(AAI)、AII、EAE、(EAO)、EIO 6 个式。

按照以上方法，可以得出三段论四个格的 24 个有效式，分别是：

第一格——AAA、(AAI)、AII、EAE、(EAO)、EIO。

第二格——AEE、(AEO)、EAE、(EAO)、EIO、AOO。

第三格——AAI、AII、EAO、EIO、IAI、OAO。

第四格——AAI、AEE、(AEO)、EAO、EIO、IAI。

24 个式中，括号中的式是弱式。弱式指本来能得出全称结论而得出特称结论的式，如第一格中的 AAI 式，AA 前提本能够推出全称结论 A，若得出特称结论 I，就是弱式。弱式的结论是没错的，但它的结论的外延小于实际的外延，是一种不完全推理。若排除各式中的弱式，可以得到 19 个有效式。

三 三段论的省略式

结构上，三段论必须包含大前提、小前提和结论三个组成部分，否则就不完整。但在实际运用中，人们往往打破三段论在语言形式上的完整结构，省略其中的某一组成部分，这就是三段论的省略式。

三段论的省略式是指省略了大前提或小前提或结论的三段论形式。这里所说的省略，只指在语言表达上的省略，在逻辑上，省略的命题仍然是三段论的必要组成部分。

(一) 三段论省略式的类型

三段论的省略式有三种类型。

第一种类型：省略大前提，只有小前提和结论。例如：

  正义的事业总有一天要胜利，因为正义的事业代表了人民的根本利益。

此三段论省略了大前提"凡是代表了人民的根本利益的事业总有一天要胜利"。它的完整形式应该是：

  凡是代表了人民的根本利益的事业总有一天要胜利，

正义的事业代表了人民的根本利益，

所以，正义的事业总有一天要胜利。

当大前提表达的是普遍公认的理论时，往往会被省略。

第二种类型：省略小前提，只有大前提和结论。例如：

优秀的诗歌都有精练的语言，所以，这首诗歌不是优秀的诗歌。

此三段论中省略了小前提"这首诗歌没有精练的语言"。它的完整形式应该是：

优秀的诗歌都有精练的语言，

这首诗歌没有精练的语言，

所以，这首诗歌不是优秀的诗歌。

当小前提表达的思想不言而喻时，往往会被省略。

第三种类型：省略结论，只有大前提和小前提。例如：

不合格的军人是难以完成任务的，没有坚强意志的军人是不合格的军人。

这个三段论省略了结论"没有坚强意志的军人是难以完成任务的"。它的完整形式应该是：

不合格的军人是难以完成任务的，

没有坚强意志的军人是不合格的军人，

所以，没有坚强意志的军人是难以完成任务的。

当结论显而易见时，往往会被省略。

(二) 三段论省略式的恢复

三段论的省略式省去了那些不言自明的东西，使论证更加鲜明简洁，在表达和论证中得到了广泛的运用。但是，省略也使得有些逻辑错误比较隐蔽。例如：

我不是共青团员，所以，我不参加团组织活动。

这是个无效的三段论，但由于省略，其错误不易发现，最好补出省略的部分，恢复完整后再进行检验。这个三段论省略了大前提"共青团员都参加团组织活动"，它的完整形式应该是：

共青团员都参加团组织活动，

　　　　我不是共青团员，
　　　　所以，我不参加团组织活动。

这样，容易看出大项"参加团组织活动"在前提中不周延，在结论中周延，犯了"大项不当周延"的逻辑错误。

三段论省略式的恢复可以按照以下步骤进行：

首先，判定两个已知命题中有无结论。

如果两个已知命题之间有"因为""所以""由于""因此"等联结词，可以断定"因为""由于"之后是前提，"所以""因此"之后是结论。如果两个已知命题之间没有联结词，就要联系上下文的内容、语气或者通过添加逻辑联结词等方式进行具体分析，断定两个已知命题中有没有结论。

其次，补出大前提或小前提或结论。

如果确定了两个已知命题中有一个为结论，另外一个就可以对照结论的大项、小项来确定究竟是大前提还是小前提，再根据前提中出现的中项补出被省略的前提。例如"《大决战》是获奖影片，所以，《大决战》是优秀影片"是一个三段论的省略式，可以首先根据联结词"所以"，判断"《大决战》是优秀影片"是结论，并且，从结论可以得出"《大决战》"是小项，"优秀影片"是大项。又因为已知的前提含有小项"《大决战》"，所以它是小前提，"获奖影片"是中项。最后，将大项和中项按照规则联系起来，补出大前提"获奖影片都是优秀影片"。

如果确定了两个已知命题都是前提，就要补出结论。首先要找出两个前提中包含的共同项——中项，剩下的就是大项和小项。然后将大项和小项按照三段论规则联系起来，直接推出结论。推出结论时，要根据两个前提的联系进行判断，不能仅靠句子的顺序来判断，并且要注意结论可能不是唯一的。

四　三段论应用于逻辑能力测试

三段论在逻辑能力综合测试中应用广泛。

例 1

某银行办公室共有 10 名内勤人员，其中有 3 名中层干部是博士，但并非所有的博士都是行政管理学专业毕业的，而所有女性都是行政管理学专业毕业的。

由此可以推出下列哪一项？

A. 有些女性不是中层干部

B. 有些博士不是女性

C. 有些女性不是博士

D. 有些中层干部不是行政管理学专业毕业的

正确选项是 B。由"并非所有的博士都是行政管理学专业毕业的"，可以推出"有些博士不是行政管理学专业毕业的"，由其与"所有女性都是行政管理学专业毕业的"作大、小前提，构成一个三段论，得出的结论为"有些博士不是女性"，即选项 B。

例 2

为丰富员工业余生活，某单位每年拿出一笔固定经费，用于员工的健身费用。该单位的一部分员工自发成立了一个健身俱乐部，健身俱乐部中的许多人是该单位的技术人员。最近，该单位的负责人准备把这笔经费用作会议经费，这一想法得到了单位管理层全部成员的赞成和支持，但健身俱乐部的全部成员都不赞成管理层的这一想法。

根据以上情况，可以得出下面哪一项？

A. 有些技术人员不是单位管理层成员

B. 单位管理层成员都不是技术人员

C. 健身俱乐部的成员都是技术人员

D. 有些单位管理层成员是技术人员

正确选项是 A。由"单位管理层所有成员都赞成这一想法"和"健身俱乐部的全部成员都不赞成这一想法"作大、小前提，构成一个三段论，得出结论"单位管理层成员都不是健身俱乐部的成员"；由其与"健身俱乐部中的许多人是该单位的技术人员"作大、小前提，构成一个三段论，得出的结论为"有些技术人员不是单位管理层成员"，即选项 A。

例3

并非所有的成功人士都没有经历过挫折，因此，有些经历过挫折的人受到了大家的尊重。

若上述推理成立，则下面哪项一定为真？

A. 所有受到大家尊重的人都是成功人士
B. 有的成功人士受到了大家的尊重
C. 有些受到大家尊重的人是成功人士
D. 所有成功人士都受到了大家的尊重

正确选项是 D。题干是一个三段论的省略式。根据已知的前提和结论可以得出："经历过挫折的人"是小项，"受到了大家的尊重"是大项，"成功人士"是中项，前提中省略的是大前提，补充出来就是"所有成功人士都受到了大家的尊重"，即 D 项。

思考和练习三

思考题

一、什么是命题？什么是推理？命题和推理有哪些类型？

二、什么是推理的真实性？什么是推理的有效性？

三、什么是性质命题？性质命题有哪些种类？

四、性质命题 A、E、I、O 间的真假关系如何？

五、什么是项的周延性？性质命题项的周延性如何？

六、性质命题对当关系推理有哪几种？

七、什么是换质法？什么是换位法？什么是换质位法？

八、什么是三段论？三段论的一般规则有哪些？

九、什么是三段论的格？什么是三段论的式？三段论各格有什么特殊规则？

十、什么是三段论的省略式？如何补出省略的部分？

练习题

一、下列语句，哪些可以表示命题？

1. 一定要在二十四小时之内结束实验吗？

2. 没有付出，哪来收获？

3. 青取之于蓝而胜于蓝。

4. 一光年大约等于九万四千六百亿公里。

5. 盛开吧，祖国的花朵！

6. 海王星上根本不可能有生物。

二、下列命题各属何种性质命题？其主、谓项的周延情况如何？

1. 没有知识不是来源于实践。

2. 语言不是上层建筑。

3. 不少植物不是绿色植物。

4. 有些名词是单音节词。

5. 这是一部自传性的长篇小说。

三、已知下列命题为假，根据性质命题间的对当关系，指出其他三个命题的真假。

1. 有的科学家是自学成才的。

2. 我们班所有的同学都是上海人。

3. 有的战争不是正义战争。

4. 凡是法律都不是超阶级的。

四、根据性质命题间的对当关系，选择相应的命题来驳斥下列命题。

1. 有的行星是没有卫星的。

2. 鱼目焉能混珠。

3. 哪有一个历史人物不是受历史条件限制的？

4. 有的动词不是动作行为动词。

五、下列对当关系推理是否有效？为什么？

1. 已知"北方人不喜欢看南方戏"为假，可以得出"北方人喜欢看南方戏"为真。

2. 我的同学并非都不是山东人，所以，我的同学有的不是山东人。

3. "有些气体是有质量的"可以推出"所有的气体都没有质量"是假的。

4. "有的否定命题的谓项不周延"为真，可以推出"有的否定命题的谓项周延"为真。

六、对下列命题进行换质位，并用公式表示。

1. 有些自然数不是有理数。

2. 有些哲学家不是唯物主义者。

3. 眼镜蛇不是无毒蛇。

4. 凡是你喜欢的东西都不是我喜欢的。

七、请根据变形推理的规则，回答下列问题。

1. 由"不参加者不具有申请优秀队员的资格"可以推出"具有申请优秀队员资格者"怎样？

2. 从"我的合作伙伴都是不违法的"能否推出"违法的都不是我的合作伙伴"或"不违法的都是我的合作伙伴"？为什么？

3. "有些自然数不是偶数"能否推出"有些偶数不是非自然数"？为什么？

八、分析下列语句中的三段论，并判断其是否有效，如果无效，指出它们违反了什么规则。

1. 小夏和小张，在动物园里看海豚表演。海豚做着各种有趣的动作，逗得他俩大笑不止。这时，池中又浮起了另外一只动物，他们俩都不认识。

"大概是一条什么鱼吧！"小夏猜测道。

"为什么？"小张问。

"老师不是说过吗，凡是海豚都不是鱼，这只动物又不是海豚，那它不就是鱼吗？"小夏回答说。

"对，有道理。"小张点了点头。

2. 文学家都是艺术家，茅盾是艺术家，所以茅盾是文学家。

3. 社会主义国家都是不好战的，帝国主义国家都是非社会主义国家，所以帝国主义国家都是好战的。

4. 并非所有的唯物主义者都不是马克思主义者，而没有一个共产主义者不是马克思主义者，因此，所有的共产主义者都是唯物主义者。

5. 中国人说话是算数的，我是中国人，所以，我说话是算数的。

6. 没有正直的人是不受人尊敬的，这里的人大部分是正直的人，所以，这里的人是受人尊敬的。

7. 我的同学不少是党员，我的同学不少是山东人，所以，不少山东人是党员。

九、请在下列括号内填上适当的符号，构成一个有效的三段论，并写出推导过程。

1. P（ ）M
   M A S
   ─────
   S（ ）P

2. M I P
   M（ ）S
   ─────
   S（ ）P

十、请根据三段论的有关知识，回答下列问题。

1. 已知 PIM 为假，而 SAM 为真，S 与 P 的外延关系是什么？

2. 以 I 命题为小前提，E 命题为大前提，进行三段论推理，可以推出什么结论？写出推导过程。

3. 有一个有效的三段论，大项在前提和结论中都周延，小项在前提和结论中都不周延，大前提是肯定命题，这个三段论是什么？

4. 以"有些 A 是 B，所有的 B 是 C"为前提进行三段论推理，结论是什么？

5. 有一个有效的三段论，结论中小项周延，前提和结论中一共只有三个周延的项，这是个怎样的三段论？

6. 有一个有效的三段论，只有大前提中有一个周延的项，这是个怎样的三段论？

十一、请指出下列三段论省略式省略的是哪一部分，并把省略的部分补充出来。

1. 近体诗都是押韵的，这首诗是押韵的。

2. 我们国家建设中遇到的困难是发展中的困难，所以，都是能够战胜的困难。

3. 所有的公民都应该遵纪守法，领导干部也不例外。

4. 有的物质能致病，因为有的物质有毒。

十二、下列每小题只有一个选项正确，请根据性质推理及三段论的有关知识选出正确的选项。

1. 勤奋好学的学生不都是三好学生。

如果以上论述为真，则下列说法能断定真假的有（　　）

①有些勤奋好学的学生是三好学生。

②有些勤奋好学的学生不是三好学生。

③所有勤奋好学的学生都是三好学生。

④所有勤奋好学的学生都不是三好学生。

A. 一个　　　B. 两个　　　C. 三个　　　D. 四个

2. 甲公司4人对是否迟到的说法如下：

张：我们4人都没有迟到。

赵：我没有迟到。

王：我们中有人迟到。

李：王和赵至少有1人没有迟到。

已知上述4人中有2人说的是真话，有2人说的是假话，则下列命题为真的是（　　）

A. 说真话的是赵和张　　　B. 说真话的是赵和李

C. 说真话的是李和王　　　D. 说真话的是李和张

3. 甲公司有员工45名。关于这45名员工，甲、乙、丙3人有如下讨论：

甲说：这些员工中有些是上海人。

乙说：员工中的王明不是上海人。

丙说：这些员工中有些不是上海人。

已知甲、乙、丙3人的话只有一句为真，下面说法为真的是（　　）

A. 45名员工都不是上海人　　　B. 有些员工不是上海人

C. 王明不是上海人　　　D. 45名员工都是上海人

4. 已知：房龄超过 10 年的房屋必须更换燃气软管，必须更换燃气软管的房屋中有一些是 S 小区的，所有 S 小区的房屋都不允许自行封阳台。

以下可以推出的是（   ）

A. 有些允许自行封阳台的房屋必须更换燃气软管

B. 有些 S 小区的房屋必须更换燃气软管

C. 有些 S 小区的房屋不需要更换燃气软管

D. 必须更换燃气软管的房屋房龄都超过了 10 年

5. 小明、小亮、小红、小兰 4 位同学参加了同一场考试，下面是他们对结果的预测：

小明说：我觉得这次大家都能通过。

小亮说：怎么可能呢？我已经没戏了。

小红说：小兰肯定没问题。

小兰说：哪有呀，如果我没问题，大家就都没问题。

事实证明 4 人中只有一个人的说法是错误的。说法错误的是（   ）

A. 小明　　　B. 小亮　　　C. 小红　　　D. 小兰

6. 甲、乙、丙三人对公司里谁去上海参加产品交流会作出如下猜测：

甲：这次公司有人会去上海参加产品交流会。

乙：我知道公司里的王经理和张经理不会去上海参加产品交流会。

丙：这次公司有人不会去上海参加产品交流会。

已知三人中的猜测只有一个为真，则下列命题必然为真的是（   ）

A. 公司里的人都会去上海参加产品交流会

B. 公司里的人都不会去上海参加产品交流会

C. 公司里的王经理可能不会去上海参加产品交流会

D. 公司里的张经理可能不会去上海参加产品交流会

7. 实验中学的一些语文老师是志愿者，因此，实验中学的有些女老师是志愿者。

以下最支持上述论证的说法是（   ）

A. 实验中学的语文老师都是女老师

B. 实验中学的女老师有些是教语文的

C. 实验中学的语文老师中有些是女老师

D. 有些实验中学的男语文老师并不是志愿者

8. 已知：有些志愿者教师免费为学生补习功课，凡是资助了贫困生的教师都来自市级重点中学，所有免费为学生补课的教师都不是来自市级重点中学。

根据以上条件，下列为真的命题是（   ）

A. 有些资助了贫困生的教师不是志愿者教师

B. 有些志愿者教师没有资助贫困生

C. 有些资助了贫困生的教师经常当志愿者

D. 有些经常当志愿者的教师来自市级重点中学

9. 已知：某中学期末评优时，王小明获得了三好学生的荣誉。

以下不能确定真假的是（   ）

①该校所有同学都获得三好学生的荣誉。

②该校有的同学获得三好学生的荣誉。

③该校所有学生都没有获得三好学生的荣誉。

④该校有的同学没有获得三好学生的荣誉。

A. ①②　　　B. ①④　　　C. ②④　　　D. ②③

10. 关于某次期末考试的情况，4位同学作了如下猜测：

甲说：所有同学都及格了。

乙说：小王没有及格。

丙说：不会全部同学都及格的。

丁说：那也不会全部同学都不及格。

事实证明，只有一位同学猜错了，则下列为真的项是（   ）

A. 甲猜错了，小王及格了

B. 甲猜错了，小王没有及格

C. 乙猜错了，小王及格了

D. 丙猜错了，小王及格了

11. 已知：所有太原人都是山西人，所有太原人都喜欢吃面食，有些山西人喜欢晋剧。

以下可以推出的命题是（　　）

①有些山西人不是太原人。

②有些山西人不喜欢晋剧。

③有些山西人喜欢吃面食。

A. ①　　　B. ②　　　C. ③　　　D. ①③

12. 有人在地铁站里捡到了两个装有违禁品的背包，经过调查，可以确定的是背包是赵、钱、孙、李中的某两个人的。查问四人，其说法分别是：

赵：不是我的。

钱：是李的。

孙：是钱的。

李：肯定不是我的。

经过充分调查证实四人中只有两人说的是真话。据此，下列可能为真的项是（　　）

A. 是钱和李的　　B. 是赵和李的

C. 是孙和李的　　D. 是钱和孙的

13. 因为有些山东人不爱吃辣椒，所以，有些爱吃甜食的人不爱吃辣椒。

下面能保证上述推理成立的说法是（　　）

A. 有些山东人爱吃辣椒

B. 有些爱吃甜食的山东人爱吃辣椒

C. 所有的山东人都爱吃甜食

D. 所有爱吃甜食的人都是山东人

14. 已知：所有的犯罪行为都会受到法律制裁，有的妨碍社会治安的行为是犯罪行为，李晓亮的行为是妨碍社会治安的行为。

以下一定为真的是（　　）

A. 有的妨碍社会治安的行为会受到法律制裁

B. 李晓亮的行为是犯罪行为

C. 李晓亮的行为会受到法律制裁

D. 所有受到法律制裁的行为都是犯罪行为

15. 已知"所有商品都是明码标价的"为假。

下面不能确定真假的是（　　）

①并非有的商品明码标价。

②有些商品没有明码标价。

③所有商品都没有明码标价，这不是真的。

A. ①②　　　B. ①③　　　C. ②③　　　D. ①②③

16. 有些性能优良的智能手机是小米公司生产的，所有小米公司生产的智能手机价格都合理，价格合理的智能手机得到了消费者的认可。

下面不能从以上条件推断出的是（　　）

A. 有些价格合理的智能手机性能优良

B. 有些性能优良的智能手机得到了消费者的认可

C. 所有消费者不认可的智能手机价格都不合理

D. 消费者认可的智能手机中，有些性能并不优良

第四章
4 模态推理与关系推理

事物情况是非常复杂的，仅用"是"或"不是"来反映还不够，有时要讨论事物情况存在的可能性与必然性，讨论事物之间关系的对称性和传递性，这就是模态推理和关系推理。

第一节 模态命题及其推理

一 模态命题

（一）什么是模态命题

模态命题有广义和狭义之分。广义的模态命题指一切包含模态词（"必然""可能""必须""允许""禁止"）的命题。狭义的模态命题仅指包含"必然"和"可能"这类模态词的命题。本书主要讲解狭义的模态命题，即反映事物情况的必然性和可能性的命题。如以下两例：

纸必然包不住火。

今天可能下雨。

这是两个模态命题。第一个反映了"纸包不住火"的必然性，后一个反映了"今天下雨"的可能性。

模态命题可以是简单命题，也可以是复合命题。以上两例为简单模态命题。

复合模态命题如以下两例：

只要付出努力，就会有收获，这是必然的。

这次他可能评上三好学生，也可能评上优秀班干部。

这是两个复合模态命题。前一例反映了"付出努力"是"会有收获"的充分条件的必然性，后一例反映了"评上三好学生"与"评上优秀班干部"两种情况同时存在的可能性。

（二）模态命题的种类

根据模态词的不同，模态命题分为必然命题和可能命题。无论是必然命题还是可能命题，都有肯定和否定之分，所以，模态命题分为四种类型：必然肯定命题，必然否定命题，可能肯定命题，可能否定命题。

1. 必然肯定命题

反映事物情况必然存在的命题。如以下两例：

共产主义必然到来。

四个现代化的实现是必然的。

这是两个必然肯定命题。必然肯定命题的逻辑形式为"S 必然是 P"或"S 是 P 是必然的"，简写为"必然 P"。

2. 必然否定命题

反映事物情况必然不存在的命题。如以下两例：

事物必然不是静止的。

人不会长生不老是必然的。

这是两个必然否定命题。必然否定命题的逻辑形式为"S 必然不是 P"或"S 不是 P 是必然的"，简写为"必然非 P"。

3. 可能肯定命题

反映事物情况可能存在的命题。如以下两例：

他可能是一名学生。

火星上有生命是可能的。

这是两个可能肯定命题。可能肯定命题的逻辑形式为"S 可能是 P"或"S 是 P 是可能的"，简写为"可能 P"。

4. 可能否定命题

反映事物情况可能不存在的命题。如以下两例：

他可能不是这次会议的召集人。

这次面试不在线上进行是可能的。

这是两个可能否定命题。可能否定命题的逻辑形式为"S 可能不是 P"或"S 不是 P 是可能的"，简写为"可能非 P"。

（三）四种模态命题之间的真假对应关系与"逻辑方阵"

必然肯定命题、必然否定命题、可能肯定命题、可能否定命题之间存在着一定的真假对应关系，可以用"逻辑方阵"来表示。

四种模态命题之间的真假对应关系是:

上反对关系:必然 P 与必然非 P 之间的对当关系。可以表示为"不可同真,但可同假"。即一个为真,则另一个为假;一个为假,另一个真假不定。

下反对关系:可能 P 与可能非 P 之间的对当关系。可以表示为"不可同假,但可同真"。即一个为假,则另一个为真;一个为真,另一个真假不定。

差等关系:必然 P 与可能 P 之间、必然非 P 与可能非 P 之间的对当关系。可以表示为"可同真,可同假;必然命题真,则可能命题真;可能命题假,则必然命题假"。就必然 P 与可能 P 来说,必然 P 真,则可能 P 真,必然 P 假,则可能 P 真假不定;可能 P 假,则必然 P 假,可能 P 真,则必然 P 真假不定。必然非 P 与可能非 P 之间的关系亦如此。

矛盾关系:必然 P 与可能非 P,必然非 P 与可能 P 之间的对当关系。可以表示为"不可同真,不可同假"。即一个为真,则另一个为假;一个为假,则另一个为真。就必然 P 与可能非 P 来说,必然 P 真,则可能非 P 假,必然 P 假,则可能非 P 真;可能非 P 真,则必然 P 假,可能非 P 假,则必然 P 真。必然非 P 与可能 P 之间的关系亦如此。

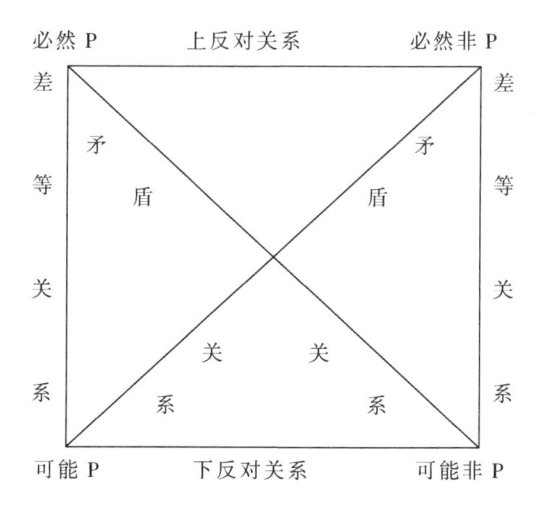

```
          必然 P    上反对关系    必然非 P
           ┌──────────────────────┐
          差│╲                  ╱│差
           │  ╲      矛      ╱  │
          等│    ╲   盾    ╱    │等
           │      ╲      ╱      │
          关│        ╲  ╱        │关
           │    关    ╳    关    │
          系│        ╱  ╲        │系
           │      ╱      ╲      │
           │    ╱   关  关  ╲    │
           │  ╱    系    系    ╲  │
           │╱                    ╲│
           └──────────────────────┘
          可能 P    下反对关系    可能非 P
```

(四) 模态命题与实然命题的真假关系

"实然"的意思是"事实情况如此",所以,实然命题是反映客观存在的事实的命题。实然命题没有"实然"词,用"P"和"非P"分别表示实然肯定命题和实然否定命题。

模态命题和实然命题之间存在一定的真假对应关系。有以下两条规律:

第一,如果必然P真,则P真;如果P真,则可能P真。概括为"必然P→P→可能P"。例如:

> 这些人必然都是学生,所以,这些人都是学生;所以,这些人可能都是学生。

第二,如果必然非P真,则非P真;如果非P真,则可能非P真。概括为"必然非P→非P→可能非P"。例如:

> 马必然不会飞,所以,马不会飞;所以,马可能不会飞。

这两条规律反映出"必然"比"实然"的程度要深,"实然"比"可能"的程度要深,所以,可以从"必然"推出"实然",从"实然"推出"可能",不能反过来。

二 模态推理

模态推理指以模态命题为前提,并根据模态命题的逻辑性质进行的推理。例如:

> 军国主义必然灭亡,所以,军国主义不可能不灭亡。

这是一个模态推理,它的前提和结论都是模态命题,推理的依据是必然肯定命题与可能否定命题之间的对当关系。

模态推理主要有两种:模态对当关系推理和模态三段论。

(一) 模态对当关系推理

模态对当关系推理是根据四种模态命题之间的真假对应关系进行的推理。下面是常见的几种推理类型:

1. 由一命题真推出另一命题真

必然P真→可能P真

必然非 P 真→可能非 P 真

这两种推理依据的是差等关系：必然命题真，则可能命题真。分别如以下两例：

  今天必然下雨，所以，今天可能下雨。

  今天必然不下雨，所以，今天可能不下雨。

2. 由一命题真推出另一命题假

必然 P 真→可能非 P 假（不可能非 P）

例如：

  共产主义必然实现，所以，共产主义不可能不实现。

必然非 P 真→可能 P 假（不可能 P）

例如：

  他必然不会获选，所以，他不可能获选。

可能 P 真→必然非 P 假（不必然非 P）

例如：

  明天可能有大风，所以，明天不必然没有大风。

可能非 P 真→必然 P 假（不必然 P）

例如：

  他今天可能不来上班，所以，他今天不必然来上班。

以上四种推理的依据是矛盾关系：必然肯定命题真，则可能否定命题假；必然否定命题真，则可能肯定命题假；可能肯定命题真，则必然否定命题假；可能否定命题真，则必然肯定命题假。

必然 P 真→必然非 P 假（不必然非 P）

例如：

  他必然能克服困难，所以，他不必然不能克服困难。

必然非 P 真→必然 P 假（不必然 P）

例如：

  这个人必然不会成功，所以，这个人不必然会成功。

这两种推理的依据是上反对关系：必然肯定命题真，则必然否定命题假；必然否定命题真，则必然肯定命题假。

模态对当关系推理还可以有"由一个命题假推出另一个命题真"和"由一个命题假推出另一个命题假"等形式，由于这些推理不常用，所以不再列出。

(二) 模态三段论

模态三段论指前提中至少有一个模态命题，结论是模态命题的三段论。例如：

　　正义战争必然胜利，
　　解放战争必然是正义战争，
　　所以，解放战争必然胜利。

这是一个大、小前提和结论都是必然命题的三段论，其推理形式为：

　　M 必然是 P
　　S 必然是 M
　　―――――――
　　所以，S 必然是 P

再如：

　　猫科动物必然有极强的夜视能力，
　　那个小动物可能是猫科动物，
　　所以，那个小动物可能有极强的夜视能力。

这是一个由必然命题与可能命题作前提，推出一个可能命题结论的三段论，其推理形式为：

　　M 必然是 P
　　S 可能是 M
　　―――――――
　　所以，S 可能是 P

再如：

　　鱼类动物必然是脊椎动物，
　　带鱼是鱼类动物，
　　所以，带鱼必然是脊椎动物。

这是一个由必然命题与实然命题作前提，推出一个必然命题结论的三段论，其推理形式为：

M 必然是 P

S 是 M

所以，S 必然是 P

再如：

  甲班所有的同学都可能是团员，

  王小明是甲班的同学，

  所以，王小明可能是团员。

这是一个由可能命题与实然命题作前提，推出一个可能命题结论的三段论，其推理形式为：

M 可能是 P

S 是 M

所以，S 可能是 P

总之，一个正确的模态三段论，不仅要遵循模态命题间的逻辑关系，而且要符合三段论的各项规则。

三　模态推理应用于逻辑能力测试

逻辑能力综合测试常常涉及模态推理知识。

例 1

  "不可能所有的嫌疑人都说真话。"

  如果此命题为真，那么下面必然为真的命题是哪项？

  A. 所有嫌疑人一定都不说真话

  B. 有的嫌疑人一定说真话

  C. 有的嫌疑人一定不说真话

  D. 不可能所有嫌疑人都不说真话

正确选项是 C。题干"不可能所有的嫌疑人都说真话"是"不可能 P"，按照模态对当关系，其对应的命题是"必然非 P"，即"有的嫌疑人必然不说真话"，其他选项都推不出。

例 2

  已知，天气预报说"今天可能下雨"，对此，打算去爬山的小赵、小钱、小孙讨论如下。

小赵：今天可能下雨，与今天可能不下雨并不矛盾，我们可以去爬山。

小钱：今天可能下雨，那就说明今天一定下雨，我们还是不去爬山了吧。

小孙：今天可能下雨，说明今天不下雨不是必然的，去不去爬山听你俩的。

对天气预报的理解，三个人的情况是怎样的？

A. 小赵和小孙正确，小钱不正确
B. 小赵正确，小钱和小孙不正确
C. 小钱正确，小赵和小孙不正确
D. 小孙正确，小赵和小钱不正确

正确选项是 A。题干为"今天可能下雨"，它与"今天可能不下雨"是下反对关系，不是矛盾关系，所以小赵的话是正确的。"今天可能下雨"与"今天一定下雨"是差等关系，前者为真，后者真假不定，所以小钱的说法是错误的。"今天不下雨不是必然的"，是"必然非 P 为假"，根据矛盾关系，等于"可能 P"，即"今天可能下雨"，所以小孙的话是正确的。

第二节　关系命题及其推理

任何事物都不是孤立存在的，事物之间总存在着这样或那样的关系。从逻辑学角度，应该正确认识这些关系在对称性和传递性等方面的性质，并能利用关系的逻辑性质进行正确推理。

一　关系命题

（一）什么是关系命题

关系命题是反映事物与事物之间关系的命题。如以下两例：

二大于一。

王羲之和王献之是父子。

这是两个关系命题。前例反映了"二"和"一"之间存在"大于"关系,后例反映了"王羲之"和"王献之"之间存在"父子"关系。

关系命题也可以反映两个以上的事物之间的关系。例如:

二加三等于五。

这个关系命题反映了"二""三""五"三个对象之间的关系。

关系命题由三个部分组成,分别是关系者项、关系项、量项。

关系者项是表示关系承担者的概念,也称为关系命题的主项。如上面三例中的"二""一""王羲之""王献之""二""三""五"等。关系者项可以有两个,也可以有两个以上。如果一个关系命题有两个关系者项,在前的关系者项称为关系者前项,用字母 a 表示,在后的关系者项称为关系者后项,用字母 b 表示。如果一个关系命题有两个以上的关系者项,分别称它们为第一、第二、第三……关系者项,分别用字母 a、b、c……表示。

关系项是表示关系者项之间的关系的概念,也叫作关系命题的谓项。如上面三例中的"大于""父子""……加……等于"等,关系项用字母 R 表示。

量项是表示关系者项数量的概念。例如"所有认识他的人都信任他"这个关系命题中的"所有"是量项。

对具有两个关系者的关系命题可以用字母表示为:

aRb 或 R (a, b)

若关系命题中有量项,可以把量项加上,如"所有认识他的人都信任他"可以表示为:

所有的 aRb

值得注意的是,有些命题看起来像关系命题,但实际上并不是。比较下面两个例子:

我和他是教师。

我和他是同乡。

第一个命题反映的不是"我"和"他"的关系,而是"我"和"他"

都具有的某种性质，实际上是两个性质命题，即，

　　我是教师，他也是教师。

这是个复合命题中的联言命题。第二个命题反映的是"我"和"他"之间存在着"同乡"关系，是一个关系命题。

(二) 关系的性质

客观事物之间的关系非常复杂，反映这些关系的命题也多种多样，逻辑学不研究各种关系的具体内容，而研究各种具体关系所共同具有的某些逻辑性质。关系的常见逻辑性质有两种。

1. 关系的对称性

关系的对称性是指对甲和乙两个不同的对象来说，当甲对乙有某关系时，乙对甲是否也具有此关系。有三种不同的情况。

（1）对称关系

对甲乙两个对象来说，若甲对乙有某关系，乙对甲也一定有同样关系，这种关系就是对称关系。对称关系也可以表示为：aRb 成立，bRa 也成立。如以下两例：

　　张三和李四一样高。

　　我家和他家是邻居。

前一个关系命题，"张三和李四一样高"，则"李四和张三也一样高"；后一个关系命题，"我家和他家是邻居"，则"他家和我家也是邻居"。所以，"一样高"和"邻居"关系都是对称关系。

类似的关系如"相等""相似""同乡""朋友""同盟""对立"等。

（2）反对称关系

对甲和乙两个对象来说，若甲对乙有某关系，乙对甲一定没有同样关系，这种关系就是反对称关系。反对称关系也可以表示为：aRb 成立，bRa 一定不成立。如以下两例：

　　张三是张四的哥哥。

　　三小于五。

前一个关系命题，"张三是张四的哥哥"，而"张四一定不是张三的哥哥"；后一个关系命题，"三小于五"，而"五一定不小于三"。所以，

"哥哥"和"小于"关系都是反对称关系。

类似的关系如"大于""之上""之下""高于""低于""压迫""侵略""哥哥""弟弟""父亲""孩子""输""赢"等。

（3）非对称关系

对甲和乙两个对象来说，若甲对乙有某关系，乙对甲不一定有同样关系，这种关系就是非对称关系。非对称关系也可以表示为：aRb 成立，bRa 不一定成立。如以下两例：

我认识他。

兰兰喜欢明明。

前一个关系命题，"我认识他"，但"他不一定认识我"；后一个关系命题，"兰兰喜欢明明"，但"明明不一定喜欢兰兰"。所以，"认识"和"喜欢"关系都是非对称关系。

类似的关系如"敬仰""帮助""信任""佩服""支援""讨厌""欣赏""关心"等。

2. 关系的传递性

关系的传递性是指对甲、乙、丙三个不同的对象来说，当甲对乙有某关系，乙对丙有同样关系时，甲对丙是否也具有同样关系。有三种不同的情况。

（1）传递关系

对甲、乙、丙三个对象来说，若甲对乙有某关系，乙对丙有同样关系时，甲对丙一定也有此关系，这种关系就是传递关系。传递关系也可以表示为：aRb 成立，并且 bRc 成立时，aRc 一定成立。如以下两例：

我比小王高，小王比小张高。

三大于二，二大于一。

前一个关系命题，"我比小王高，小王比小张高"，则"我一定比小张高"；后一个关系命题，"三大于二，二大于一"，则"三一定大于一"。所以，"比……高"和"大于"关系都是传递关系。

类似的关系如"大于""小于""相等""在上""在下""早于""晚于""相似"等。

(2) 反传递关系

对甲、乙、丙三对象来说，若甲对乙有某关系，乙对丙也有同样关系时，甲对丙一定没有此关系，这种关系就是反传递关系。反传递关系也可以表示为：aRb 成立，并且 bRc 成立时，aRc 一定不成立。如以下两例：

老张是大张的父亲，大张是小张的父亲。

我比他大两岁，他比你大两岁。

前一个关系命题，"老张是大张的父亲，大张是小张的父亲"，但"老张一定不是小张的父亲"；后一个关系命题，"我比他大两岁，他比你大两岁"，但"我一定不比你大两岁"。所以，"父亲"和"比……大两岁"关系都是反传递关系。

类似的关系如"孩子""母亲""比……小两岁""比……高两级"等关系。

(3) 非传递性关系

对甲、乙、丙三对象来说，若甲对乙有某关系，乙对丙有同样关系时，甲对丙不一定有此关系。非传递关系也可以表示为：aRb 成立，并且 bRc 成立时，aRc 不一定成立。如以下两例：

我认识小王，小王认识小张。

我喜欢你，你喜欢他。

前一个关系命题，"我认识小王，小王认识小张"，但"我不一定认识小张"；后一个关系命题，"我喜欢你，你喜欢他"，但"我不一定喜欢他"。所以，"认识"和"喜欢"关系都是非传递关系。

类似的关系如"信任""支援""输""赢""朋友""帮助""厌恶""相邻"等。

对称性和传递性是关系的两种重要的逻辑属性，对关系推理有着重要意义。

二 关系推理

关系推理是指前提中至少有一个是关系命题，并根据前提中关系的逻辑性质进行的推理。例如：

> 我和他是同学，所以，他和我是同学。

这是一个根据"同学"这一关系的对称性进行的关系推理。

关系推理主要有两种类型：纯关系推理和混合关系推理。

（一）纯关系推理

纯关系推理是指前提和结论都是关系命题的推理。根据关系的性质可以分为对称性关系推理和传递性关系推理。

1. 对称性关系推理

对称性关系推理指根据关系的对称性进行的推理，分为对称关系推理和反对称关系推理。

（1）对称关系推理

对称关系推理是根据已知命题的关系是对称关系而进行的推理。如以下两例：

> 我和小明是朋友，所以，小明和我是朋友。
>
> 一米等于三尺，所以，三尺等于一米。

推理形式为：aRb，所以，bRa。

（2）反对称关系推理

反对称关系推理是根据已知命题的关系是反对称关系而进行的推理。如以下两例：

> 孔子早于孟子，所以，孟子不早于孔子。
>
> 小东是小西的姐姐，所以，小西不是小东的姐姐。

推理形式为：aRb，所以，b$\bar{R}$a。

2. 传递性关系推理

传递性关系推理指根据关系的传递性进行的推理，分为传递关系推理和反传递关系推理。

（1）传递关系推理

传递关系推理是根据已知命题中三事物之间的关系是传递关系而进行的推理。如以下两例：

珠江在长江之南，长江在黄河之南，所以，珠江在黄河之南。

一米等于十分米，十分米等于一百厘米，所以，一米等于一百厘米。

推理形式为：aRb，并且 bRc，所以，aRc。

(2) 反传递关系推理：

反传递关系推理是根据已知命题中三事物之间的关系是反传递关系而进行的推理。如以下两例：

哥哥比我大三岁，我比妹妹大三岁，所以，哥哥不比妹妹大三岁。

小张是大张的儿子，大张是老张的儿子，所以，小张不是老张的儿子。

推理形式为：aRb，并且 bRc，所以，a$\overline{R}$c。

（二）混合关系推理

混合关系推理是指第一个前提是关系命题，第二个前提是性质命题，结论是关系命题的推理。例如：

小王喜欢古龙写的所有小说，

《楚留香》是古龙写的小说，

所以，小王喜欢《楚留香》。

这是一个混合关系推理，其推理形式为：

aR 所有的 b

c 是 b
_____
所以，aRc

再如：

我们反对一切不正当竞争行为，

商业贿赂行为是不正当竞争行为，

所以，我们反对商业贿赂行为。

混合关系推理中有两个前提一个结论，与性质命题三段论相似，并且混合关系推理中有个概念在两个前提中都出现，类似三段论的中项，因此，有人把混合关系推理称为关系三段论，把在两个前提中都出现的概念称为媒概念。

混合关系推理要遵循一定的规则，主要有五条：

第一，媒概念在前提中至少要周延一次。

第二，在前提中不周延的项，在结论中也不得周延。

第三，前提中的性质命题必须是肯定的。

第四，如果前提中的关系命题是肯定的，结论也是肯定的；如果前提中的关系命题是否定的，结论也是否定的。

第五，如果关系不是对称的，则前提中的关系者前项或后项在结论中位置不能变化。

只有遵循以上规则的混合关系推理才是有效的，违反了其中的任意一条规则都无效。例如：

> 我喜欢有些电影演员，
> 小王是电影演员，
> 所以，我喜欢小王。

此混合关系推理违反了"媒概念在前提中至少周延一次"这一规则。

> 甲班所有同学都比小王高，
> 小张不是甲班的同学，
> 所以，小张不比小王高。

此混合关系推理违反了"前提中的性质命题必须是肯定的"这一规则。

> 我们反对一切虚假宣传，
> 虚假宣传都是宣传，
> 所以，我们反对一切宣传。

此混合关系推理违反了"在前提中不周延的项，在结论中也不得周延"这一规则。

三 关系推理应用于逻辑能力测试

逻辑能力综合测试中有时会涉及关系推理。

例1

在某个团队中，甲、乙、丙三人的信任关系是这样的：甲信任乙，丙不信任甲，乙信任所有信任甲的人。

根据上述论述，则以下不可能为真的是？

①乙信任甲

②乙信任丙

③所有的人都信任甲

A. 只有①　　B. 只有②　　C. 只有③　　D. 只有①③

正确选项为 C。①可真可假，因为"信任"关系是非对称关系，已知"甲信任乙"，"乙信任甲"可真可假。②可真可假，由题干"乙信任所有信任甲的人"和"丙不信任甲"，不能推出"乙不信任丙"，因为根据关系三段论的规则，前提中的性质命题必须是肯定的，"丙不信任甲"是个否定命题。③不可能为真，因为题干是"丙不信任甲"，所以"所有的人都信任甲"为假。

例2

孙老师的所有同乡都不是工程师。认识孙老师同事的都是工程师。孙老师的一个同乡认识了王老师。

从上述陈述中可以推出下列哪项结论？

A. 王老师是孙老师的同事

B. 王老师不是孙老师的同事

C. 孙老师认识王老师

D. 孙老师不认识王老师

正确选项为 B。由"孙老师的所有同乡都不是工程师"和"认识孙老师同事的都是工程师"构成关系三段论，可以得出"孙老师的所有同乡都不认识孙老师的同事"。此结论与"孙老师的一个同乡认识了王老师"组合，可以推出"王老师不是孙老师的同事"。其他选项都不能推出。此题目看起来似乎是关系推理，但其实主要是性质推理。

思考和练习四

思考题

一、什么是模态命题？四种模态命题之间的对当关系如何？

二、模态推理有哪些类型？

三、什么是关系命题？从对称性和传递性角度看，关系有哪些类型？

四、关系推理有哪些类型？

练习题

一、下列命题属于何种模态命题？

1. 资本主义必然被社会主义所代替。

2. 人生中不遇见任何困难是不可能的。

3. 小王获得冠军是可能的。

4. 他不必然是个党员。

二、根据模态命题的对当关系回答下列问题。

1. 已知"他今天必然不会迟到"为真，请指出其他三个模态命题的真假情况。

2. 由"可能 P"假，能否推出"可能非 P"真？

3. 由"可能非 P"真，能否推出"必然非 P"真？

4. 已知"这个班所有学生必然是山东人"为假，请指出其他三个模态命题的真假情况。

三、下列模态推理是否正确，为什么？

1. 事物不可能不发展变化，所以，事物必然不发展变化。

2. 可能我们班有些学生学英语，所以，并非必然我们班所有同学不学英语。

3. 今年的收成不必然会增加，所以，今年的收成可能会增加。

4. 他可能不上五年级，所以，他不可能上五年级。

5. 裸子植物必然是种子植物，被子植物不是裸子植物，所以，被子植物必然不是种子植物。

四、从对称性的角度分析下列命题属于何种关系命题。

1. 小王批评了小李。

2. 甲概念同乙概念交叉。

3. 甲概念真包含于乙概念。

五、从传递性的角度分析下列命题属于何种关系命题。

1. 甲支持乙，乙支持丙。

2. 苏格拉底早于柏拉图，柏拉图早于亚里士多德。

3. 甲概念同乙概念矛盾，乙概念同丙概念矛盾。

六、下列关系推理是否有效，为什么？

1. 张老师比李老师大一岁，李老师比赵老师大一岁，所以，张老师不比赵老师大一岁。

2. 甲概念真包含乙概念，乙概念真包含丙概念，所以，甲概念不真包含丙概念。

3. 张化佩服李同，所以，李同佩服张化。

4. 我们班所有的同学都尊敬张老师，王强不是我们班同学，所以，王强不尊敬张老师。

5. 有的班干部表扬了孙山，吴童是班干部，所以，吴童也表扬了孙山。

七、下列每小题只有一个选项是正确的，请根据模态命题及其推理的有关知识选出正确的选项。

1. 下面是小王与小张的对话。

小张：听说明天会下大暴雨。

小王：我觉得明天不必然下大暴雨。

小张：那你的意思是明天肯定不会下大暴雨了。

小王：我不是这个意思。

以下与小王的意思最接近的是（   ）

A. 明天可能不下大暴雨　　B. 明天可能下大暴雨

C. 明天不可能下大暴雨　　D. 明天必然不下大暴雨

2. 有人认为：不可能所有科学研究都能出成果。

与此观点最为接近的说法是（   ）

A. 可能有的科学研究不能出成果

B. 可能有的科学研究能出成果

C. 必然有的科学研究不能出成果

D. 必然大部分科学研究能出成果

3. 已知：所有脊椎动物可能都具有较发达的神经系统。

则下列说法为真的是（   ）

A. 并非所有脊椎动物都具有较发达的神经系统，这是不必然的

B. 所有脊椎动物都具有较发达的神经系统，这是必然的

C. 所有脊椎动物都具有较发达的神经系统

D. 并非所有脊椎动物都具有较发达的神经系统，这是可能的

4. 已知：可能今年有的行业工资会上涨。

由此可以推出（   ）

A. 今年有的行业工资可能不会上涨

B. 今年所有的行业工资可能都不会上涨

C. 不必然今年所有的行业工资都不会上涨

D. 不必然今年有的行业工资会上涨

5. 已知：不可能所有的应试者都不能通过事业编制考试。

据此可以推出的是（   ）

A. 可能有的应试者不能通过事业编制考试

B. 必然所有应试者都不能通过事业编制考试

C. 必然所有的应试者都能通过事业编制考试

D. 必然有的应试者能通过事业编制考试

6. （2008，吉林）林肯曾经说过：最高明的骗子可能在某个时刻欺骗所有的人，也可能在所有的时刻欺骗某些人，但不可能在所有的时刻欺骗所有的人。

如果上述说法为真，那么下面说法必定为假的是（   ）

A. 林肯可能在任何时候都不受骗

B. 林肯可能在某个时候受骗

C. 不存在某一时刻所有的人都必然不受骗

D. 不存在某一时刻有人可能不受骗

7. 已知：不可能所有新闻专业的大学生毕业后都从事新闻工作。与此说法最一致的是（　　）

A. 可能有的新闻专业的大学生毕业后不从事新闻工作

B. 可能有的新闻专业的大学生毕业后从事新闻工作

C. 必然有的新闻专业的大学生毕业后不从事新闻工作

D. 必然所有新闻专业的大学生毕业后都不从事新闻工作

8. 小张和小李今年都报考了公务员，关于他们考试的情况，有以下四种猜测：

①他们两人中至少有一个考上。

②小张可能没考上是假的。

③小李考上了。

④小张不必然考上。

最后的结果证明这四种猜测中有两个是真的，两个是假的，那么可以推出的结论是（　　）

A. 小张和小李都考上了

B. 小张考上了，小李没考上

C. 小李考上了，小张没考上

D. 小张和小李都没考上

第五章
复合命题及其推理

本章将介绍联言命题、选言命题、假言命题、负命题等复合命题及其推理，并介绍真值形式有效性的判定方法。

第一节　联言命题及其推理

一　联言命题

（一）什么是联言命题

联言命题是反映若干情况同时存在的命题。如以下三例：

　　我们不仅要加强物质文明建设，而且要加强精神文明建设。

　　知识是积累起来的，经验也是积累起来的。

　　我们党是先进生产力的代表，是先进文化前进方向的代表，是最广大人民根本利益的代表。

这三例都是联言命题。前两个反映的是两种情况同时存在，后一个反映的是三种情况同时存在。

联言命题由联言肢和联结词构成。

联言肢指构成联言命题的肢命题，如上例的"我们要加强物质文明建设"和"我们要加强精神文明建设"。联言命题的肢命题可以是两个，也可以是两个以上，分别用字母 p、q、r……表示。

联言命题的联结词指联结肢命题的词语，如上例的"不仅……而且……"。日常用语中，联言命题的联结词有"并且""既……又……""一方面……另一方面……""不但……而且……""虽然……但是……"等，表示并列、递进、转折等各种关系，联言命题中可以不出现联结词。

有两个以上联言肢的联言命题与有两个联言肢的联言命题在逻辑性质上相同，因此，下面主要介绍有两个联言肢的联言命题。

有两个联言肢的联言命题可以表示为：

p 并且 q

其中，"p"和"q"表示肢命题，"并且"代表联结词。联言命题联结词的符号是"∧"，读作"合取"，因此，联言命题可以表示为：

$p \wedge q$

日常表达中，联言命题较少采用完整形式，而常常采用省略或简化式。如果几个联言肢的主项相同，谓项不同，那么，可以用一个主项与不同的谓项构成一个联言命题。例如：

鲁迅不但是伟大的文学家，而且是伟大的思想家。

这个联言命题包含了一个相同的主项和两个不同的谓项，有两个联言肢。

如果几个联言肢的主项不同，但谓项相同，那么，可以用几个不同的主项与一个谓项构成一个联言命题。例如：

音响、线条、色彩、形体、语言等都是艺术家构思的物质材料。

这个联言命题包含了五个不同的主项和一个相同的谓项，有五个联言肢。

有些联言命题的省略式由两个或两个以上并列的主项与谓项构成。例如：

道德标准和艺术标准都不是超历史的、超现实的、超人类的东西。

这个联言命题包含了两个不同的主项和三个不同的谓项，有六个联言肢。

（二）联言命题的逻辑值

任何命题都有真有假，命题或真或假的性质叫作命题的真假值，也叫命题的逻辑值。

简单命题的真假，取决于它是否反映了事物的真实情况，复合命题的真假也不例外，但复合命题是由肢命题构成的，所以，复合命题的真假要取决于各个肢命题的真假。

联言命题反映若干事物情况同时存在，所以，当且仅当几个联言肢都真时，联言命题才真，而只要有一个联言肢为假，联言命题就是假的。例如，当且仅当"思想好""身体好""学习好"三个条件都满足时，才是"三好学生"，否则就不是"三好学生"。

联言命题的逻辑值用真值表表示如下：

p	q	p∧q
真	真	真
真	假	假
假	真	假
假	假	假

可以看出：只有联言肢都真，联言命题才真；若联言肢有一个假，则联言命题假。

二 联言推理

联言推理是指前提或结论为联言命题的推理。联言推理有分解式和组合式两种形式。

（一）分解式

分解式联言推理是由联言命题为真，推出其中的一个联言肢为真的推理形式，其前提是整个联言命题，结论是其中的一个肢命题。如以下两例：

　　这位同学不但学习好，而且身体也很好，
　　所以，这位同学学习好。

　　青岛、烟台、威海都是沿海城市，
　　所以，青岛是沿海城市。

分解式联言推理的形式为：

p 并且 q
─────────
所以，p

用符号表示为：

(p∧q) →p

（二）组合式

组合式联言推理是由联言肢全部为真，推出联言命题为真的推理形式，其前提是所有的肢命题，结论是由这些肢命题组成的联言命题。如以下两例：

这部作品思想内容好，

这部作品艺术性强，

所以，这部作品不但思想内容好，而且艺术性强。

他是一位教师，

他是一位作家，

所以，他是一位教师，也是一位作家。

组合式推理的形式为：

p

q

所以，p 并且 q

用符号表示为：

(p, q) →p∧q

联言推理在逻辑能力综合测试中有所涉及，但一般不单独成题，而是和其他复合命题推理一起考查。

第二节　选言命题及其推理

一　选言命题

(一) 什么是选言命题

选言命题指反映的若干情况中至少有一种情况存在的命题。如以下三例：

教育体制要么改革，要么维持现状。

他或者是一名语文教师，或者是一名美术教师。

今年公休假他或者去丽江，或者去腾冲，或者去大理。

这三例都是选言命题。前两例反映的是两种情况中至少有一种存在，后一例反映的是三种情况中至少有一种存在。

选言命题由选言肢和联结词构成。选言肢是选言命题的肢命题，可以是两个，如上面第一例中的"教育体制改革"和"教育体制维持现状"；也可以是两个以上，如第三例中的"今年公休假他去丽江""今年公休假他去腾冲"和"今年公休假他去大理"。

我们主要介绍有两个选言肢的选言命题。

选言命题各选言肢之间的关系有两种。一种是各选言肢所反映的事物情况不排斥，选言肢可以同时为真，如上面第二例中的"他是一名语文教师"和"他是一名美术教师"；另一种是各选言肢所反映的事物情况相互排斥，选言肢只有一个为真，其他都为假，如上面第一例中的"教育体制改革"和"教育体制维持现状"。

选言命题的各选言肢是否可以同真，决定了选言命题的逻辑性质，据此，选言命题可分为两类：相容选言命题和不相容选言命题。

（二）选言命题的种类及其逻辑值

1. 相容选言命题

相容选言命题是指选言肢可以同真的选言命题。如以下两例：

他或者是个画家，或者是个诗人。

弱者战胜强者，或者是由于勇敢过人，或者是由于策略得当。

这两个选言命题，其选言肢可以同时为真，是两个相容选言命题。

联结词方面，相容选言命题和不相容选言命题也常常不同。相容选言命题常用联结词有"或者……或者……""也许……也许……""可能……也可能……"等，表示选择关系，这样，相容选言命题可以表示为：

p 或者 q

其中，"p"和"q"表示肢命题，"或者"代表联结词。相容选言命题联结词的符号是"∨"，读作"析取"，因此，相容选言命题可以表示为：

p∨q

相容选言命题的逻辑值同样取决于各个肢命题的真假。因为相容选言命题的选言肢中至少有一个为真，并且可以同时为真，所以，只要有一个选言肢为真，选言命题就是真的。

相容选言命题的逻辑值用真值表表示如下：

p	q	p∨q
真	真	真
真	假	真
假	真	真
假	假	假

可以看出：只要选言肢有一个为真，相容选言命题就真；而只有选言肢都假，相容选言命题才假。

2. 不相容选言命题

不相容选言命题指选言肢有且只有一个为真的选言命题。如以下两例：

  矛盾要么是对抗性的，要么是非对抗性的。

  一个人的世界观要么是唯物的，要么是唯心的。

以上两个选言命题，其选言肢中有且只有一个为真，是不相容选言命题。

不相容选言命题常用的联结词有"要么……要么……""不是……就是……""或者……或者……，二者不可得兼"等，这样，不相容选言命题可以表示为：

p 要么 q

其中，"p"和"q"表示肢命题，"要么"代表联结词。不相容选言命题联结词的符号是"$\dot{\vee}$"，读作"不相容析取"，因此，不相容选言推理可以表示为：

p$\dot{\vee}$q

不相容选言命题的逻辑值取决于各肢命题的真假。因为不相容选言命题的选言肢重有且只有一个为真，所以，当且仅当一个选言肢为真时，选言命题才是真的，否则，就是假的。

不相容选言命题的逻辑值用真值表表示如下：

p	q	p∨q
真	真	假
真	假	真
假	真	真
假	假	假

可以看出：选言肢有且只有一个为真，不相容选言命题真；其他情况下，不相容选言命题都假。

选言命题还涉及选言肢是否穷尽的问题。只有选言命题的选言肢反映了事物的所有可能情况，才能保证选言命题是真实的。

二 选言推理

选言推理指前提中有一个选言命题，根据选言命题的逻辑性质来推出结论的推理。如以下两例：

这本小说集不受欢迎，或者是因为思想内容差，或者是因为文学水平低；

这部小说集思想内容不差；

所以，这部小说集不受欢迎是因为文学水平低。

这次到北京出差，或者乘火车，或者乘飞机，二者只能选择一种；

这次到北京出差是乘火车去的；

所以，这次到北京出差没有乘飞机。

这是两个选言推理。

根据前提中选言命题的不同类型，选言推理分为两类：相容选言推理和不相容选言推理。

(一) 相容选言推理

相容选言推理是指前提中有一个是相容选言命题的推理。

因为相容选言命题的几个选言肢可以同真，所以，相容选言推理不能通过肯定选言前提中的一个或几个选言肢，而否定其他选言肢，只能

通过否定选言前提中的一个或几个选言肢,来肯定其他选言肢,即"否定肯定式"推理。推理形式可以表示为:

或者 p,或者 q

非 p
_____

所以,q

用符号表示为("→"表示否定,即"非"):

((p∨q)∧→p)→q

例如:

这份统计材料有错误,或者是由于材料本身不可靠,或者是由于计算有误;

这份材料本身是可靠的;

所以,这份统计材料有错误是由于计算有误。

这是一个有效的相容选言推理。它通过否定选言前提中的一个选言肢"由于材料本身不可靠",肯定了另外一个选言肢"由于计算有误"。

相容选言推理有以下两条规则:

第一,否定一部分选言肢,就可以肯定另一部分选言肢。

第二,肯定一部分选言肢,不能否定另一部分选言肢。

违反其中任意一条规则,推理就是无效的。例如:

他学习成绩不好,或者是因为基础差,或者是因为不用功;

他基础差;

所以,他学习成绩不好不是因为不用功。

这个推理通过肯定选言前提中的一个选言肢"基础差",而否定另外一个选言肢,得出了"不是因为不用功"的结论,违反了相容选言推理的第二条规则。

正确进行相容选言推理,还应该注意:当选言前提有两个以上的选言肢时,如果得出的结论中有两个或两个以上的选言肢,这个结论应该是相容选言命题,而不是联言命题。例如:

红星队输给蓝天队的原因,或者是由于队员个人技术不高,或者是由于缺乏拼搏精神，或者是由于配合不好；

红星队队员个人技术高；

所以，红星队输给蓝天队的原因，或者是由于缺乏拼搏精神，或者是由于配合不好。

（二）不相容选言推理

不相容选言推理指前提中有一个是不相容选言命题的推理。

因为不相容选言命题的几个选言肢有且只有一个为真，所以，不相容选言推理既可以通过肯定选言前提中的一个选言肢，否定其他选言肢，构成"肯定否定式"推理，也可以通过否定选言前提中的一个选言肢，来肯定其他选言肢，构成"否定肯定式"推理。

1. 肯定否定式

前提肯定选言命题的一个选言肢，结论否定其他选言肢。推理形式为：

要么 p，要么 q

p
_____

所以，非 q

用符号表示为：

$((p \veebar q) \wedge p) \rightarrow \neg q$

例如：

他要么去上海，要么去南京，只去一个地方；

他去上海；

所以，他不去南京。

这是一个有效的不相容选言推理。通过肯定选言前提中的一个选言肢"去上海"，否定了另外一个选言肢"去南京"。

2. 否定肯定式

前提否定选言命题的一个选言肢，结论肯定其他选言肢。推理形式为：

要么 p，要么 q

非 p
所以，q

用符号表示为：

（(p ∨ q) ∧→p)→q

例如：

这次到北京出差，不是乘火车，就是乘飞机；
这次到北京出差不乘火车；
所以，这次到北京出差乘飞机。

这是一个有效的不相容选言推理。通过否定选言前提中的一个选言肢"乘火车"，肯定另外一个选言肢"乘飞机"。

不相容选言推理有以下两条规则：

第一，肯定一个选言肢，就要否定其他的选言肢。

第二，否定一个选言肢以外的其他选言肢，就要肯定剩下的那一个选言肢。

三　选言推理应用于逻辑能力测试

逻辑能力综合测试中，选言推理常与其他复合命题推理一起组题综合考查，仅考查选言推理的题目较少。

例 1

　　犯罪嫌疑人 M 或者是从正门进入房间的，或者是从侧门进入房间的，经查实，M 不是从正门进入房间的，所以他一定是从侧门进入房间的。

　　下面哪一项与上述论述形式最为相似？

　　A. 新近考古发掘的一件瓷器，或者是元代的，或者是明代的，经过鉴定，这件瓷器是元代的，所以它不是明代的

　　B. 某天天空中最亮的星星要么是天狼星，要么是老人星，经考查，该天空中最亮的星星不是天狼星，所以一定是老人星

　　C. 如果王老师的论文发表了，他就能参加职称评定，王老师没有参加职称评定，所以他的论文没有发表

D. 小光上网，或者是微信聊天，或是看短视频，或是上网课，昨天下午小光上网没有看短视频，所以他上网课了

正确选项是 B。题干是一个有效的选言推理，形式为否定肯定式。选项 A 是选言推理，却是无效的肯定否定式，与题干不符。选项 C 是一个充分条件假言推理，与题干不符。选项 D 是选言推理，然而它的肢命题有三个，且推理形式无效，与题干不符。

第三节　假言命题及其推理

一　假言命题

（一）什么是假言命题

假言命题是反映某一事物情况是另一事物情况存在的条件的命题。如以下两例：

> 只有认识错误，才会改正错误。

> 如果骄傲自大，成绩就会一落千丈。

这是两个假言命题。第一例反映的是"认识错误"是"改正错误"的必要条件；第二例反映的是"骄傲自大"是"成绩一落千丈"的充分条件。

假言命题由三部分组成：前件、后件和联结词。

前件指假言命题中表示条件的肢命题，常用字母 p 表示，如第一例中的"认识错误"；后件指假言命题中依赖条件而存在的肢命题，常用字母 q 表示，如第一例中的"改正错误"；联结词指联结前件和后件的词语，如第一例中的"只有……才……"，第二例中的"如果……就……"。

事物之间的条件联系是多样的，假言命题前件和后件之间的条件关系同样不止一种，有充分、必要和既充分又必要三种类型。假言命题前件与后件间的条件关系，决定了假言命题的逻辑性质，据此，假言命题分为三类：充分条件假言命题、必要条件假言命题和充要条件假言命题。

（二）假言命题的种类及其逻辑值

1. 充分条件假言命题

充分条件假言命题是指前件所反映的事物情况是后件所反映的事物情况的充分条件的假言命题。

如果有两个事物情况 p 和 q，如果 p 存在，则 q 存在，而如果 p 不存在，则 q 不一定不存在，那么，p 是 q 的充分条件。如"骄傲自大"就是"成绩会一落千丈"的充分条件，因为"如果骄傲自大，则成绩一定一落千丈"，而"不骄傲自大，成绩不一定不会一落千丈"。再如：

只要你说的是真话，我就相信你。

这是个充分条件假言命题。

充分条件假言命题常用的联结词有"如果……那么……""假如……那么……""若……则……""只要……就……""要是……就……"等，这样，充分条件假言命题可以表示为：

如果 p，那么 q

其中，"p"表示前件，"q"表示后件，"如果……那么……"代表联结词。充分条件假言命题联结词的符号是"→"，读作"蕴涵"，因此，充分条件假言命题可以表示为：

p→q

充分条件假言命题的逻辑值取决于前件所反映的情况是否为后件所反映情况的充分条件，如果是充分条件，命题是真的，否则就是假的。

因为充分条件假言命题反映的是"如果前件真，则后件真；如果前件假，则后件不一定假"的情况，所以，当充分条件假言命题的"前件真，后件真"，或"前件假，后件真"，或"前件假，后件假"时，命题是真的，而当"前件真，后件假"时，命题是假的。

充分条件假言命题的逻辑值用真值表表示如下：

p	q	p→q
真	真	真
真	假	假
假	真	真
假	假	真

可以看出：只有前件真而后件假时，充分条件假言命题是假的，其他情况都是真的。

2. 必要条件假言命题

必要条件假言命题是指前件所反映的事物情况是后件所反映事物情况的必要条件的假言命题。

如果有两个事物情况 p 和 q，如果 p 不存在，则 q 不存在，如果 p 存在，则 q 不一定存在，那么 p 是 q 的必要条件。如"认识错误"是"改正错误"的必要条件，因为"不认识错误，就不会改正错误"，而"认识错误，不一定会改正错误"。再如：

没有调查，就没有发言权。

这是个必要条件假言命题。

必要条件假言命题常用的联结词有"只有……才……""没有……就没有……""不……不……""除非……才……"等，这样，必要条件假言命题可以表示为：

只有 p，才 q

其中，"p"表示前件，"q"表示后件，"只有……才……"代表联结词。必要条件假言命题联结词的符号是"←"，读作"逆蕴涵"，因此，必要条件假言命题可以表示为：

p←q

必要条件假言命题的逻辑值决定于前件所反映的情况是不是后件所反映的情况的必要条件，如果是必要条件，命题是真的，否则就是假的。

因为必要条件假言命题反映的是"如果前件假，则后件假；如果前件真,则后件不一定真"的情况,所以,当"前件假,后件假",或"前件真,后件假",或"前件真,后件真"时,命题是真的,而当"前件假,后件真"时,命题是假的。

必要条件假言命题的逻辑值用真值表表示如下:

p	q	p←q
真	真	真
真	假	真
假	真	假
假	假	真

可以看出:只有前件假而后件真时,必要条件假言命题是假的,其他情况都是真的。

3. 充要条件假言命题

充要条件假言命题是指前件所反映的事物情况是后件所反映事物情况的充分必要条件的假言命题。

有两个事物情况 p 和 q,如果 p 存在,则 q 存在,如果 p 不存在,则 q 不存在,那么 p 是 q 的充要条件。如"水温降到零度"是"开始结冰"的充要条件,因为"水温降到零度,一定会开始结冰",而"水温没有降到零度,就一定不会开始结冰"。再如:

人不犯我,我不犯人,人若犯我,我必犯人。

这是个充要条件假言命题。

充要条件假言命题常用的联结词有"当且仅当……才……""有且仅有……才……""如果……那么,并且只有……才……"等,这样,充要条件假言命题可以表示为:

当且仅当 p,才 q

其中,"p"表示前件,"q"表示后件,"当且仅当……才……"代表联结词。充要条件假言命题联结词的符号是"↔",读作"等值",因此,充要条件假言命题可以表示为:

p↔q

充要条件假言命题的逻辑值取决于前件所反映的情况是不是后件所反映情况的充要条件，如果是充要条件，则命题是真的，否则就是假的。

因为充要条件假言命题反映的是"如果前件真，则后件真；如果前件假，则后件假"的情况，所以，当一个充要条件假言命题的"前件真，后件真"，或"前件假，后件假"时，该命题就是真的，而如果"前件真，后件假"，或"前件假，后件真"时，命题就是假的。

充要条件假言命题的逻辑值用真值表表示如下：

p	q	p↔q
真	真	真
真	假	假
假	真	假
假	假	真

可以看出：当前件真、后件真，或前件假、后件假时，充要条件假言命题是真的；而前件真、后件假，或前件假、后件真时，充要条件假言命题是假的。

学习假言命题，区分充分条件假言命题和必要条件假言命题很重要，这两种命题的逻辑性质不同，不能混淆，否则，就会出现逻辑错误。例如：

有的学生说：上课的时候我又没有交头接耳，怎么会违反课堂纪律呢？

其实，这一说法混淆了以下两个不同类型的假言命题：

如果上课的时候交头接耳，就会违反课堂纪律。

只有上课的时候交头接耳，才会违反课堂纪律。

前一例是充分条件假言命题，后一例是必要条件假言命题。"上课的时候交头接耳"和"违反课堂纪律"是第一例所反映的充分条件关系，不是第二例所反映的必要条件关系。说话者把充分条件当成了必要条件，作出的推理是错误的。

二 假言推理

假言推理指前提中至少有一个是假言命题，并且根据假言命题的逻辑性质来推出结论的推理。根据推理形式的不同，分为假言直言推理、假言易位推理、假言连锁推理三种类型。

（一）假言直言推理

假言直言推理是指前提中有一个假言命题，一个直言命题，根据假言命题前件和后件之间的条件关系推出直言命题结论的推理。通常所说的假言推理一般指假言直言推理。

因为假言命题有三类，所以，假言直言推理也分为三种类型：充分条件假言直言推理、必要条件假言直言推理和充要条件假言直言推理。

1. 充分条件假言直言推理

充分条件假言直言推理是指以一个充分条件假言命题和一个直言命题为前提，得出一个直言命题结论的推理。例如：

　　如果天下雨，地就湿；
　　天下雨了；
　　所以，地湿了。

充分条件假言直言推理是根据充分条件假言命题的逻辑性质进行的。充分条件假言命题的逻辑性质是"有前件就有后件，没有前件不一定没有后件"。因为"有前件就有后件"，所以，肯定前件就要肯定后件，否定后件就要否定前件；因为"没有前件不一定没有后件"，所以，否定前件不能否定后件，肯定后件不能肯定前件。据此，充分条件假言直言推理有以下两种形式。

（1）肯定前件式

例如：

　　如果他是三好学生，他学习就很好；
　　他是三好学生；
　　所以，他学习很好。

其推理形式可以表示为：

如果 p，则 q

p
―――――――
所以，q

用符号表示为：

((p→q) ∧p) →q

(2) 否定后件式

例如：

  如果他身体健康，他就会正常上班；

  他没有正常上班；

  所以，他身体不健康。

其推理形式可以表示为：

如果 p，则 q

非 q
―――――――
所以，非 p

用符号表示为：

((p→q) ∧→q) →→p

可见，充分条件假言直言推理有两条规则：

第一，肯定前件就要肯定后件，否定后件就要否定前件。

第二，否定前件不能否定后件，肯定后件不能肯定前件。

如果违反了这两条规则，推理无效。如以下两例：

  一个数如果能被 4 整除，那么它也能被 2 整除；

  这个数不能被 4 整除；

  所以，这个数不能被 2 整除

  如果一个三段论是有效的，它的中项至少周延一次；

  这个三段论的中项至少周延了一次；

  所以，这个三段论是有效的。

这是两个无效的充分条件假言直言推理，前一个采用了"否定前件式"，后一个采用了"肯定后件式"，都违反了充分条件假言直言推理的规则。

2. 必要条件假言直言推理

必要条件假言直言推理是指以一个必要条件假言命题和一个直言命题为前提，得出一个直言命题结论的推理。例如：

只有年满 18 岁，才能参加选举；

他参加了选举；

所以，他年满 18 岁了。

必要条件假言直言推理是根据必要条件假言命题的逻辑性质进行的。必要条件假言命题的逻辑性质是"没有前件就没有后件，有前件不一定有后件"。因为"没有前件就没有后件"，所以，否定前件就要否定后件，肯定后件就要肯定前件；因为"有前件不一定有后件"，所以，肯定前件不能肯定后件，否定后件不能否定前件。据此，必要条件假言直言推理有以下两种形式。

(1) 否定前件式

例如：

只有提高科学技术水平，才能根除贫困；

这个地区没有提高科学技术水平；

所以，这个地区不能根除贫困。

其推理形式可以表示为：

只有 p，才 q

非 p
─────────

所以，非 q

用符号表示为：

((p←q) ∧→p) →→q

(2) 肯定后件式

例如：

只有进行技术革新，生产才能大幅度增长；

某工厂生产大幅度增长；

所以，某工厂进行了技术革新。

其推理形式可以表示为：

只有 p，才 q
q
―――――――
所以，p

用符号表示为：

((p←q) ∧q) →p

可见，必要条件假言直言推理有两条规则：

第一，否定前件就要否定后件，肯定后件就要肯定前件。

第二，肯定前件不能肯定后件，否定后件不能否定前件。

如果违反了这两条规则，推理无效。如以下两例：

  只有建立必要的规章制度，生产才能顺利进行；

  这个工厂建立了必要的规章制度；

  所以，这个工厂生产能顺利进行。

  只有加强安全生产教育，才能避免生产事故；

  某企业没有避免生产事故；

  所以，某企业没有加强安全生产教育。

这是两个无效的必要条件假言直言推理，前一个采用了"肯定前件式"，后一个采用了"否定后件式"，都违反了必要条件假言直言推理的规则。

3. 充要条件假言直言推理

充要条件假言直言推理指以一个充要条件假言命题和一个直言命题为前提，得出一个直言命题结论的推理。例如：

  当且仅当一个三角形的三个角都是 60 度时，才是等角三角形；

  这个三角形的三个角都是 60 度；

  所以，这个三角形是等角三角形。

充要条件假言直言推理是根据充要条件假言命题的逻辑性质进行的。充要条件假言命题的逻辑性质是"有前件就有后件，没有前件就没有后件；有后件就有前件，没有后件就没有前件"。所以，对充要条件假言命题来说，"肯定前件就要肯定后件，肯定后件就要肯定前件；否定前件就要否定后件，否定后件就要否定前件"。据此，充要条件假言直言推理有以下四种形式。

(1) 肯定前件式

例如：

  当且仅当一个梯形的对角线相等时，该梯形才是等腰梯形；

  这个梯形的对角线相等；

  所以，这个梯形是等腰梯形。

其推理形式可以表示为：

当且仅当 p，才 q

p＿＿＿＿＿＿＿

所以，q

用符号表示为：

((p↔q) ∧ p) →q

(2) 肯定后件式

例如：

  当且仅当一个三角形的三条边都相等时，才是正三角形；

  这个三角形是正三角形；

  所以，这个三角形的三条边都相等。

其推理形式可以表示为：

当且仅当 p，才 q

q＿＿＿＿＿＿＿

所以，p

用符号表示为：

((p↔q) ∧ q) →p

(3) 否定前件式

例如：

  当且仅当一个三角形有一个角是90度时，才是直角三角形；

  这个三角形没有一个角是90度；

  所以，这个三角形不是直角三角形。

其推理形式可以表示为：

当且仅当 p，才 q

非 p

所以，非 q

用符号表示为：

（（p↔q）∧﹁p）→﹁q

（4）否定后件式

例如：

  有且只有真理，才能经得起实践的检验；

  这个理论没有经得起实践的检验；

  所以，这个理论不是真理。

其推理形式可以表示为：

有且只有 p，才 q

非 q

所以，非 p

用符号表示为：

（（p↔q）∧﹁q）→﹁p

可见，充要条件假言直言推理有两条规则：

第一，肯定前件就要肯定后件，而肯定后件就要肯定前件。

第二，否定前件就要否定后件，而否定后件就要否定前件。

（二）假言易位推理

假言易位推理是指以一个假言命题为前提，通过改变假言命题前、后件的位置，推出一个假言命题结论的推理。

根据假言命题前提的种类，假言易位推理可以分为三种类型：充分条件假言易位推理、必要条件假言易位推理和充要条件假言易位推理。

1. 充分条件假言易位推理

根据充分条件的逻辑性质，充分条件假言易位推理的形式是：

（p→q）→（q←p）

例如：

只要物体摩擦，就会生热；所以，物体没有生热，就是没有摩擦。

2. 必要条件假言易位推理

根据必要条件的逻辑性质，必要条件假言易位推理的形式有：

(p←q) → (q→p)

例如：

只有坚持党的领导，才能实现中华民族的振兴；所以，如果要实现中华民族的振兴，就要坚持党的领导。

充分条件和必要条件假言易位推理的前提和结论之间是等值关系。根据充分条件和必要条件的逻辑性质，两类假言命题还可以推出一系列其他的等值命题。

(p→q) → (¬q→¬p) → (¬p←¬q)

(p←q) → (q→p) → (¬p→¬q)

其中，¬p←¬q 是 p→q 的逆否命题，¬p→¬q 是 p←q 的逆否命题，原命题与其逆否命题之间等值。

例如：

如果物体摩擦，就会生热；所以，只有物体不摩擦，才不会生热。

只有坚持党的领导，才能实现中华民族的振兴；所以，如果不坚持党的领导，就不能实现中华民族的振兴。

3. 充要条件假言易位推理

例如：

当且仅当一个三角形的三个角都小于 90 度时，才是锐角三角形；所以，当且仅当一个三角形是锐角三角形时，它的三个角才都小于 90 度。

推理形式表示为：

(p↔q) → (q↔p)

（三）假言连锁推理

假言连锁推理是指以两个或两个以上的假言命题为前提，依据假言命题的逻辑性质，推出一个假言命题结论的推理。此类推理，前提中前一个假言命题的后件和后一个假言命题的前件相同。

根据假言前提的种类，假言连锁推理可以分为三种类型：充分条件假言连锁推理、必要条件假言连锁推理和充要条件假言连锁推理。

1. 充分条件假言连锁推理

充分条件假言连锁推理的前提和结论都是充分条件假言命题，有两种有效的推理形式。

(1) 肯定式

通过肯定第一个前提的前件，来肯定最后一个前提的后件。例如：

如果脱离群众，就和群众没有共同语言；

如果和群众没有共同语言，就不能倾听群众的呼声；

如果不能倾听群众的呼声，就不能了解群众的疾苦；

所以，如果脱离群众，就不能了解群众的疾苦。

其推理形式可以表示为：

如果 p，就 q

如果 q，就 r

所以，如果 p，就 r

用符号表示为：

$((p \to q) \land (q \to r)) \to (p \to r)$

(2) 否定式

通过否定最后一个前提的后件，来否定第一个前提的前件。例如：

如果脱离群众，就和群众没有共同语言；

如果和群众没有共同语言，就不能倾听群众的呼声；

如果不能倾听群众的呼声，就不能了解群众的疾苦；

所以，如果了解了群众的疾苦，就没有脱离群众。

其推理形式可以表示为：

如果 p，就 q

如果 q，就 r

所以，如果非 r，就非 p

用符号表示为：

((p→q) ∧ (q→r)) → (→r→→p)

2. 必要条件假言连锁推理

必要条件假言连锁推理的前提是必要条件假言命题，有两种有效的推理形式。

(1) 肯定式

通过肯定最后一个前提的后件，来肯定第一个前提的前件。例如：

  只有真心爱护群众，才能深入了解群众；

  只有深入了解群众，才能真正表现群众；

  所以，如果能真正表现群众，就是真心爱护群众。

其推理形式可以表示为：

只有 p，才 q

只有 q，才 r
―――――――――――
所以，如果 r，就 p

用符号表示为：

((p←q) ∧ (q←r)) → (r→p)

(2) 否定式

通过否定第一个前提的前件，来否定最后一个前提的后件。例如：

  只有真心爱护群众，才能深入了解群众；

  只有深入了解群众，才能真正表现群众；

  所以，如果不真心爱护群众，就不能真正表现群众。

其推理形式可以表示为：

只有 p，才 q

只有 q，才 r
―――――――――――
所以，如果非 p，就非 r

用符号表示为：

((p←q) ∧ (q←r)) → (→p→→r)

三 假言推理应用于逻辑能力测试

假言推理是逻辑能力综合测试的重要内容之一。有些题目是把假言推理和其他复合命题推理放在一起组题,综合考查;也有些题目专门考查各种类型的假言推理。

例1(2005,GCT)

文化体现在一个人如何对待自己,对待他人,对待自己所处的自然环境。在一个文化环境厚实的社会里,人懂得尊重自己,他不苟且,不苟且才有品位;人懂得尊重别人,他不霸道,不霸道才有道德;人懂得尊重自然,他不掠夺,不掠夺才有永续的生命。

下面哪一项不能从上面的话中推出?

A. 如果一个人苟且,则他无品位
B. 如果一个人霸道,则他无道德
C. 如果人类掠夺自然,则不会有永续的生命
D. 如果一个人无道德,则他霸道

正确选项是 D。根据题干,"不苟且"是"有品位"的必要条件,选项 A 通过否定"不苟且"来否定"有品位",正确。"不霸道"是"有道德"的必要条件,选项 B 通过否定"不霸道"来否定"有道德",正确,选项 D 通过否定"有道德"来否定"不霸道",错误。"不掠夺"是"有永续的生命"的必要条件,选项 C 通过否定"不掠夺"来否定"有永续的生命",正确。所以,不能推出的项是 D。

例2

只有小王参加这次活动,小李才不参加这次活动。

若上述命题为真,则以下为真的是哪一项?

A. 如果小王参加这次活动,那么小李不参加这次活动
B. 如果小王参加这次活动,那么小李参加这次活动
C. 如果小王不参加这次活动,那么小李参加这次活动
D. 只有小王不参加这次活动,小李才参加这次活动

正确选项是 C。题干是一个必要条件假言命题 p←q,选项 C 是它

的逆否命题¬p→¬q，二者等值。其他选项都不对。

例3（2011，上海）

正因为有了充足的奶制品作为食物来源，生活在呼伦贝尔大草原的牧民才能摄入足量的钙质，显而易见，这种足量的钙质对于呼伦贝尔大草原的牧民拥有健壮的体魄是必不可少的。

下面哪种说法最能削弱上面的论断？

A. 有的呼伦贝尔大草原的牧民不具有健壮的体魄，但从食物中摄入的钙质并不少

B. 有的呼伦贝尔大草原的牧民不具有健壮的体魄，他们从食物中不能摄入足量的钙质

C. 有的呼伦贝尔大草原的牧民有健壮的体魄，但没有充足的奶制品作为食物来源

D. 有的呼伦贝尔大草原的牧民不具有健壮的体魄，但有充足的奶制品作为食物来源

正确选项是C。题干是两个必要条件假言命题"只有以充足的奶制品作为食物，才能使牧民摄入足量的钙质""牧民只有摄入足量的钙质，才能拥有健壮的体魄"，两个命题组合，可以构成必要条件假言连锁推理的肯定式，得出结论"如果牧民有健壮的体魄，就意味着有充足的奶制品作为食物来源"。而当此命题前件真后件假时，其逻辑值为假，也就最能削弱题干所作的论断。前件真即"牧民有健壮的体魄"，后件假即"没有充足的奶制品作为食物来源"，因此选C项。

例4

某学校选拔推广普通话形象大使。已知情况如下：

① 只有小张参选，小王、小李和小赵才会都跟着参选。

② 如果小王不参选，则小李也不参选。

③ 如果小李不参选，则小黄也不参选。

④ 小张没参选。

⑤ 小黄参选了。

由此可以推出：

A. 小王、小李和小赵都参选了
B. 小王和小李都参选了
C. 小李和小赵都参选了
D. 小王和小赵都参选了

正确选项是 B。由⑤与③组合，构成充分条件假言推理否定后件式，推出"小李参选了"。这一结论与②组合，构成充分条件假言推理否定后件式，推出"小王参选了"。由④与①组合，构成必要条件假言推理否定前件式，推出"并非小王、小李和小赵都跟着参选"，等值于"或者小王没参选，或者小李没参选，或者小赵没参选"。这一结论与"小王参选了""小李参选了"组成选言推理的否定肯定式，得出结论"小赵没参选"。综上，选项 B 正确。

第四节　负命题及其推理

一　负命题

(一) 什么是负命题

负命题是指否定某个命题的命题。如以下三例：

　　并非凡是生活在水中的动物都是鱼。

　　并不是只有考上大学，才能有前途。

　　她既聪明又漂亮是假的。

这是三个负命题，第一例是对"凡是生活在水中的动物都是鱼"这一命题的否定，第二例是对"只有考上大学，才能有前途"这一命题的否定，第三例是对"她既聪明又漂亮"这一命题的否定。

负命题由一个肢命题和一个联结词组成。

负命题的肢命题指那个被否定的命题，用字母 p 表示，可以是一个简单命题，如上面第一例，也可以是一个复合命题，如上面第二、第三例。

负命题常用的联结词有"并非""没有""不""……是假的"等，这样，负命题可以表示为：

并非 p

其中"p"表示肢命题,"并非"代表联结词。负命题联结词的符号是"¬",因此,负命题可以表示为:

¬p

负命题的逻辑值取决于肢命题的真假。因为负命题是对整个肢命题的否定,所以,若肢命题真,则负命题假,若肢命题假,则负命题真。

负命题的逻辑值用真值表表示如下:

p	¬p
真	假
假	真

可以看出:肢命题真,则负命题假;肢命题假,则负命题真。

需要指出,负命题与性质命题中的否定命题不同。负命题否定的是整个命题,而性质命题中的否定命题是反映事物不具有某种属性。比较下面两个命题:

并非所有的生物都是动物。

所有的生物都不是动物。

第一例是负命题,它是对"所有的生物都是动物"这一全称肯定命题的否定,等于"有的生物不是动物"这一特称否定命题。第二例是性质命题中的全称否定命题,反映的是"所有的生物"都不具有"动物"这一性质。

(二) 负命题的种类及其等值命题

负命题可以分为简单命题的负命题和复合命题的负命题两大类。对简单命题的负命题,本书只讨论性质命题的负命题;对复合命题的负命题,本书讨论联言命题的负命题、选言命题的负命题和假言命题的负命题。

所谓等值命题,是指真假情况完全相同的两个命题。每个负命题都有一个等值命题。

1. 性质命题的负命题及其等值命题

(1) 全称肯定命题的负命题及其等值命题

全称肯定命题的负命题可以表示为"并非所有的 S 都是 P",或者表示为"并非 A",或者用符号表示为"→A"。

全称肯定命题的负命题等值于特称否定命题,即 O 命题。表示为:→A↔O

例如:

"并非所有的冲突都是可以解决的"等值于"有的冲突不是可以解决的"。

(2) 全称否定命题的负命题及其等值命题

全称否定命题的负命题可以表示为"并非所有的 S 都不是 P",或者表示为"并非 E",或者用符号表示为"→E"。

全称否定命题的负命题等值于特称肯定命题,即 I 命题。表示为:→E↔I

例如:

"并非所有的艺术家都不是科学家"等值于"有的艺术家是科学家"。

(3) 特称肯定命题的负命题及其等值命题

特称肯定命题的负命题可以表示为"并非有的 S 是 P",或者表示为"并非 I",或者用符号表示为"→I"。

特称肯定命题的负命题等值于全称否定命题,即 E 命题。表示为:→I↔E

例如:

"并非甲公司有的员工是博士毕业"等值于"甲公司所有员工都不是博士毕业"。

(4) 特称否定命题的负命题及其等值命题

特称否定命题的负命题可以表示为"并非有的 S 不是 P",或者表示为"并非 O",或者用符号表示为"→O"。

特称否定命题的负命题等值于全称肯定命题,即 A 命题。表示为:

¬O↔A

例如：

"并非这个小区有的住宅不是商品房"等值于"这个小区所有的住宅都是商品房"。

(5) 单称肯定命题的负命题及其等值命题

单称肯定命题的负命题可以表示为"并非这个 S 是 P"，等值于单称否定命题"这个 S 不是 P"。例如：

"并非这个人是军事家"等值于"这个人不是军事家"。

(6) 单称否定命题的负命题及其等值命题

单称否定命题的负命题可以表示为"并非这个 S 不是 P"，等值于单称肯定命题"这个 S 是 P"。例如：

"并非这个人不是军事家"等值于"这个人是军事家"。

2. 联言命题的负命题及其等值命题

联言命题的负命题可以表示为"并非（p 并且 q）"。

因为只要有一个肢命题是假的，整个联言命题就是假的，所以，联言命题的负命题等值于一个相应的选言命题，即"或者非 p 或者非 q"。可以用符号表示为：

¬(p∧q) ↔ (¬p∨¬q)

例如：

"并非我和他都是学生"等值于"或者我不是学生，或者他不是学生"。

3. 选言命题的负命题及其等值命题

(1) 相容选言命题的负命题及其等值命题

相容选言命题的负命题可以表示为"并非（p 或者 q）"。

因为只要有一个肢命题是真的，整个相容选言命题就是真的，只有其所有肢命题都假时，整个命题才是假的，所以，相容选言命题的负命题等值于一个联言命题，即"非 p 并且非 q"。可以用符号表示为：

¬(p∨q) ↔ (¬p∧¬q)

例如：

"并非他或者来自云南，或者来自贵州"等值于"他不是来自云南，也不是来自贵州"。

（2）不相容选言命题的负命题及其等值命题

不相容选言命题的负命题可以表示为"并非（p要么q）"。

因为肢命题有且只有一个为真时，整个不相容选言命题才是真的，否则，整个命题是假的，所以，不相容选言命题的负命题等值于一个相应的多重复合命题，即"或者（p并且q）或者（非p并且非q）"。可以用符号表示为：

¬（p∨q）↔（（p∧q）∨（¬p∧¬q））

例如：

"并非要么鱼死，要么网破"等值于"或者鱼也死了网也破了，或者鱼也没死网也没破"。

4. 假言命题的负命题及其等值命题

（1）充分条件假言命题的负命题及其等值命题

充分条件假言命题的负命题可以表示为"并非（如果p，那么q）"。

因为只有前件真而后件假时，整个充分条件假言命题才是假的，其他情况下都是真的，所以，充分条件假言命题的负命题等值于一个相应的联言命题，即"p并且非q"。可以用符号表示为：

¬（p→q）↔（p∧¬q）

例如：

"并非如果感冒了，就会得肺炎"等值于"感冒了，但没有得肺炎"。

（2）必要条件假言命题的负命题及其等值命题

必要条件假言命题的负命题可以表示为"并非（只有p，才q）"。

因为只有前件假而后件真时，整个必要条件假言命题才是假的，其他情况下都是真的，所以，必要条件假言命题的负命题等值于一个相应的联言命题，即"非p并且q"。可以用符号表示为：

¬（p←q）↔（¬p∧q）

例如：

"并非只有感冒了，才会得肺炎"等值于"没有感冒，但得了肺炎"。

(3) 充要条件假言命题的负命题及其等值命题

充要条件假言命题的负命题可以表示为"并非（当且仅当 p，才 q）"。因为前件假而后件真，或者前件真而后件假时，整个充要条件假言命题是假的，而前、后件都真，或前、后件都假时，整个命题是真的，所以，充要条件假言命题的负命题等值于一个相应的多重复合命题，即"或者（p 并且非 q）或者（非 p 并且 q）"。可以用符号表示为：

¬(p↔q) ↔ ((p∧¬q) ∨ (¬p∧q))

例如：

"并非当且仅当感冒了，才会得肺炎"等值于"或者感冒了，但没有得肺炎；或者没有感冒，但得了肺炎"。

二　负命题等值推理

负命题等值推理指根据负命题和它的等值命题之间的等值关系而进行的推理，其前提是一个负命题，结论是这个负命题的等值命题。例如：

并非所有的人都是热爱科学探究的，所以，有的人不热爱科学探究。

并非他既聪明又勤奋，所以，或者他不聪明，或者他不勤奋。

并非只有天下雨，地才湿，所以，天没有下雨，地也湿了。

此三例都是有效的负命题等值推理。

以下是常见的负命题等值推理类型：

(一) 性质命题负命题等值推理

并非（凡 S 是 P），所以，有的 S 不是 P

并非（凡 S 不是 P），所以，有的 S 是 P

并非（有的 S 是 P），所以，凡 S 不是 P

并非（有的 S 不是 P），所以，凡 S 是 P

并非（这个 S 是 P），所以，这个 S 不是 P

并非（这个 S 不是 P），所以，这个 S 是 P

（二）联言命题负命题等值推理

并非（p 并且 q），所以，或者非 p 或者非 q

（三）选言命题负命题等值推理

并非（p 或者 q），所以，非 p 并且非 q

并非（p 要么 q），所以，或者（p 并且 q）或者（非 p 并且非 q）

（四）假言命题负命题等值推理

并非（如果 p，那么 q），所以，p 并且非 q

并非（只有 p，才 q），所以，非 p 并且 q

并非（当且仅当 p，才 q），所以，或者（p 并且非 q）或者（非 p 并且 q）

三　负命题等值推理应用于逻辑能力测试

负命题及其等值推理的内容综合性强，逻辑能力综合测试中有大量题目涉及这一内容。

例 1（2021，四川）

中国有句古话："留得五湖明月在，不愁无处下金钩。"

据此，下面不可能为真的一项是哪个？

A. 如果留得五湖明月，定有去处可下金钩

B. 虽然留得五湖明月在，但已无处可下金钩

C. 没有留得五湖明月，也有去处可下金钩

D. 没有留得五湖明月，可能会无处下金钩

正确选项是 B。"不可能为真的一项"是指题干的负命题。题干是一个充分条件假言命题 p→q，即"留得五湖明月在，就有处可下金钩"，根据负命题及其等值命题的相关知识，其负命题等值于联言命题 p∧¬q。"p"是"留得五湖明月在"，"¬q"是"无处可下金钩"，选项 B 正确。

例 2

某科技公司创始人说："初创科技公司只有把用户放在第一位，才能发展为一家成功的科技公司。"

如果该创始人所说为真，则下面哪种情况不可能出现？

A. 甲初创科技公司把用户放在第一位，但没有发展为一家成功的科技公司

B. 甲初创科技公司没有把用户放在第一位，但发展为一家成功的科技公司

C. 甲初创科技公司没有把用户放在第一位，没有发展为一家成功的科技公司

D. 甲初创科技公司把用户放在第一位，发展为一家成功的科技公司

正确的选项是 B。"不可能出现的情况"指的是题干所述命题的负命题。题干是一个必要条件假言命题 p←q，根据负命题及其等值命题的相关知识，其负命题是¬p∧q。¬p 是"甲初创科技公司没有把用户放在第一位"，q 是"发展为一家成功的科技公司"，选项 B 正确。

例 3

甲说：如果面试达不到 60 分就不能被录用。

乙说：不对，小红面试达到 60 分了，但没有被录用。

上述对话中，乙将甲的话错误理解为下列哪项？

A. 有些被录用的人面试达到 60 分了

B. 小红应该被录用

C. 只要面试达到 60 分就要被录用

D. 并非所有面试达到 60 分的都要被录用

正确选项是 C。本题目的主要依据是乙的话"小红面试达到 60 分了，但没有被录用"，这是一个联言命题 p∧¬q，它是乙对其所认为的甲的话进行否定后得出的命题，是其所认为的甲的话的负命题。根据负命题及其等值命题的相关知识，p∧¬q 等值于负命题¬（p→q），因此，其所认为的甲的话就是 p→q，即 C 项"只要面试达到 60 分就要被录用"。

例 4（2016，国考）

某大型晚会的导演组在对节目进行终审时，还有六个节目尚未确定是否通过。这六个节目分别是歌曲 A，歌曲 B，相声 C，相声

D，舞蹈 E 和魔术 F，综合考虑各种因素后，导演组确定了如下方案：

①歌曲 A 和歌曲 B 至少要上一个。

②如果相声 C 不能通过或相声 D 不能通过，则歌曲 A 也不能通过。

③如果相声 C 不能通过，那么魔术 F 也不能通过。

④只有舞蹈 E 通过，歌曲 B 才能通过。

导演组最后决定舞蹈 E 不能通过。

由此可以推出的是下面哪项？

A. 无法确定魔术 F 是否通过

B. 歌曲 A 不能通过

C. 无法确定两个相声节目是否通过

D. 歌曲 B 能通过

正确选项是 A。由"舞蹈 E 不能通过"与④组合，构成必要条件假言推理的否定前件式，可以推出"歌曲 B 不能通过"，D 错误。由"歌曲 B 不能通过"与①组合，构成选言推理的否定后件式，可以推出"歌曲 A 能通过"，B 错误。由"歌曲 A 能通过"与②组合，构成充分条件假言推理的否定后件式，可以推出"并非'相声 C 不能通过或相声 D 不能通过'"，运用负命题的等值推理可以得出"相声 C 能通过并且相声 D 能通过"，C 错误。由"相声 C 能通过"与③组合，只能构成充分条件假言推理的否定前件式，是无效的推理形式，不能确定魔术 F 是否可以通过。

例 5

某企业要派出科技帮扶人员 1 人至 2 人，经过一番考虑，负责人最后将备选人员集中在小周和小吴两人身上，同事们对最终的选择结果作了以下猜测。

①小周会被选上。

②如果小周被选上，那么小吴就不会被选上。

③只有小周被选上，小吴才会被选上。

④小周和小吴都会被选上。

后来得知，以上猜测中只有一个为真，据此，可以推断出下面哪项结论？

A. 两人都会被选上
B. 两人都不会被选上
C. 小周会被选上，小吴不会
D. 小吴会被选上，小周不会

正确选项是 D。②是充分条件假言命题 p→q，④是联言命题 p∧¬q，根据负命题及其等值命题，二者是矛盾关系，一真一假。四种猜测中只有一个为真，故为真的命题是②或④，①和③为假。①为假，则其负命题为真，即"小周不会被选上"；③为假，则其负命题¬p∧q 为真，即"小周没有被选上，小吴会被选上"，即 D 项。

第五节　多重复合命题及复合命题的其他推理

一　多重复合命题

(一) 什么是多重复合命题

复合命题的肢命题常常是简单命题，但有时也会是复合命题，肢命题部分或全部是复合命题的命题称为多重复合命题。如以下两例：

如果我们仍然坚持艰苦奋斗的作风，如果我们团结一致，那么，我们就能够在经济战线上取得胜利。

只有实事求是地说明情况，认真地分析造成这种情况的原因，才能够正确地制定战略规划，才能尽快地改变这种情况。

这是两个多重复合命题。第一例是由"如果……那么……"构成的充分条件假言命题，它的前件是一个联言命题，后件是简单命题，其结构式为 (p∧q)→r。第二例是由"只有……才……"构成的必要条件假言命题，它的前件是一个联言命题，后件也是一个联言命题，其结构式为 (p∧q) ← (r∧s)。

（二）多重复合命题的主要类型

1. 联言型多重复合命题

联言型多重复合命题是以联言命题为基本形式的多重复合命题。如以下两例：

> 他已经承认了错误，但是，如果他没有深刻认识错误，就不能彻底改正错误。

> 胜者或因其强，或因其指挥无误；败者或因其弱，或因其指挥失误。

这是两个联言型多重复合命题。第一例的两个联言肢，一个是简单命题，一个是充分条件假言命题，整个命题的结构形式可以表示为：

p∧（q→r）

第二例的两个联言肢都是选言命题，整个命题的结构形式可以表示为：

(p∨q) ∧ (r∨s)

2. 选言型多重复合命题

选言型多重复合命题指以选言命题为基本形式的多重复合命题。如以下两例：

> 只有不怕困难的人，才能最终取得成功；或者说，如果一个人最终取得了成功，则他是不怕困难的人。

> 高校工作中的两种失误是或者只抓教学而不抓科研，或者只抓科研而不抓教学。

这是两个选言型多重复合命题。第一例的两个选言肢，一个是必要条件假言命题，一个是充分条件假言命题，整个命题的结构形式可以表示为：

(p←q) ∨ (q→p)

第二例的两个选言肢都是联言命题，整个命题的结构形式可以表示为：

(p∧→q) ∨ (q∧→p)

3. 假言型多重复合命题

假言型多重复合命题指以假言命题为基本形式的多重复合命题。如以下三例：

　　如果不把马克思主义的普遍真理与中国实际相结合，那么，在社会主义建设中，可能走弯路，也可能犯错误。

　　只有大幅度地提高社会生产力，坚定不移地搞好社会主义改革，才能建立起强大的物质基础，取得社会主义建设的全面胜利。

　　当且仅当三角形的三个角相等，或者三条边相等时，这个三角形才是正三角形。

这是三个假言型多重复合命题。第一例的前件是一个简单命题，后件是一个选言命题，整个命题的结构形式可以表示为：

p→（q∨r）

第二例的前件和后件都是联言命题，整个命题的结构形式可以表示为：

(p∧q)←(r∧s)

第三例的前件是一个相容选言命题，后件是一个简单命题，整个命题的结构形式可以表示为：

(p∨q)↔r

二　复合命题的其他推理

除了前面已介绍的复合命题推理，还有几种比较常见的推理类型，主要有假言联言推理、假言选言推理和反三段论。

（一）假言联言推理

假言联言推理是由假言命题和联言命题作前提，根据假言命题和联言命题的逻辑性质推出结论的推理。例如：

　　如果他做对这个题目，他很聪明；如果他说出这句话，他很诚实；

　　他做对了这个题目，并且说出了这句话；

　　所以，他很聪明，也很诚实。

这是一个假言联言推理。它由两个充分条件假言命题和一个联言命题推出了一个联言命题。前提中的联言命题分别肯定两个充分条件假言命题的前件，结论分别肯定后件。

根据结论是简单命题还是联言命题，假言联言推理分为简单式和复杂式；根据联言前提的联言肢是肯定假言前提的前件，还是否定其后件，假言联言推理分为构成式和破坏式。综合起来，假言联言推理有四种形式，即简单构成式、简单破坏式、复杂构成式、复杂破坏式。

1. 简单构成式

例如：

  如果是一名合格的党员，就会全心全意为人民服务；如果是一名合格的领导干部，就会全心全意为人民服务；

  他既是一名合格的党员，又是一名合格的领导干部；

  所以，他全心全意为人民服务。

其推理形式为：

如果 p，则 r；如果 q，则 r

p 并且 q
─────────────────────

所以，r

用符号表示为：

(((p→r) ∧ (q→r)) ∧ (p∧q))→r

简单构成式中，假言前提的前件不同，后件相同，联言前提肯定假言前提的不同前件，结论肯定假言前提的相同后件。

2. 简单破坏式

例如：

  如果他是三好学生，则他思想好；如果他是三好学生，则他学习好；

  他思想不好，学习也不好；

  所以，他不是三好学生。

其推理形式为：

如果 p，则 q；如果 p，则 r

非 q 并且非 r
─────────────────────

所以，非 p

用符号表示为：

$(((p\rightarrow q) \wedge (p\rightarrow r)) \wedge (\neg q \wedge \neg r)) \rightarrow \neg p$

简单破坏式中，假言前提的前件相同，后件不同，联言前提否定假言前提的不同后件，结论否定假言前提的相同前件。

3. 复杂构成式

例如：

　　如果坚持四项基本原则，我们就会少走弯路；如果坚持改革开放，我们就会加快社会主义建设的步伐；

　　我们既坚持四项基本原则，又坚持改革开放；

　　所以，我们既会少走弯路，又会加快社会主义建设的步伐。

其推理形式为：

如果 p，则 q；如果 r，则 s

p 并且 r
———————————————
所以，q 并且 s

用符号表示为：

$(((p\rightarrow q) \wedge (r\rightarrow s)) \wedge (p \wedge r)) \rightarrow (q \wedge s)$

复杂构成式中，假言前提的前件和后件都不同，联言前提肯定假言前提的不同前件，结论肯定假言前提的不同后件。

4. 复杂破坏式

例如：

　　如果他是一个彻底的唯物主义者，就会实事求是；如果他是个彻底的革命者，就会坚持真理；

　　他既不实事求是，也不坚持真理；

　　所以，他既不是一个彻底的唯物主义者，也不是一个彻底的革命者。

其推理形式为：

如果 p，则 q；如果 r，则 s

非 q 并且非 s
———————————————
所以，非 p 并且非 r

用符号表示为：

$(((p \rightarrow q) \land (r \rightarrow s)) \land (\neg q \land \neg s)) \rightarrow (\neg p \land \neg r)$

复杂破坏式中，假言前提的前件和后件都不同，联言前提否定假言前提的不同后件，结论否定假言前提的不同前件。

(二) 假言选言推理

假言选言推理又称二难推理，是由假言命题和选言命题作前提，根据假言命题和选言命题的逻辑性质推出结论的推理。例如：

如果你来得早，他就说你瞎积极；如果你来得晚，他就说你不积极；

你或者来得早，或者来得晚；

所以，他或者说你瞎积极，或者说你不积极。

这是一个假言选言推理，它由两个充分条件假言命题和一个选言命题推出结论。前提中的选言命题分别肯定两个假言命题的前件，结论则分别肯定两个假言命题的后件。

假言选言推理中，选言前提的选言肢可以是两个，也可以是两个以上。选言前提的选言肢是两个的，称为"二难推理"，三个的称为"三难推理"，以此类推。两个选言肢的假言选言推理之所以称为"二难推理"，是因为选言前提所提供的两个选择，无论选哪种，结果都让人难以接受，从而陷入"进退两难"的境地。

根据结论是简单命题还是联言命题，二难推理分为简单式和复杂式；根据选言前提的联言肢是肯定假言前提的前件，还是否定假言前提的后件，二难推理分为构成式和破坏式。综合起来，二难推理有四种形式：简单构成式、简单破坏式、复杂构成式、复杂破坏式。

1. 简单构成式

简单构成式中，假言前提的前件不同，后件相同，选言前提肯定假言前提的不同前件，结论肯定假言前提的相同后件。例如：

如果上帝能创造一块连他自己都举不起来的石头，那么上帝就不是全能的；如果上帝不能创造一块连他自己都举不起来的石头，那么上帝也不是全能的；

或者上帝能创造一块连他自己都举不起来的石头；或者上帝不

能创造一块连他自己都举不起来的石头；

　　所以，上帝不是全能的。

其推理形式为：

如果 p，则 r；如果 q，则 r

或者 p，或者 q
_____

所以，r

用符号表示为：

（（（p→r）∧（q→r））∧（p∨q））→r

2. 简单破坏式

简单破坏式中，前提中假言命题的前件相同，后件不同，选言前提否定假言前提的不同后件，结论否定假言前提的相同前件。例如：

　　如果他是真正的马克思主义者，就要欢迎人民的批评；如果他是真正的马克思主义者，就要坚持自我批评；

　　他或者不欢迎人民的批评，或者不坚持自我批评；

　　总之，他不是真正的马克思主义者。

其推理形式为：

如果 p，则 q；如果 p，则 r

或者非 q，或者非 r
_____

所以，非 p

用符号表示为：

（（（p→q）∧（p→r））∧（￢q∨￢r））→￢p

3. 复杂构成式

复杂构成式中，假言前提的前件和后件都不同，选言前提肯定假言前提的不同前件，结论肯定假言前提的不同后件。例如：

　　如果你的意见正确，我当然赞成；如果你的意见错误，我当然反对；

　　你的意见或者正确，或者错误；

　　所以，我或者赞成，或者反对。

其推理形式为：

如果 p，则 q；如果 r，则 s
或者 p，或者 r
―――――――――――
所以，或者 q，或者 s

用符号表示为：

(((p→q) ∧ (r→s)) ∧ (p∨r)) → (q∨s)

4. 复杂破坏式

复杂破坏式中，假言前提的前件和后件都不同，选言前提否定假言前提的不同后件，结论否定假言前提的不同前件。例如：

  如果你学习好，你就能拿奖学金；如果你身体好，你就能拿金牌；

  你或者没拿奖学金，或者没拿金牌；

  所以，你或者学习不好，或者身体不好。

其推理形式为：

如果 p，则 q；如果 r，则 s
或者非 q，或者非 s
―――――――――――
所以，或者非 p，或者非 r

用符号表示为：

(((p→q) ∧ (r→s)) ∧ (¬q∨¬s)) → (¬p∨¬r)

二难推理常被人故意用于诡辩。要驳斥这种诡辩，可以指出其假言前提或选言前提的虚假；也可以指出其选言肢不穷尽；还可以构筑一个与原二难推理有相反结论的新二难推理，通过改变假言前提，承认选言前提，从而得出结论。例如：

  一青年拜一名古希腊著名辩者为师学习法律，两人签订了一份关于学费的合同，规定：学生毕业时付给老师一半学费，打赢第一场官司时付另一半学费。但学生毕业之后并没有做律师，也就没有付另一半学费，于是，老师将其告上法庭，理由是：

  如果他胜诉，那么按照合同的规定，应付我一半学费；如果他败诉，那么按照法庭的规定，应付我一半学费；

  他或者胜诉，或者败诉；

总之，应付我一半学费。

学生构筑了一个新的二难推理进行反驳：

如果我胜诉，那么按照法庭的规定，不应付一半学费；如果我败诉，那么按照合同的规定，不应付一半学费；

我或者胜诉，或者败诉；

总之，我不应付一半学费。

不过，构筑出的新的二难推理，只能表明原二难推理有误，不能证明谁是谁非。

（三）反三段论

反三段论指前提和结论都是假言型多重复合命题的推理。推理形式为：

如果 p 并且 q，那么 r；所以，如果 p 并且非 r，那么非 q。

例如：

如果我们好好学习并且努力工作，我们就会受到奖励；所以，如果我们好好学习了，但是没有受到奖励，就是没有努力工作。

推理形式用符号表示为：

$((p \wedge q) \to r) \to ((p \wedge \to r) \to \to q)$

三 复合命题的其他推理应用于逻辑能力测试

逻辑能力综合测试中也涉及多重复合命题的推理问题。

例 1

如果甲和乙都没有参加这次讨论会，那么丙一定是参加了。

上述论述再加上下列哪项就可以推出"甲参加讨论会了"？

A. 丙参加了

B. 丙没有参加

C. 乙和丙都没有参加

D. 乙和丙都参加了

正确选项是 C。题干是一个充分条件多重复合假言命题 $(p \wedge q) \to r$，要推出的结论是 $\to p$。根据反三段论推理形式 $((p \wedge q) \to r) \to ((p \wedge \to$

r)→→q)，只要加上前提 p∧→r 就可以了。p 是"乙没有参加"，→r 是"丙没有参加"，所以 p∧→r 是"乙和丙都没有参加"。

例 2

有甲乙两个相邻的镇，甲镇里的所有人都讲真话，乙镇里的所有人都讲假话。小王是其中一个镇的人，一天，他在两镇附近的大路上遇到了一个外地人，外地人问小王："请问你是哪个镇的人啊？"小王说："我是甲镇的。"这时小张从远处走过来了，他也是其中一个镇的人。外地人请小王帮忙问问小张是哪个镇子的，小王走过去问了后，回来对外地人说："他说他是甲镇的人。"

根据以上陈述，下列哪个选项是正确的？

A. 小王是甲镇的人，小张是乙镇的人
B. 小王是甲镇的人，无法判断小张是哪个镇的
C. 小王是乙镇的人，小张是甲镇的人
D. 无法判断小王是哪个镇的，小张是乙镇的人

正确选项是 B，可以用二难推理来断定。如果小张是甲镇的人，他会说真话，即"我是甲镇的人"；如果小张是乙镇的人，他会说假话，即"我是甲镇的人"；小张或者是甲镇的人，或者是乙镇的人；总之，小张说的是"我是甲镇的人"。可见小王说的是真话，所以小王是甲镇的人，但小张的话无法判断真假，也就无法断定他是哪个镇的。

例 3

某大学要举办"五四"青年节表彰大会，法学院的参加者需要满足以下条件：

①甲、乙、丙三同学至少有一人参加。
②参加表彰大会的必须获得过两次以上优秀团员荣誉。
③如果甲参加表彰大会，那么乙一定参加。
④丙仅获得过一次优秀团员荣誉。

根据上述情况，以下必定为真的是哪项？

A. 甲参加了这次表彰大会
B. 乙参加了这次表彰大会

C. 丙参加了这次表彰大会

D. 甲和乙参加了这次表彰大会

正确选项为 B。由②和④组合，构成必要条件假言推理的否定前件式，推出结论"丙没有参加表彰大会"。此结论与①组合，构成选言推理的否定肯定式，得出结论"甲乙至少有一人参加"。然后，运用一个二难推理来断定：若甲参加，与③组合，构成充分条件假言推理的肯定前件式，得出结论"乙参加"；若甲不参加，与"甲乙至少有一人参加"组合，构成选言推理的否定肯定式，得出结论"乙参加"。甲或者参加，或者不参加，总之，乙参加。所以，必定为真的是 B。

第六节　真值形式的判定方法

真值形式是有真假值的逻辑形式，命题和推理都是真值形式。有的真值形式，无论其变项真假，它都为真，称为重言式，其他真值形式为非重言式。非重言式又可以分为两类：一类是矛盾式，无论其变项真或假，它都为假；另一类是可满足式，在其变项的真假组合下，它有真有假。

判定一个真值形式是重言式，还是矛盾式，或者是可满足式，有两种常用的方法：真值表法和归谬赋值法。

一　真值表法

（一）什么是真值表

真值表是能显示一个真值形式在其变项的真假组合下所取真假值的图表。几种常见复合命题的真值表如下：

p	q	¬p	p∧q	p∨q	p∨̇q	p→q	p←q	p↔q
真	真	假	真	真	假	真	真	真
真	假	假	假	真	真	假	真	假
假	真	真	假	真	真	真	假	假
假	假	真	假	假	假	真	真	真

（二）真值表的使用方法

1. 找出被判定的真值形式的所有变项，并列出这些变项的各种真假组合。

以（p→q）↔（→q→→p）为例，其变项有 p 和 q，这两个变项的真假组合是：

p   q
真   真
真   假
假   真
假   假

2. 按照真值形式的构成，由简到繁列出它的各个组成部分，最后是被判定的真值形式。

p	q	→p	→q	p→q	→q→→p	（p→q）↔（→q→→p）
真	真					
真	假					
假	真					
假	假					

3. 计算每个组成部分的真假值，得出真值形式的真假值。

p	q	→p	→q	p→q	→q→→p	（p→q）↔（→q→→p）
真	真	假	假	真	真	真
真	假	假	真	假	假	真
假	真	真	假	真	真	真
假	假	真	真	真	真	真

可见，无论其变项真假组合情况如何，此真值形式都为真，其为重言式。

二 归谬赋值法

从理论上说，所有真值形式都可以用真值表法判定，但实际上有些真值形式比较复杂，其变项不止两个，变项的真假组合情况太多，用真值表法判定很麻烦，这时可以用简化了的真值表法，即归谬赋值法。

(一) 什么是归谬赋值法

归谬赋值法是判定一个真值形式是否为重言式的一种方法。其思路是：先假设被判定的真值形式不是重言式，在此基础上进行赋值，如果赋值产生逻辑矛盾，则该假设不成立，被判定的真值形式为重言式，如果赋值没有产生逻辑矛盾，则该假设成立，被判定的真值形式不是重言式。

例如：判定（(p→q) ∧ (q→r)）→ (p→r)是不是重言式。

首先，假设它不是重言式，那么，根据充分条件假言命题的逻辑值，前件（p→q) ∧ (q→r)为真，而后件 p→r 为假。再根据充分条件假言命题的逻辑值，得出后件中的 p 真而 r 假。根据联言命题的逻辑值，前件（p→q) ∧ (q→r) 中的 p→q 真，并且 q→r 也真。根据后件中已经确定的 p 为真和前件中已经确定的 p→q 为真，得出 q 为真。再根据 q 为真并且 q→r 为真，得出 r 也为真，而这与已经确定了的后件的 r 为假相互矛盾。可见，假设导致了逻辑矛盾，所以，假设不成立，被判定的真值形式是重言式。

以上分析可用以下形式表示：

```
         ( (p→q)    ∧    (q→r))    →    (p→r)
(1)                                假
(2)              真                            假
(3)       真             真              真    假
(4)       真                   假
(5)           真             假
```

(二) 归谬赋值法的使用方法

1. 假设被判定的真值形式为假。如上例中的 (1)。

2. 从这一假设出发，根据相关复合命题的真值表，依次对真值形式的各部分赋以相应的真假值，直到所有的变项都被赋值为止。如上例中的 (2)、(3)、(4)、(5)。

3. 检查所有变项的真假值：如果至少有一个变项既真又假，出现了逻辑矛盾，则假设不成立，被判定的真值形式为重言式；如果所有变项都无赋值矛盾，则假设成立，被判定的真值形式为非重言式。

再以真值形式 $(p\to q) \wedge (r\to s) \wedge (\neg q \vee \neg s) \to (\neg p \to \neg r)$ 为例，说明归谬赋值法的使用方法。

$$(p\to q) \wedge (r\to s) \wedge (\neg q \vee \neg s) \to (\neg p \to \neg r)$$

	(p→q)	∧	(r→s)	∧	(¬q∨¬s)	→	(¬p→¬r)
(1)		真		真		假	假
(2)	真		真		真		假 假
(3)							真 真
(4)	真		真				
(5)	真		真				
(6)					真		
(7)					假		
(8)					真		
(9)					假		

可以看出，变项 s 有赋值矛盾，所以，该真值形式为重言式。

思考和练习五

思考题

一、什么是联言命题？联言推理有哪些有效式？

二、什么是选言命题？选言推理有哪些类型，各有什么规则和有效式？

三、什么是假言命题？假言推理有哪些类型，各有什么规则和有效式？

四、什么是负命题？它的等值推理有哪些？

五、什么是多重复合命题？主要有哪些类型？

六、什么是假言联言推理？什么是假言选言推理？什么是反三段论？

七、什么是重言式？

八、什么是真值表法？什么是归谬赋值法？

练习题

一、下列命题各属何种命题？写出其逻辑形式。

1. 贪污和渎职都是要受到惩罚的。
2. 人固有一死，或重于泰山，或轻于鸿毛。
3. 他射击得不准，或者是因为瞄得不准，或者是因为击发有问题。
4. 理论一旦被群众掌握，就会变成强大的力量。
5. 生产发展了，人民的生活水平才能提高。
6. 绝不是一个人的记忆力强，就能获得奖学金。
7. 甲、乙、丙三人中至少有一人被公安机关调查过。
8. 小张、小赵、小孙并非都是学金融理论的。

二、请运用选言推理的有关知识，回答下列问题。

1. "p 或 q 或 r；是 p；所以，不是 q，也不是 r。"问：在什么情况下这个推理是正确的？在什么情况下是错误的？

2. "小王或者是文艺积极分子，或者是体育积极分子；据了解，小王是文艺积极分子；所以，他不是体育积极分子。"这个推理是否正确，为什么？

3. 由前提"或者小王参加会议，或者小李参加会议，或者小张参加会议"，

（1）加上前提"小王参加了会议"，能否得出结论？为什么？

（2）加上前提"小李没有参加会议"，能否得出结论？为什么？

（3）加上前提"小王和小李都没有参加会议"，能否得出结论？为

什么？

4. 李月、王谦、张珊毕业于同一所中学，后来分别考上了清华大学、北京师范大学、北京大学，分别在计算机、文学、哲学三个专业学习，并且已知以下情况：

（1）李月不在北京大学。

（2）王谦不在清华大学。

（3）在北京大学读书的那个同学不学哲学专业。

（4）王谦不学文学专业。

（5）在清华大学的那个同学是学计算机专业的。

请问，她们三个分别上哪个大学，学习什么专业？

三、请运用假言推理的有关知识，回答下列问题。

1. "只有热爱教育工作的人，才能成为一个优秀教师；小李是热爱教育工作的人；所以，小李是一个优秀教师。"这个推理是否有效？为什么？

2. "如果要做好侦破工作，就必须依靠群众；如果要依靠群众，就必须深入群众；所以，如果要做好侦破工作，就必须深入群众。"这个推理是否有效？为什么？

3. 星期天，月月、明明和欣欣一起上街。她们走到电影院门口时，看到许多人在排队买票。

月月立即提议说："我们看电影吧，今天的电影一定很好看。"

"为什么？"明明问。

"你看不见买票的人特别多吗？如果买票的人很多，电影就好看。"月月说。

"照你这样说，如果买票的人不多，电影就不好看了。"明明接着说。

"我可没这个意思啊。"月月说。

这时，欣欣对明明说："月月的确没这个意思。她只是说'只有买票的人不多，电影才会不好看'。"

请问：明明和欣欣谁正确地理解和阐述了月月话里的意思？

4. 某部指挥员接到一项命令，要他在 A、B、C、D、E 五名通信员中挑选两名参加演习，挑选时必须注意以下几点：

（1）如果 B 不去，则 A 也不能去。

（2）只有当 C 去时，B 才能跟着去。

（3）若 D 去，则 E 也去。

（4）A 去或 D 去。

请问：该指挥员应挑选哪两名通信员参加演习？请写出推导过程。

5. 有四个朋友 A、B、C、D，一个是音乐家，一个是语言学家，一个是文学家，一个是逻辑学家。他们在成名之前曾在一起预测未来的职业。

A 预测说："B 无论如何也成不了语言学家。"

B 预测说："C 将成为逻辑学家。"

C 预测说："D 不会成为音乐家。"

D 预测说："B 成不了文学家。"

事实证明，这四个人中只有一个人的预测是正确的，而这个人正是逻辑学家。

请问：四个人中谁是逻辑学家？谁是文学家？谁是音乐家？谁是语言学家？

四、写出下列命题的负命题，并给出其等值命题。

1. 如果他年满 18 岁，就有选举权。

2. 我们厂的产品质量、数量都是一流的。

3. 只有知名作家，才能写出好小说。

4. 明年暑假，我或者去南京，或者去杭州。

5. 这次开会要么让王厂长主持，要么让童厂长主持。

五、写出下列多重复合命题的逻辑形式。

1. 中国女排只有战胜日本女排，再战胜古巴女排，才会获得冠军。

2. 如果不大力加强社会主义物质文明建设，我们社会主义制度的巩固就是假的，或是空的。

3. 我们一方面反对脱离实际的空想，另一方面也反对盲目蛮干或碌碌无为。

4. 并非他不会下象棋，或者并非他不会下围棋。

5. 如果明天下雨或刮大风，运动会就有可能推迟；只要明天天气好，运动会就按时开。

六、运用二难推理的知识，回答下列问题。

1. "如果别人的批评是正确的，那么，你就虚心接受；如果别人的批评是不正确的，那么，你就提出异议；或者别人的批评是正确的，或者别人的批评是不正确的；所以，你或者虚心接受，或者提出异议。"这个推理属于何种二难推理？其逻辑形式如何？

2. "如果要学好科学文化知识，就要有正确的学习态度；如果要学好科学文化知识，就要有好的学习方法；他或者是没有正确的学习态度，或者是没有好的学习方法；所以，他没有学好科学文化知识。"这个推理属于何种二难推理？其逻辑形式如何？

3. 某地发生了一起盗窃案，证据显示盗窃犯只有一个人，但犯罪嫌疑人有 A、B、C 三个人。法官想：不是盗窃犯就不会说假话，而盗窃犯为了掩盖罪行一定会说假话，因此，说真话的不是盗窃犯，说假话的是盗窃犯。后来，事实证明法官的看法是正确的。

法官先问 A："你是怎样作案的，快从实招来。"

A 回答了法官的问题，但说的是方言，法官根本听不懂，但 B 和 C 却都能听懂。

于是，法官问 B 和 C："刚才 A 是怎么回答的?"

B 说："A 说他不是盗窃犯。"

C 说："A 说他是盗窃犯。"

B 和 C 的话法官能听懂，在听完之后，法官立即作出判决："A、B 二人无罪释放，C 是盗窃犯。"

问：法官为什么作出这样的判决?

七、请说明下列推理属于何种推理，是否有效。

1. 如果你有唯物主义观点，就会尊重客观事实；如果你有辩证观点，就会全面分析问题；你既不尊重客观事实，又不全面分析问题；所以，你既没有唯物主义观点，又没有辩证观点。

2. 教师要有高尚的品德；因为教师既要有高深的学问，又要有高尚的品德。

3. 如果一个三段论是第三格，则它的结论是特称的；如果它的结论是特称的，则它结论的主项不周延；所以，如果一个三段论的主项不周延，则它是第三格。

4. 只有野狼队技术高、体力强、配合好，才能战胜猛虎队；野狼队或技术不高，或体力不强，或配合不好；所以，野狼队不能战胜猛虎队。

5. 只有认识到缺点，才能改正缺点；所以，没有改正缺点，就是还没有认识到缺点。

6. 中国是亚洲国家，中国是发展中国家，所以，中国是亚洲的发展中国家。

7. 如果我们热爱这项运动，它就会给我们带来快乐和力量；如果我们不热爱这项运动，它就会给我们带来烦恼和焦虑；我们或者热爱这项运动，或者不热爱这项运动；所以，它或者会给我们带来快乐和力量，或者会给我们带来烦恼和焦虑。

8. 一个人如果喜欢下围棋，则他就爱思考；一个人如果喜欢跑马拉松，则他就爱运动；这个人既喜欢下围棋，又喜欢跑马拉松；所以，他既爱思考，又爱运动。

八、判定下列各组命题是否等值。

1. 当今之时，只要有真才实学，何愁报国无门。
   当今之时，如果愁报国无门，则无真才实学。

2. 只有千里马吃饱草，它才能跑。
   虽然千里马没吃饱草，它也能跑。

3. 你不努力干，别人也不努力干，这种情况不存在。
   你也努力干，别人也努力干。

4. 并不是绿灯不亮而车辆可以通行。
   只有绿灯亮了，车辆才能通行。

九、判定下列真值形式哪些是重言式，哪些是矛盾式，哪些是可满足式。

1. （(p↔q)∧¬q)→¬p
2. （(p∨q)∧¬p)→q
3. (p→q)↔(q∨p)

十、判定下列复合命题推理形式是否为重言式。

1. （(p→q)∧(r→q)∧(p∧r))→q
2. （(p→q)∧(q→r)∧¬r)→¬p
3. （(p∨q∨r)∧(p∧q))→r

十一、下列每小题只有一个选项正确，请根据复合命题及其推理的有关知识选出正确的选项。

1. 如果这份报表抄写没有错误，那么，或者是计算有错误或者是统计有错误，但是，实际上统计正确。

根据以上情况，可以得出（　　）

A. 这份报表抄写有错误

B. 如果计算没有错误，那么这份报表抄写有错误

C. 这份报表抄写没有错误

D. 如果计算有错误，那么这份报表抄写没有错误

2. 如果张明是数学奥林匹克竞赛国家队教练，他一定获得过数学奥林匹克竞赛金牌。

不能作为以上结论的前提的是（　　）

A. 只有获得过数学奥林匹克竞赛金牌，才能当数学奥林匹克竞赛国家队教练

B. 如果没有获得过数学奥林匹克竞赛金牌，就不能当数学奥林匹克竞赛国家队教练

C. 如果能当数学奥林匹克竞赛国家队教练，则一定获得过数学奥林匹克竞赛金牌

D. 如果获得过数学奥林匹克竞赛金牌，则能当数学奥林匹克竞赛国家队教练

3. 某大学文学院对外公开招聘一名副院长，条件是：有海外留学

经历，具有博士学位或副教授职称。

小王参加了招聘，但没有被录用，原因可能是（　　）

A. 如果小王有海外留学经历，那么他没有博士学位或副教授职称

B. 如果小王有海外留学经历，那么他没有博士学位和副教授职称

C. 如果小王有海外留学经历，那么他没有博士学位

D. 如果小王有海外留学经历，那么他没有副教授职称

4. 小王对小李说："每次读恐怖小说，我都觉得很害怕。"小李说："我正好相反。"

小李的意思是（　　）

A. 如果我觉得很害怕，那我就会读恐怖小说

B. 我不读恐怖小说，就不觉得害怕

C. 我不读恐怖小说，才觉得害怕

D. 我读恐怖小说，不觉得害怕

5. 如果一个人没有坚强的意志力，在遇到困难时就不能坚持到底；而只有不断磨炼自己，才能有坚强的意志力。

由此可以推出（　　）

A. 一个人只要不断磨炼自己，在遇到困难时就能坚持到底

B. 一个人只有不断磨炼自己，在遇到困难时才能坚持到底

C. 一个人只要有坚强的意志力，在遇到困难时就能坚持到底

D. 如果一个人在遇到困难时不能坚持到底，就是没有坚强的意志力

6. 某学校规定，只有平时表现好，不迟到早退，学期末才能获得日常考查满分。

下面违反了该学校规定的是（　　）

A. 小李一学期有一次早退，是因为身体不舒服，学校决定不给他日常考查满分

B. 小孙在学校表现好，没有迟到早退的现象，学期末却未能获得日常考查满分

C. 小王有一次迟到，可他还是获得了日常考查满分

D. 小张平时表现好，没有迟到早退，学期末获得日常考查满分

7. 在新的历史时期，经济社会要继续保持又好又快发展，就需要决策者以更大的勇气和力度来深化改革，只有如此，才能在把握好机遇和化解风险中，开创新时代中国现代化的新局面。

由此可以推出（　　）

A. 不深化改革，就无法开创新时代中国现代化的新局面
B. 深化改革，就可以开创新时代中国现代化的新局面
C. 无法开创新时代中国现代化的新局面，是因为没有深化改革
D. 开创中国新时代现代化的新局面，就能深化改革

8. 南方某省发生洪水灾害，S单位有一名员工匿名捐款10万元。工会在得知消息后，为查找捐款人员，询问了5名员工，得到了以下回答：

①或者甲捐了或者乙捐了。
②如果乙没捐，那么丁捐了。
③如果甲捐了，那么丙也捐了。
④丙和丁都没有捐。
⑤甲和乙都没有捐。

事后证明，这5名员工的回答中，只有一句是假的，由此可以推出（　　）

A. 甲捐了　　　B. 乙捐了　　　C. 丙捐了　　　D. 丁捐了

9. 某机关拟在全国推广普通话周举办宣传活动，至于采用何种形式，三位组织者的意见如下。

甲：如果搞推广普通话演讲和知识竞赛，就不搞宣传演出和专题展览。

乙：如果不搞宣传演出和专题展览，那就搞推广普通话演讲和知识竞赛。

丙：不搞推广普通话演讲和知识竞赛。

最后，三个人的意见只有一个人的意见与结果相符，结果是（　　）

A. 搞宣传演出和专题展览，不搞推广普通话演讲和知识竞赛
B. 搞推广普通话演讲和知识竞赛，不搞宣传演出和专题展览

C. 搞推广普通话演讲和知识竞赛，也搞宣传演出和专题展览

D. 不搞推广普通话演讲和知识竞赛，也不搞宣传演出和专题展览

10. 某高校篮球赛进入最后阶段，文学院、数学院、物理学院、化学院4支球队将为最后名次展开争夺。同学们对比赛的结果作了如下预测：

①文学院、数学院都不能进入前两名。

②如果物理学院获得第一，那么化学院将获得第二。

③如果文学院获得第三，那么数学院将进入前两名。

比赛结果显示，上述猜测只有一个正确，据此，可以推出以下正确的是（　　）

A. 物理学院获得第一　　B. 文学院获得第三

C. 化学院获得第二　　　D. 数学院获得第四

11. 受到欧洲经济不景气影响，某市小商品出口量锐减。鉴于市场的变化，该市最大的小商品生产企业 M 公司，必须在以后两年的时间里提高6%的生产率，否则就会破产。根据经济分析师的分析，M 公司按照目前的生产经营状况，如果能提高6%的生产率，就能增加12%的生产利润。

若以上情况为真，下列选项一定为真的是（　　）

A. M 公司的生产率两年内必须提高12%，否则就会破产

B. 如果 M 公司不能达到两年内提高12%利润的目标，就会破产

C. M 公司生产经营状况两年不变，利润才能提高12%

D. 只要欧洲经济恢复景气，M 公司不提高生产率也不会破产

12. 某单位拟从部门负责人中选派人员参加市先进表彰会，选派人员的条件为：

①从甲、乙、丙3人中选派1—2人参加。

②如果不选派甲，就不选派乙和丙。

③只有不选派乙和丙，才选派甲。

下列选项中，满足条件的是（　　）

A. 不选乙和丙，选甲　　B. 选乙，不选甲和丙

C. 选丙，不选甲和乙　　　D. 选乙和丙，不选甲

13.（2013，天津）如果政府继续实施限购限贷等房地产调控政策，并且加大保障性住房建设，那么房地产的调控就会取得明显成效。

根据以上陈述可以推出（　　）

A. 如果房地产调控取得明显成效，那么，不是政府继续实施限购限贷等房地产调控政策，就是加大了保障性住房建设

B. 如果政府继续实施限购限贷等房地产调控政策，那么如果加大保障性住房建设，房地产的调控就会取得明显成效

C. 如果房地产的调控没有取得明显成效，那么一定是政府放松了房地产调控政策，并减少了保障性住房建设

D. 如果政府继续实施限购限贷等房地产调控政策，那么即使减少保障性住房建设，房地产的调控也会取得明显成效

14. 调查发现：某校学生喜欢的球类活动中，学生或者喜欢打篮球或者喜欢踢足球；如果喜欢打排球，则不喜欢踢足球。该校的王小明同学喜欢打排球，因此他也喜欢打网球。

下面最可能是上述论证前提的是（　　）

A. 喜欢打网球的学生都喜欢踢足球

B. 该校的王小明同学至少喜欢三项球类活动

C. 喜欢打篮球的同学都喜欢打网球

D. 该校同学喜欢的球类活动只有篮球、足球、排球和网球四项

15. 已知艺术学院有的学生是国际比赛获奖者；除非各学院有学生是国际比赛获奖者，否则任何学院都不能从学校领取奖学金；文学院可以从学校领取奖学金。

由此可以推出（　　）

A. 艺术学院有的学生不是国际比赛获奖者

B. 艺术学院可以从学校领取奖学金

C. 文学院有的学生不是国际比赛获奖者

D. 文学院有的学生是国际比赛获奖者

16. 甲、乙、丙、丁、戊、己6个人是优秀学生候选人，入选的条件是：不同时选乙和丁；如果不选丁，那么也不选丙；如果同时选戊和己，那么也选丙；或者不选甲，或者选乙。据此，下面有四个说法：

①如果选丙，那么也选丁

②如果选乙，那么不同时选戊和己

③如果同时选戊和己，那么也选丁

④如果选甲，那么也选丁

四种说法中，正确的有（　　）

A. 一个　　　　B. 两个　　　　C. 三个　　　　D. 四个

17. （2009，北京）如果所有的克里特岛人都说谎，并且梅拉是克里特岛人，则梅拉说谎。

由上述命题要推出"有的克利特岛人不说谎"，需要加上的命题是（　　）

A. 梅拉不说谎，并且梅拉是克里特岛人

B. 梅拉说谎，并且梅拉不是克里特岛人

C. 梅拉不说谎，并且梅拉不是克里特岛人

D. 梅拉不说谎，并且所有的克里特岛人都说谎

18. （2010，吉林）有学者指出物业税改革会增加房屋的持有成本，从而增加房产市场的供给，进而对房价产生一定的调控作用。目前开征物业税是我国财税体制改革必不可少的环节。而在我国很多房屋的所有权和使用权是分离的，在当前房产税的征收过程中，有相当一部分是房屋使用者纳税，但从税收理论上讲，财产税必须向财产的产权人征收，所以必须首先进行房屋产权的明晰，这是物业税开征的必要条件。因此学者建议说开征物业税要循序渐进，并且要分步骤实施。

若学者的以上言论正确，可以推出的是（　　）

A. 如果在我国没有开征物业税，说明房屋产权不明晰

B. 如果房屋产权不明晰，我国财税体制改革就不能进行

C. 如果房屋产权明晰，我国就可以开征物业税

D. 如果我国财税体制改革不能进行，则说明在我国没有开征物业税

19. 已知 2022 级文学院汉语言专业共有 50 人，有关出游的情况，有以下四种说法：

①并非 2022 级文学院汉语言专业所有同学暑假都去过敦煌莫高窟。

②2022 级文学院汉语言专业的小王和小李都去过敦煌莫高窟。

③只有 2022 级文学院汉语言专业有人去过敦煌莫高窟，该专业的小张才去过敦煌莫高窟。

④并不是 2022 级文学院汉语言专业没有同学去过敦煌莫高窟。

已知以上四种说法中两个为真，两个为假，则（　　）

A. 该专业至少有三名同学去过敦煌莫高窟

B. 小王没有去过敦煌莫高窟，但小李去过

C. 小王、小李、小张都没有去过敦煌莫高窟

D. 小张和小李去过敦煌莫高窟

20.（2019，广东）芯片产业是全球分工合作的产业，其分布的领域非常广，不同领域面对的问题和挑战也不相同，暂时没有一个国家能单独拥有完整的自主可控芯片产业链。但一个国家想要想获得芯片产业的话语权，至少应该掌握产业链上某些环节的关键技术，这样才能避免受制于人。

据此，一定可以推出的是（　　）

A. 一个国家只要有了芯片产业的话语权，就可能拥有完整的芯片产业链

B. 一个国家的芯片产业要想不受制于人，就必须拥有完整的芯片产业链

C. 一个国家如果没有掌握芯片产业的关键技术，则该国的芯片产业将受制于人

D. 一个国家如果掌握了芯片产业的关键技术，那么一定具有芯片产业的话语权

21. 某校选派学生代表参加共青团活动，小张或小王至少有一个参加，另外还要满足以下条件：

①如果选小王就一定选小李。

②小李和小张最多选一个人。
③选小孙就一定选小李。
④选小张就一定选小孙。
据此，一定会被选的两个人是（　　）
A. 小张和小李　　　　B. 小李和小孙
C. 小孙和小王　　　　D. 小王和小李

第六章
逻辑思维的基本规律

逻辑思维的基本规律是正确思维所必须遵循的基本法则。

正确思维，就是正确地运用概念、命题等思维形式进行推理、论证，而正确地运用各种思维形式，就要遵守逻辑思维的基本规律。因此，逻辑思维的基本规律是人们在思维过程中运用概念、命题进行推理、论证时必须遵守的规则，包括同一律、矛盾律、排中律和充足理由律。

之所以说同一律、矛盾律、排中律和充足理由律是逻辑思维的基本规律，是因为以下两个原因：

第一，这些规律是从各种具体逻辑规则中概括出来的，带有一般性和普遍性。不同思维形式有其特殊规则，但特殊规则只适用于各自相应的思维形式和思维过程。例如，定义的规则和划分的规则只适用于概念这种思维形式的定义和划分两种逻辑方法；三段论的规则和假言推理的规则只适用于推理这种思维形式的三段论推理和假言推理；而逻辑思维的基本规律反映了各种思维形式的一般特征，决定和制约着各种思维形式的具体规则，在各种思维过程中普遍地起作用。

第二，这些规律是思维有意义的根本保证。正确的思维必须具有确定性、不矛盾性、明确性和可论证性，这些要求可以由逻辑思维的基本规律来保证。具体来说，同一律保证了思维的确定性，矛盾律保证了思维的不矛盾性，排中律保证了思维的明确性，充足理由律保证了思维的可论证性。

需要指出，逻辑思维的基本规律只是思维的规律，而不是客观事物本身的规律，客观事物本身并不存在是否遵守同一律、矛盾律、排中律、充足理由律的问题。当然，逻辑思维的基本规律绝不是人们主观臆造出来的、纯粹先验性的，也不是约定俗成的，而是有客观基础的规律，是客观事物的性质和关系在人们意识中的反映。概括地说，客观事物在其发展过程中的质的规定性是同一律、矛盾律、排中律、充足理由律的客观基础。具体地说，客观事物内部质的规定性反映在思维中，就表现为思维的确定性、不矛盾性、明确性和可论证性。思维的确定性要求人们运用概念和命题必须保持自身同一，即一个思想反映了什么就是反映了什么，不能随意变换，这就是同一律；思维的不矛盾性要求人们运用命题时前后不能自相矛盾，即不能同时既反映了什么，又没反映了什么，这就是矛盾律；思维的明确性要求对两种相互矛盾的思想，不能都予以否定，即不能同时既不反映是什么，又不反映不是什么，这就是排中律；思维的可论证性是客观事物之间的因果联系在思维中的反映，它要求论证一个思想为真时，必须要有充足的理由。

综上所述，逻辑思维的基本规律对思维具有强制性和规范性。不管愿意还是不愿意，要正确思维，就必须遵守，否则就会导致思维混乱。

第一节　同一律

同一律是保证思维确定性的逻辑规律。它的基本内容是：在同一个思维过程中，每一个思想自身必须保持同一。

"同一个思维过程"是指在同一时间、同一关系下，对同一对象而言。"每一个思想"是指思维中的每一个概念或命题。"自身必须同一"是指概念自身的内涵和外延前后要完全一致，命题自身肯定什么或否定什么前后要完全一致。所以，同一律也可以解释为：同一个思维过程中所使用的概念、命题，是什么或不是什么，必须完全一致。

同一律的公式是：A 是 A。

公式里的"A"表示任意一思想，或者说任意一概念或命题。"A 是 A"表示同一思维过程中的每一个概念、命题自身都具有同一性，其内容是确定的，不能随意变换。例如，在同一个思维过程中，"三好学生"这个概念就是"三好学生"这个概念，其内涵和外延是确定不变的，不能一会儿是这个内容，一会儿是那个内容。看下例：

从前，有一个专门给别人算命的道士，据说算命算得很灵验。一天，有三个进京赶考的秀才，想算一算谁能考中，便找到了这个道士。三人说明了来意后，道士闭眼摇晃了几下脑袋，朝他们伸出了一个手指头，却不说话。三个秀才不知道什么意思，忙问道士，道士却说道："天机不可泄露，到时候你们就明白了。"

秀才走了以后，小道士走过来疑惑地问道："师傅，你伸出一个指头是什么意思？三个人中到底有几个可以考中？"道士扬扬得意地说："有几个考中我都能说道：考中一个人，就是一个人中；考中两个人，就是一个人没中；都考中了，就是一齐中；都没有考中，就是一个也不中。"小道士恍然大悟说："啊，原来天机就是这样呀！"

此例中，道士用"一个手指头"表达了"一个人中""一个人没中""一齐中""一个也不中"四个不同的命题，在同一个思维过程中没有保持命题的同一，违反了同一律。

同一个思维过程中的概念之所以要保持同一性，是因为任何概念都是对特定时空条件下的客观对象的反映，都只能是它自身而不能是其他。尽管事物都是在不断发展变化的，但不论对象处在哪个发展变化的阶段上，在特定的时空条件下，它自身必须保持同一。如"人民"这个概念，在不同历史时期，其内涵和外延是有差别的，但是，在同一国家的同一个历史时期，它的内涵和外延却是同一的，确定不变的。

同一个思维过程中的命题之所以要保持同一性，是因为任何命题都是对特定时空条件下的客观对象之间某种联系的反映，尽管客观世界的每个对象都具有许多属性，对象间的联系也是多方面的，但在特定时空条件下，对象间的联系是同一的。例如，"国家是阶级统治的工具"这一命题，尽管"国家"还具有很多属性，与其他对象间还有许多联系，但命题断定的是"国家"与"阶级统治的工具"之间的联系，那么，在同一思维过程中，就必须保持其自身的同一性，任何其他别的联系都不是这个命题所反映的内容。

同一律要求保持思想的确定性，但并不否认思想的发展变化。同一律是要求在同一思维过程中，思想要保持同一；但如果时间、关系、对象变了，或者是由于实践的不断发展，人们的认识深化了，那么，反映客观对象的思想当然要发生变化。

同一律的逻辑要求是：在同一思维过程中，概念和命题必须保持自身的同一。

概念必须保持同一，是说在同一思维过程中，必须保持概念内涵外延不变。否则，就会犯"混淆概念"或"偷换概念"的逻辑错误。

所谓混淆概念，是指在同一思维过程中，把原来的概念换成了另外一个概念。这种逻辑错误，往往是由于思想上认识不清，或者缺乏必要的逻辑知识造成的。如以下两例：

老舍先生的著作不是三天两天就可以读完的，《济南的冬天》是老舍先生的著作，所以，《济南的冬天》不是三天两天就可以读完的。

对于同一个问题，有些人这样说，有些人那样说，这两种人之间没有共同语言，由此可见，语言是有阶级性的，没有什么全民族所通用的语言。

此两例都犯了混淆概念的逻辑错误。第一例中出现了两次"老舍先生的著作"，但前者是集合意义下使用的集合概念，指老舍先生的所有著作，后者是非集合意义下使用的非集合概念，指某一篇著作。二者虽然词语相同，却是不同的概念。第二例中出现了三次"语言"，但却是两个概念，第一次出现的"语言"是指人们所说的具体的话语和话题，后两次出现的"语言"是指作为人类交际工具的一般意义上的语言，表达的也不是同一个概念。

所谓偷换概念，是指在同一思维过程中，故意把原来的概念换成了另外一个概念。诡辩者经常故意偷换概念来达到目的。例如：

甲：鸡有几条腿？

乙：两条。

甲：不对，鸡有三条腿。

乙：为什么？

甲：鸡有腿吧？有左腿吧？有右腿吧？加起来不就有三条腿吗？

再如：

老王到某景点去旅游，见周围景色很好，就想拍张照片留影纪念。正巧看到旁边一家摄影店里的"服务公约"上写着"立等可取"，就放心地拍了几张。开完单子后，老王耐着性子等着取照片，谁知过了半个小时，也没人招呼他。

他找到服务员，问："我的照片怎么还没冲好？"

服务员不耐烦地说："下午五点以后来取。"

老王有些急了，指着"服务公约"说："你们不是'立等可取'吗？"

服务员一翻眼皮说："你站着等到下午取走，不就是'立等可取'吗？"

第一例，"鸡有腿"的"腿"是"左腿""右腿"的属概念，"鸡有腿"的"腿"与"左腿""右腿"的"腿"不是一个概念，诡辩者故意混淆属概念和种概念，是偷换概念。第二例，服务员故意把"立等可取"解释为"站着等到下午取走"，是用偷换概念的方法为自己的违约行为进行诡辩。

命题必须保持同一，是指在进行推理或论证时，所使用的命题必须保持自身的同一，不能随便改变含义。谈论问题，发表看法，总要就论题展开讨论，如果置论题于不顾，无意或有意地东拉西扯，就会犯"转移论题"或"偷换论题"的逻辑错误。

所谓转移论题，是指在同一思维过程中，把原来所要论证的命题换成了另外一个命题。同一律要求议论的论题要保持同一，说话、写文章要围绕论题展开论述，不能用另外的论题来代替，否则，就犯了转移论题的错误。例如：

问：如何让语文教学联系实际？

答：少数同志认为语文教学只要讲清楚语文基本知识就行了，不需要联系实际，这是一种错误的观点。正确的观点是，语文教学需要联系实际，因为只有联系实际，才能让学生更直观地理解知识，更高效地宣传和普及中国文化，更好地为社会主义文化建设服务，不然，理论是理论，实际是实际，对不上号。

答话犯了转移论题的逻辑错误。本来要讨论的论题是"如何让语文教学联系实际"，但实际上回答的却是"语文教学需要联系实际"。

所谓偷换论题，是指在同一思维过程中，故意用另一命题替换所要论证的命题。争论和诡辩中常会偷换论题。例如：

"真理面前人人平等"怎么能够成立呢？如果"真理面前人人平等"能成立，那么，无异于肯定了资产阶级可以同无产阶级平等，也就是说，资产阶级同无产阶级的关系是平等的关系，而不是一个阶级压迫另一个阶级的关系。

这段议论犯了"偷换论题"的错误。"真理面前人人平等"是指每个人在发现真理、认识真理这一点上是平等的，而说话者却故意把它换成了"资产阶级可以同无产阶级平等"这一反映政治上平等的命题。

第二节 矛盾律

一 矛盾律的内容

矛盾律是保证思维不矛盾性的逻辑规律。它的基本内容是：在同一个思维过程中，相互否定的思想不能同时为真的，其中必有一假。

"相互否定的思想"是指处于矛盾关系或反对关系的思想，所以，矛盾律也可以解释为：在同一个思维过程中，不能同时承认处于矛盾关系或反对关系的思想。

矛盾律的公式是：A 不是非 A。

"A"与"非 A"表示处于矛盾关系或反对关系的概念或命题。"A 不是非 A"指相互矛盾或相互反对的概念或命题不能同时为真，即在同一思维过程中，对相互矛盾或反对的概念或命题，不能同时肯定。例如，在同一个思维过程中：对"学生"和"非学生"这两个处于矛盾关系的概念，不能同时肯定；对"好"和"坏"这两个处于反对关系的概念，不能同时肯定；对"所有的人都是自私的"和"有的人不是自私的"这两个处于矛盾关系的命题不能同时肯定；对"所有的人都是自私的"和"所有的人都不是自私的"这两个处于反对关系的命题，也不能同时肯定。看下例：

喀孜经常向人劝诫说："女人的话可千万不能听啊！"有一天，这话被阿凡提听到了，就跑来问喀孜：

"喀孜阁下，女人的话能不能听呢？"

"咳，女人的话可千万不能听呢！"喀孜郑重地回答说。

"那就照你说的办吧。我家有只羊，我女人说送给你，我说不送，多谢你替我把这件事决断了。"阿凡提说完转身便走。

喀孜一听这话，立刻跑着赶上阿凡提，喘着气说：

"不过——女人的话，有的时候，也可以听哩。"

此例中，喀孜开始时说的"女人的话可千万不能听"和后来说的"女人的话有时也可以听"是两个处于矛盾关系的命题，他既承认前者，又承认后者，违反了矛盾律。

矛盾律具有必然性和客观性，矛盾律的必然性和客观性是由客观事物的质的规定性所决定的。因为客观事物有质的规定性，所以，一个事物是 A，就不能同时又是与 A 相排斥的非 A。例如"所有的金属都是固体"是真的，则"所有的金属都不是固体"和"有的金属不是固体"就不是真的。

矛盾律本身并不能解决两个相互否定的思想哪个是真哪个是假的问题，但如果已知两个相互否定的思想之一为真，便可以推知另一思想必定为假。

同一律和矛盾律都是关于思维要有确定性的规律。同一律说的是"A 是 A"，矛盾律说的是"A 不是非 A"；同一律是用肯定的形式从正面表述一个确定的思想，矛盾律是用否定的形式从反面表述一个确定的思想。在这个意义上，矛盾律是同一律的进一步展开和反证。

矛盾律的逻辑要求是：在同一思维过程中，对于处于矛盾关系或反对关系的概念或命题，不能同时承认它们为真。如果违反这一要求，就要犯"自相矛盾"的逻辑错误。

首先，同一个思维过程中，对处于矛盾或反对关系的概念不能同时肯定，否则，就会导致概念方面的自相矛盾。如以下三例：

非科学的科学

圆的正方形

无阶级的国家

这三个词组中，互相搭配的两个概念都是相互否定的。第一组，"非科学"与"科学"是处于矛盾关系的概念；第二组，"圆"与"正方形"是处于反对关系的概念；第三组，"国家"本是"阶级统治的工具"，不可能是"无阶级"的，所以"无阶级"和"国家"相互否定。三例在概念方面都犯了自相矛盾的逻辑错误。

其次，同一个思维过程中，对处于矛盾或反对关系的命题也不能同时肯定，否则，就会导致命题方面的自相矛盾。寓言故事"自相矛盾"就是这样一个例子：

> 楚人有鬻盾与矛者，誉之曰："吾盾之坚，物莫能陷也。"又誉其矛曰："吾矛之利，于物无不陷也。"或曰："以子之矛，陷子之盾，何如？"其人弗能应也。夫不可陷之盾与无不陷之矛，不可同世而立。①

楚人之所以无法回答别人的问题，正是因为他既说"我的盾任何东西都不能刺穿"，又说"我的矛可以刺穿任何东西"，这样，前者是对后者的否定，后者是对前者的否定，不能自圆其说。

再如：

> 一个男青年，在路上见到一位漂亮的姑娘，就向人家求爱说："你是多么漂亮啊！我爱你，真心实意地爱你，永远不变地爱你。"姑娘说："我妹妹就在后面，她比我要漂亮百倍。"男青年一听，连忙往后跑，去找姑娘的妹妹。

男青年一边说"永远不变地爱你"，一边用实际行动表明了自己的"变化"，犯了自相矛盾的错误。

需要指出，要注意区分逻辑矛盾和辩证矛盾。矛盾律所规范的逻辑矛盾，是同一思维过程中的矛盾，即同一时间、同一条件下，同一对象所产生的矛盾。如果不是在同一思维过程中，就不是矛盾律所规范的内容。如诗歌《有的人》中有这样的句子：

> 有的人活着，他已经死了；有的人死了，他还活着。②

---

① （战国）韩非：《韩非子·难一》，载教育部组织编写《语文·五年级下册》，人民教育出版社2019年版，第84页。

② 臧克家：《有的人》，《臧克家诗选》，作家出版社1954年版，第100页。

"活"与"死"是不能同真的,在诗句中同时肯定,似乎是自相矛盾,其实不然。诗句中的"活"与"死"出现的条件、所指的对象不同。第一个"活"指肉体上的存在,"死"指精神上的死亡;第二个"活"指精神活在人们的心中,"死"指肉体上的消失。"死""活"表现了"人"这一对象在肉体和精神两个方面的矛盾,这种矛盾属于辩证矛盾,与逻辑矛盾不同,所以,不能说这句诗违反了矛盾律。

二 悖论

悖论是由英国哲学家、数学家、逻辑学家罗素提出的一个非常有趣的逻辑现象,实际上是一种特殊的逻辑矛盾。

悖论是这样一种命题:由此命题真,可以推出它假;由此命题假,可以推出它真。即如果承认 A,则可以推出非 A;如果承认非 A,则可以推出 A。例如:

> 古希腊有一个著名的悖论,叫作"说谎者悖论"。它通常表述为"我正在说的这句话是假的"。由此产生的这样一个问题是:说自己正在说谎的人的这句话是真的,还是假的?

回答这个问题会产生悖论,因为如果说话者所说的"我正在说的这句话是假的"为真,那么这句话是假的,如果说话者所说的"我正在说的这句话是假的"为假,那么这句话是真的。

可见,悖论可以同时断定一个命题既真又假,是一种包含着逻辑矛盾的特殊现象。再如:

> 从前,有个国王为了表现自己的仁慈,宣布要有条件地大赦死刑犯,赦免的条件是:犯人必须说一句话,如果国王觉得这句话是真话,就放了他,如果觉得是假话,就杀了他。
>
> 许多犯人绞尽脑汁编出了自认为真的话,但都被国王轻易地判定为假话而被杀掉。
>
> 轮到一个非常聪明的人时,他对国王说:
>
> "国王陛下,您一定会杀了我。"

国王想了半天，也无法判断这句话的真假，只好把他给放了。

国王之所以无法判断这句话的真假，就是因为这是一个悖论。如果承认犯人的话是真的，按照承诺，就应该放了他，可这恰好证明了犯人的话是假的；如果承认犯人的话是假的，按照承诺，就应该杀了他，可这恰好证明了犯人的话是真的。

在历史上，悖论曾长期被认为是一种诡辩，但由于逻辑和数学研究中不断出现悖论，它逐渐引起了人们的重视。悖论形成的原因比较复杂，这里不再讨论。

第三节 排中律

一 排中律的内容

排中律是保证思维明确性的逻辑规律，它的基本内容是：在同一个思维过程中，相互矛盾的两个思想不能同假，其中必有一真。

"相互矛盾的两个思想"是指穷尽了某一问题的一切可能，非此即彼的思想，所以，排中律也可以解释为：在同一个思维过程中，不能同时否定处于矛盾关系的两个思想。

排中律的公式是：A 要么非 A。

公式里的"A"与"非 A"表示处于矛盾关系的两个命题。"A 要么非 A"是说处于矛盾关系的两个命题不能同时为假，即在同一思维过程中，对矛盾关系的两个命题，不能同时否定，应明确肯定其中一个。

准确地说，排中律适用于不能同假的矛盾关系与下反对关系命题，例如，在同一个思维过程中，对"所有的人都是善良的"和"有的人不是善良的"这两个矛盾关系命题，不能同时否定；对"有的人是善良的"和"有的人不是善良的"这两个下反对关系命题，也不能同时否定，必须肯定其中一个。对上反对关系命题，可以同时否定，如对"所有的人都是善良的"与"所有的人都不是善良的"这两个命题，可以同时否定。这是因为上反对关系命题可以同时为假，同时否定并不违反排中律，不属于排中律所规范的内容。

比较以下两例：

在评价《红楼梦》的讨论会上，出现了两种相反的看法，一种认为它是一部杰出的古典文学名著，另一种认为它不是一部杰出的古典文学名著。主持讨论会的人最后表态说："我不同意第一种意见，也不同意第二种意见。"

对大学生谈恋爱的问题，我们的态度是既不提倡，也不禁止。

第一例违反了排中律，"它是一部杰出的古典文学名著"与"它不是一部杰出的古典文学名著"是两个矛盾关系命题，主持人既不承认前者，又不承认后者，是在同一个思维过程中同时否定了两个矛盾关系命题，违反了排中律。第二例没有违反排中律，"我们提倡"和"我们禁止"是两个反对关系命题，两者不可同时为真，但可以同时为假，所以，对二者都否定并不违反排中律。

排中律具有必然性和客观性，排中律的必然性和客观性是由客观事物的质的规定性所决定的。因为客观事物有质的规定性，所以，一个事物如果不是 A，就一定是与 A 相排斥的非 A，一个事物如果不是非 A，就一定是与非 A 相排斥的 A。即在同一个思维过程中，一个思想和它的否定思想不能同时都是假的。例如"所有的金属都是液体"是假的，则"有的金属不是液体"就一定是真的。

排中律本身并不能解决两个相互排斥的思想哪个是真哪个是假的问题，但如果已知两个相互排斥的思想之一为假，便可以推知另一思想必定为真。

排中律的逻辑要求是：在同一思维过程中，对于矛盾关系的两个命题，不能同时否定，必须承认其中一个。如果违反这一要求，就会犯"模棱两可"的逻辑错误。例如：

甲：这次实验一定能成功。

乙：你这句话不对。

甲：你认为这次实验可能不成功吗？

乙：我不是这个意思。

上面对话中，乙对"这次实验一定能成功"和"这次实验可能不成功"两个矛盾关系命题都表示了否定，让人不明白他到底是什么态度，犯了"模棱两可"的逻辑错误。

排中律是保持思维明确性的一条规律，要求人们在相互矛盾的思想面前态度鲜明：赞成什么，反对什么，态度分明，毫不含糊。凡是对相互矛盾的思想采取含糊其词、骑墙居中的态度，都是违反排中律的。

当然，现实生活中，有时采取不表态的选择也是一种不得已的行为，但这种行为只能是暂时的，是权宜之计。《立论》一文就表现了这种态度：

我梦见自己正在小学校的讲堂上预备作文，向老师请教立论的方法。

"难！"老师从眼镜圈外斜射出眼光来，看着我，说："我告诉你一件事：——

"一家人家生了一个男孩，合家高兴透顶了。满月的时候，抱出来给客人看，——大概自然是想得一点好兆头。

"一个说：'这孩子将来要发财的。'他于是受到一番感谢。

"一个说：'这孩子将来要做官的。'他于是收回几声恭维。

"一个说：'这孩子将来是要死的。'他于是得到一顿大家的合力痛打。

"说要死的必然，说富贵的许谎。但说谎的得好报，说必然的遭打。你……"

"我愿意既不谎人，也不遭打。那么，老师，我得怎么说呢？"

"那么，你得说：'啊呀！这孩子呵！您瞧！多么……。啊唷！哈哈！Hehe！he，hehehehe！'"[①]

面对"说谎"和"不说谎"的抉择，"老师"教给"我"的策略是暂时不表态，暂时不表态其实表达了一种回避的态度。选举中的弃权也

---

① 鲁迅：《立论》，《野草》，山西人民出版社2020年版，第44页。

可以看作是一种这样的态度。例如：

  某班选举班长，老师提名了甲、乙两名同学，然后采取现场表决的方式从中选出一人。老师对全班同学说："同意甲同学当班长的请举手。"有一部分同学举起了手。再说："同意乙同学当班长的请举手。"又有一部分同学举起了手。但老师发现，还有几名同学两次都没有举手。

很明显，未举手的这几名同学的态度是弃权，表明他们不愿意在甲乙两同学之间作出选择，也可以看作是暂时不表态。

现实中，有些现象的认识过程是相当复杂的，当人们对于相互矛盾的思想辨不清孰是孰非时，采取暂时不表态的慎重态度是必要的。例如对某人是否为杀人凶手的问题，如果还没有调查清楚，就不能轻易表态。另外，对那种隐含某种错误假定的"复杂问语"，没有简单地回答是或否，也不违反排中律。例如"你是否戒烟了?"这一问题，隐含着"你曾经抽烟"的假定，而当"你并没有抽过烟"时，就不能仅仅用"是"或"否"来回答。然而，在"是"和"非"面前，在需要明确表明自己观点的时候，如果总是态度暧昧、折中调和，那么，只能说明态度消极、不负责任。

二 矛盾律和排中律的关系

矛盾律和排中律既有区别，也有联系。

其联系主要表现在：矛盾律是不允许思维有逻辑矛盾，要求两个相互否定的思想不能同时为真；而排中律则深入一层，要求两个相互矛盾的思想，不仅不能同时为真，而且不能同时为假。在这个意义上可以说，排中律是矛盾律的进一步展开。

矛盾律和排中律的区别主要表现在以下四个方面：

首先，两条规律使用的范围不同。准确地说，矛盾律适用于具有矛盾关系或反对关系的命题，而排中律则适用于具有矛盾关系的命题。

其次，两条规律的逻辑要求不同。矛盾律要求在两个具有矛盾关系或反对关系的命题中，必须指出一个为假，不能同时为真；而排中律则要求在两个具有矛盾关系的命题中，必须指出一个为真，不能同时为假。

再次，违反两条规律时所犯逻辑错误的表现形式不同。违反矛盾律的逻辑错误表现为"自相矛盾"，违反排中律的逻辑错误表现为"模棱两可"。

最后，两条规律的作用不同。矛盾律排除思维的逻辑矛盾，可以由真推假，因此是反驳的逻辑根据；而排中律排除思维的含糊不清，可以由假推真，因此是证明的逻辑根据。

第四节　充足理由律

充足理由律是保持思维可论证性的逻辑规律。它的基本内容是：在思维论证过程中，任何一个思想被确定为真，必须要有充足的理由。

"任何一个思想"是指真实性需要加以确定的命题。所以，充足理由律也可以解释为：在思维论证过程中，任何一个命题被判定为真时，必须要有充足的理由。

充足理由律的公式是：A 真，因为 B 真，并且 B 能推出 A。

公式里的"A"代表真实性需要加以确定的命题，可以称之为"推断"。"B"代表用来确定"A"为真的命题，可以称之为"理由"。"A 真，因为 B 真，并且 B 能推出 A"的意思是说：一个命题 A 被确定为真，是因为必定存在另外的命题 B，并且由 B 一定能推出 A。

充足理由律是从思维的可论证性方面来保证思维的正确性的，所以，它主要在论证过程中起作用。在论证中，要证明一个推断为真，理由必须是真的，并且推断和理由之间具有必然的逻辑联系。如以下两例：

> 逻辑学是能够增进人们的知识的，因为逻辑学是科学，而科学是能够增进人们的知识的。

> 任何一个三角形的三内角之和都是 180 度，因为等腰三角形的三内角之和是 180 度，不等腰三角形的三内角之和也是 180 度。

上两例中，"逻辑学是能够增进人们的知识的"和"任何一个三角形的三内角之和都是 180 度"都能被确定为真，因为其理由不仅正确，而且理由和推断之间具有必然的逻辑联系。

如果理由是假的，或者推断和理由之间没有必然的逻辑联系，那么，该推断就是假的，就违反了充足理由律。例如：

> 宇宙在时间上是有开端的；因为宇宙是上帝创造的，而上帝创造的东西在时间上是有开端的。

此例违反了充足理由律，因为其理由是虚假的，不能推出推断。

> 甲：老张的儿子今年一定能考上大学。
> 乙：为什么？
> 甲：老张的儿子整个假期都待在家里学习，从不出去和其他孩子一起玩，这么用功，还能考不上大学吗？

此例违反了充足理由律，其理由尽管真实，但和推断之间不具有必然的逻辑联系，不能推出推断。

充足理由律之所以是论证的规律，在于它强调必然性。即不管人们对它认识不认识，承认不承认，它都在论证中起保证作用——当人们为推断提供了充足理由时，推断就可以被确定为真；反之，当人们没有为推断提供充足理由时，推断就不能被确定为真。

充足理由律的逻辑要求有两点：第一，理由必须真实；第二，理由与推断之间具有必然的逻辑联系。如果违反了这两条要求，就会犯"虚假理由"或"推不出"的逻辑错误。

虚假理由是指据以推出推断的理由不真实，或纯属主观臆造、无中生有，或属认识错误。如以下两例：

> 今年出生的孩子命运一定不好，因为今年是羊年，羊年出生的孩子命运一定不好。

> 亚里士多德曾用归谬法这样证明"宇宙是有限的"：假如宇宙是无限的，那么，它就不能有一定的中心，但是一切物体都是以地球为中心的，因此，宇宙是有限的。

这两例都违反了充足理由律，犯了"虚假理由"的逻辑错误。第一例的理由纯粹是无中生有，第二例的理由是一种错误的认识。

推不出是指理由和被论证为真的命题之间没有必然的逻辑联系，理由不足以推出推断。如以下两例：

老师：毛毛，你能说出三个理由来证明地球是圆的吗？

毛毛：当然可以。我爸爸说地球是圆的，我妈妈说地球是圆的，我奶奶说地球是圆的。

某班失盗了，据调查是内盗。于是，班主任老师在全班同学面前强调，希望做了错事的同学能认识到错误，主动承认。老师在发言时，某同学脸色发白，神情很不自然，显得非常紧张。据此可以断定，这名同学就是偷东西的人。

这两例都违反了充足理由律，犯了"推不出"的逻辑错误。虽然两例所列举的理由都是真实的，但它们与所要证实的命题之间没有必然联系，都不足以推出推断。

逻辑能力综合测试对逻辑思维基本规律的考查，一般体现在具体的推理和论证题目中，已在其他章节中涉及，不在此单独讨论。

思考和练习六

思考题

一、什么是逻辑思维的基本规律？它有什么特点？

二、同一律、矛盾律、排中律、充足理由律的内容和要求各是什么？若违反，逻辑错误是什么？

练习题

一、请指出下列议论是否违反了逻辑思维基本规律的要求，如果违反，它违反了哪条基本规律？

1. 某大楼失火后，警方查明是有人纵火。但谁是纵火犯呢？小张认为某甲是纵火犯，其理由是：某甲有前科，某甲在纵火现场，某甲扬言要烧毁大楼。

2. 两天两夜没有停的牛毛细雨又下起来了。

3. 某人是一个有开拓精神的干部,因为他是个老党员。

4. 警察:"你为什么骑摩托车不戴头盔,不懂交通规则吗?"骑车人:"我以前骑摩托车都戴头盔,这是第一次没戴。"

5. 小张和小李下了两局棋。小王问小张:"你下棋赢了吗?"小张说:"没有。"小王再问:"那么,你输了?"小张答:"也没有。"

6. 《古今谭概》记载了王安石儿子王雱小时候的故事:一个人献给王安石一件东西,上面有一个獐子,一个鹿。客人问王雱哪个是獐子,哪个是鹿。因为他不认识,想了一下,说,獐子边上是鹿,鹿边上是獐子。客人很是惊奇。

7. 有一个士兵去找军官,说:"我的视力非常糟糕,先生。"
"你怎么来证明?"军官问道。
"您看,天花板上那个钉子,我就是看不见。"

8. 我认为,关于某甲的行为是否属于正当防卫问题的讨论,得不出什么结论,"是"和"不是"两种意见似乎都有道理,但我都不同意。

9. 老师问:逻辑学的研究对象是什么?
学生答:弄清逻辑的研究对象很重要,它有助于我们掌握逻辑规律,保证思维正确,也有助于我们逐步提高自己的逻辑思维能力。

10. 老张说:"我现在既不是同意这个意见,也不是不同意这个意见。我对这个问题没有研究,等我考虑之后再回答你。"

二、请运用逻辑思维基本规律的有关知识,回答下列问题。

1. 甲、乙、丙、丁四人讨论一块地种什么农作物好。

(1) 甲一会儿说应该种小麦,一会儿又说不应该种小麦。甲这样说有没有逻辑错误,为什么?

(2) 针对甲的说法,乙说:"你的两种意见,我都不同意。"乙这样说有没有逻辑错误,为什么?

(3) 丙说:"我看还是种小麦好。"丁说:"我看还是种棉花好。"针对丙和丁的发言,乙又说:"你们两个的发言,我都不同意。"乙这样说有没有逻辑错误,为什么?

2. 乙知下列 A、B、C 三个命题中，有两个是假的，问，能否断定甲班和乙班有些同学不是团员？

A. 只有甲班有些同学不是团员，乙班所有同学才是团员。

B. 甲班所有同学都是团员，并且乙班所有同学都是团员。

C. 或者甲班所有同学都是团员，或者乙班所有同学都是团员。

3. 某班有甲、乙、丙、丁四人报考研究生，考试前，班里另外四名同学 A、B、C、D 在一起猜测他们谁会考取，他们的猜测是这样的：

A. 只有甲能考取，因为他的基础扎实。

B. 我看只有两个人能考取，或者是乙，或者是丁。

C. 反正丙是考不取的。

D. 我认为：乙不会考取，丁也不会考取。

后来，事实证明，他们四个中只有一个人猜对了，而且也只有一个人考取，请问，考取的是谁？猜对的又是谁？

三、分析下列悖论中所包含的逻辑矛盾。

1. 1919 年，英国数学家、逻辑学家罗素曾经提出了一个著名的"理发师悖论"：某村子里有个理发师，他规定，"我只能给那些不给自己刮胡子的人刮胡子"。

2. 小说《堂吉诃德》里描写过一个国家，它有一条奇怪的法律：每一个旅游者都要回答一个问题。这个问题是："你来这里做什么？"如果旅游者回答对了，一切都好办；如果回答错了，他就要被绞死。

一天，一个旅游者来到这个国家，在听了这个问题后，他答道："我来这里是要被绞死的。"

第七章
归纳推理与类比推理

第一节　归纳推理概述

归纳推理是从个别性前提推出一般性结论的推理。例如：

　　鲫鱼是用鳃呼吸的，

　　鲤鱼是用鳃呼吸的，

　　鲢鱼是用鳃呼吸的，

　　草鱼是用鳃呼吸的，

　　……

　　所以，鱼都是用鳃呼吸的。

这是一个归纳推理。它的前提是对某些鱼的个别性认识，结论是对鱼类的一般性认识。

归纳推理的前提是有关个别事物或现象的命题，结论是有关全部该类事物或现象的命题，所以，归纳推理的结论往往会超出前提所反映的范围（"完全归纳推理"除外），因此，一般来说，归纳推理的结论具有或然性：当前提真时，结论不必然真。

归纳推理是一种重要的思维方法，它可以帮助人们在大量观察和实验的基础上，从个别的、特殊的事实逐步上升到一般的、普遍的规律，在人们发现新知识、探求新成果的过程中有重要的作用。归纳推理的结论，不仅仅是对前提所反映知识的概括，而且是对它的外推和提升。可以说，离开了归纳推理，要想从具体的、个别的事物认识中获得对这类事物的一般认识是不可能的。

作为两种常用的推理方法，归纳推理和演绎推理既有联系，也有区别。

首先，归纳推理和演绎推理有着密切的联系。一方面，演绎推理离不开归纳推理：演绎推理要依靠归纳推理提供的一般知识作为前提，这是因为演绎推理的前提必须通过归纳，从个别知识中概括出来，演绎推理的规则要通过归纳概括出来。另一方面，归纳推理也离不开演绎推理：归纳推理需要一定的演绎理论作为指导，否则，在众多的个别事实面前无法作出取舍和概括，就形不成归纳推理的前提；另外，归纳推理的结论一般带有或然性，其可靠程度需要依靠演绎推理来检验。

真理从实践中来，到实践去，这个过程正是从归纳推理到演绎推理。人们认识事物，总是从个别到一般，这就用到归纳推理；而归纳推理得到的一般知识，又可以作为普遍原理来指导人们对个别事物的认识，这就用到演绎推理。

其次，归纳推理同演绎推理是两种不同的推理方法，有着明显的区别，主要表现在以下三个方面：

其一，思维进程不同。归纳推理是从个别性前提推出一般性结论的推理，其思维进程是从个别到一般；而演绎推理是从一般性前提推出个别性结论的推理，其思维进程是从一般到个别。

其二，前提与结论的联系程度不同。一般来说，归纳推理的前提和结论的联系是或然的，而演绎推理的前提和结论的联系是必然的。

其三，前提与结论所反映的范围不同。一般来说，归纳推理的前提不包含结论，结论所反映的范围超出前提；而演绎推理的前提包含结论，结论所反映的范围不超出前提。

总之，归纳推理和演绎推理是两种不同的推理，各有其特点。在思维过程中，根据实际需要，有时以归纳推理为主，有时以演绎推理为主。

第二节 传统归纳推理

归纳推理有着不同的发展阶段，大致可以分为传统归纳推理和现代归纳推理。传统归纳推理是指由培根创立，经穆勒发展完善而成的归纳逻辑体系。现代归纳推理是指由凯恩斯创立，经莱辛巴赫等人发展而来的归纳逻辑体系。本节讨论传统归纳推理。

传统归纳推理可以分为不同的类型。根据前提是否考察了某一类事物的全部对象，可以分为完全归纳推理和不完全归纳推理两类。

一 完全归纳推理
(一) 什么是完全归纳推理
完全归纳推理是根据某类事物中的每一个对象具有或不具有某种属性，推出该类事物都具有或不具有某种属性的归纳推理。例如：

水星是质量足够大且围绕太阳运转的天体，

金星是质量足够大且围绕太阳运转的天体，

地球是质量足够大且围绕太阳运转的天体，

火星是质量足够大且围绕太阳运转的天体，

木星是质量足够大且围绕太阳运转的天体，

土星是质量足够大且围绕太阳运转的天体，

天王星是质量足够大且围绕太阳运转的天体，

海王星是质量足够大且围绕太阳运转的天体，

水星、金星、地球、火星、木星、土星、天王星、海王星是太阳系的全部大行星，

所以，太阳系的全部大行星都是质量足够大且围绕太阳运转的天体。

这是一个完全归纳推理，前提列举了太阳系大行星的全部对象，结论得出了太阳系全部大行星的共同属性。

完全归纳推理的推理形式可以表示为：

S_1 是（不是）P

S_2 是（不是）P

S_3 是（不是）P

……

S_n 是（不是）P

S_1、S_2、S_3……S_n 是 S 的全部对象
_____
所以，所有的 S 是（不是）P

(二) 完全归纳推理的特点和要求
完全归纳推理的前提考察了某类事物的每一个对象，前提所反映的

范围没有超出结论所反映的范围，前提蕴涵结论，所以，前提和结论的联系是必然的。完全归纳推理是一种必然性推理，在这一点上，它同演绎推理相同。

要保证完全归纳推理结论的真实性，必须满足两个要求：第一，前提所考察的对象是某类事物中的全部对象；第二，前提对每一个对象所作的反映必须是真实的。

完全归纳推理在思维过程中有一定意义。尽管完全归纳推理结论所反映的范围没有超出前提，但却能够帮助人们的认识从分散的、个别的知识上升到完整的、一般的知识，从而提供新的知识和新的认识方法。因此，完全归纳推理的结论并不仅仅是对前提知识的简单重复，而是对前提的推进和提升。

当然，完全归纳推理有着较大的局限性，不但对个体数量无限或太大的事物类不适用，而且对个体数量有限的事物类，也往往因为时间、空间或其他条件的限制而不便运用，所以，比较而言，完全归纳推理不如不完全归纳推理用得多和广。

二 不完全归纳推理

（一）什么是不完全归纳推理

不完全归纳推理是根据某类事物的部分对象具有或不具有某种属性，得出一般性结论的归纳推理。例如：

    柳树通过光合作用能释放出氧，
    玉米通过光合作用能释放出氧，
    牡丹通过光合作用能释放出氧，
    ……
    所以，绿色植物通过光合作用都能释放出氧。

这是一个不完全归纳推理，前提列举了绿色植物的部分对象，结论反映了绿色植物的共同属性。

（二）不完全归纳推理的类型

不完全归纳推理有不同的类型，下面介绍两种主要类型：简单枚举归纳推理和科学归纳推理。

1. 简单枚举归纳推理

简单枚举归纳推理是根据一类事物的部分对象具有或不具有某种属性，得出该类事物的全部对象都具有或不具有某种属性的归纳推理。例如：

山羊是植食性动物，
羚羊是植食性动物，
绵羊是植食性动物，
犀牛是植食性动物，
牦牛是植食性动物，
……

所以，牛科动物都是植食性动物。

简单枚举归纳推理的推理形式可以表示为：

S_1 是（不是）P

S_2 是（不是）P

S_3 是（不是）P

……

S_n 是（不是）P

S_1、S_2、S_3……S_n 是 S 的部分对象

所以，所有的 S 是（不是）P

简单枚举归纳推理只是根据事物情况多次出现而没有遇到反例得出结论，没有考察事物与属性之间的因果联系，但没有遇到反例并不等于没有反例，因此，简单枚举归纳推理的结论具有或然性。这是简单枚举归纳推理的一个突出特点。

要提高简单枚举归纳推理的可靠性，应遵循两点要求。第一，考察的对象应尽可能多。考察的对象数量越多，漏掉反例的可能性就越小，其结论越可靠。第二，考察的对象应尽可能广。考察的对象范围越广，就越容易遇到出现反例的场合，从而减少漏掉反例的可能性，提高结论的可靠性。如果不遵循以上两点基本要求，容易出现"以偏概全"的逻

辑错误。

虽然简单枚举归纳推理是一种或然性的推理，不能作为严格论证的方法，但它简单、直观，在一定范围内有重要作用。许多假说的提出，许多日常生活和工作实践中的认识，都是通过简单枚举归纳推理得出的，例如一些谚语、歇后语的总结，工厂里的产品抽样检验等。

要提高推理依据的充分性，提高结论的可靠性，做到"知其然并且知其所以然"，可以运用另一种不完全归纳推理——科学归纳推理。

2. 科学归纳推理

科学归纳推理是以科学的分析为根据，通过探索事物与属性之间的内在联系，尤其是因果联系而得出结论的归纳推理。例如：

  鸡吃了发霉的花生会得癌症而死去，

  鸭吃了发霉的花生会得癌症而死去，

  鸽子吃了发霉的花生会得癌症而死去，

  白鼠吃了发霉的花生会得癌症而死去，

  ……

  鸡、鸭、鸽子、白鼠……吃的发霉的花生中含有致癌物质黄曲霉素，

  所以，动物吃了发霉的花生会得癌症而死去。

科学归纳推理的推理形式可以表示为：

S_1 是（不是）P

S_2 是（不是）P

S_3 是（不是）P

……

S_n 是（不是）P

S_1、S_2、S_3……S_n 是 S 的部分对象，并且 S 与 P 有因果联系

所以，所有的 S 是（不是）P

科学归纳推理的前提虽然只考察了一类事物的部分对象，但它探求了事物与属性之间的因果联系，结论较为可靠。当然，科学归纳推理仍是不完全归纳推理的一类，其结论具有或然性。

科学归纳推理在思维过程中有着重要作用，有助于人们认识客观事物的本质和事物的因果联系，将感性认识上升到理性认识，从而把握事物的普遍性特征。

虽然科学归纳推理和简单枚举推理都属于不完全归纳推理，但二者之间存在区别，主要表现在三个方面。第一，推理的根据不相同。简单枚举推理的根据是事实经验，是在经验中没有反例；科学归纳推理的依据除此之外，主要是科学分析，是在弄清事物因果联系的基础上得出结论。第二，对前提所考察对象的数量要求不同。简单枚举推理前提所考察的对象数量越多，结论就越可靠；科学归纳推理的结论的可靠性不因前提考察对象的数量多少而改变。第三，结论的可靠程度不同。尽管二者的结论都具有或然性，但相比较而言，科学归纳推理结论的可靠程度要高于简单枚举归纳推理。

三　传统归纳推理应用于逻辑能力测试

传统归纳推理在逻辑能力综合测试中有所考查。

例1（2015，湖北）

在近年来的几次现代局部战争中，信息化因素日益增多。现代战争战斗力的生成模式正向全新、立体、协同、虚实结合的信息化战争形态转变。无人机攻击、远程遥控打击、网络病毒攻击等成为军事战争的新手段。目前全球有超过100个国家在研究网络战，并试图了解他国互联网的军事潜力，组建网络部队，发展网络武器，举行网络军演，实施局部网络打击成为常态。

以下哪项最适合作为上述论述的结论？

A. 无人机攻击、远程遥控打击、网络病毒攻击等成为军事战争的新手段

B. 网络战将全面取代国家间的传统战争模式

C. 网络战成为新时代国家间军事对抗的前沿阵地

D. 网络对于军事的发展利大于弊

正确选项是C。上述论述所列举的事实都与军事有关，且都说明战

争正在逐步信息化，网络战越来越成为军事战争的重要模式和手段。归纳可得 C 项最适合作为结论。

例 2

在一次房地产行业高端论坛上，某房地产开发商说："我认识的所有人都能买得起房子，有的甚至买了几套，可见目前房价并不高。"

下面哪一项最能反驳上述说法？

A. 快递公司小王认识的人中有很多买不起房子
B. 此房地产开发商认识的人大多数是国企高管和私企老板
C. 此房地产开发商认识的小孙和小陈买不起房子
D. 政府出台的房地产调控政策可能使房价回落

正确选项是 B。房地产开发商得出"目前房价并不高"这一结论，考察的对象主要是"国企高管和私企老板"，他们在购买力上不具有代表性。推理考查范围太窄，以偏概全。

第三节　统计归纳推理

一　什么是统计归纳推理

统计归纳推理是现代归纳推理的一种类型，它以数据统计为前提进行归纳推理。准确地说，统计归纳推理是指根据样本中百分之几的对象具有或不具有某种属性，得出总体百分之几的对象具有或不具有某种性质的归纳推理。其中，被研究对象的全体叫作总体，从总体中抽取出来的部分个体叫作样本。例如：

社会学家调查了 1000 名男性后发现，10% 的男性习惯用左手，由此得出结论：男性中有 10% 的人习惯用左手。

上例是一个统计归纳推理，被调查的 1000 名男性为样本，男性整体为总体。

统计归纳推理的推理形式可以表示为：

样本中百分之几的 S 是 P

所以，总体中百分之几的 S 是 P

统计归纳推理由样本推广到全体，其结论所断定的范围超出了前提，是或然性推理。

二 影响统计归纳推理可靠性的因素

作为或然性推理的一种类型，统计归纳推理的结论是否可靠，取决于样本是否具有代表性，而样本的代表性取决于样本的大小及样本与总体的相关性。

（一）样本的大小

样本的大小是决定统计归纳推理结论可靠程度的重要因素。在随机抽取的情况下，样本越大，结论可靠程度越高；样本越小，结论可靠程度越低。例如：

> 某医院一月份的门诊病人中，肺炎患者占 2%，由此得出结论：某医院肺炎患者占门诊病人的 2%。

此例用一月份的病人情况作为样本，来推断总体的病人情况，样本数量不够大，结论可靠程度不高。因此，要提高统计归纳推理结论的可靠性，就要尽量扩大考察的范围，使样本足够大。

（二）样本与总体的相关性

样本与总体的相关性也是决定统计归纳推理的重要因素。随机抽取和分层抽取是保证样本和总体相关性的正确抽取方式。随机抽取指总体中的每一个成员都有同等机会被选入样本。分层抽取是把总体分成许多小类，再从各类中随机选出样本，尽可能多地代表每一类的实际情况，这样，把每一类的样本综合起来，尽可能多地代表总体。下例是一个因样本偏差而造成结论错误的典型事例：

> 1936 年，罗斯福和兰登竞选美国总统，《文学文摘》杂志对两人的支持率进行了民意调查。该杂志将选票寄给从电话簿和车牌号登记名单中挑选出的 1000 万人，回收了 200 余万张选票。统计结果显示：兰登的支持率有 57%，罗斯福的支持率为 43%。于是，该杂志作出了兰登将当选总统的预测。然而，实际投票结果却是罗斯福获得了 61% 的选票，当选为美国总统。由于预测失误，《文学

文摘》于次年停刊。

《文学文摘》之所以预测错误，是因为其抽取的样本与总体的相关性不强。1936年的美国正处于经济大萧条时期，拥有电话和汽车的人一般比较富有，不能真正代表选民。此时由样本推广到总体，结论可能出现较大偏差，犯下"以偏概全"的错误。

总之，样本足够大，并且与总体的相关性强，就可以加强统计归纳推理的可靠性；而样本小，或者样本特殊，与总体的相关性弱，就会削弱统计归纳推理的可靠性。

三　与统计归纳推理相关的"数字陷阱"

统计归纳推理的前提是数据统计，所以推理中常常会涉及数字和数据。一般人认为数字的运用会使推理更为科学、准确，但实际并非如此。如果在统计归纳推理中采信了错误的数据，就会陷入数字陷阱，得出错误的结论，作出错误的判断。例如：

> 某师范大学2022学年评选的三好学生中，女生占比65%，男生占比35%，可见，某师范大学女生比男生更优秀。

上例中的两个百分比都是真的，但百分比所依据的基数，即女生的人数和男生人数并没有说明，如果女生400人，男生100人，此统计归纳推理的结论就是错误的。这就是统计归纳推理中的"数字陷阱"。

常见的"数字陷阱"主要有以下四种类型：

（一）百分比陷阱

在统计归纳推理中，百分比是最常见的数据形式，如果对百分比理解有误，就会陷入"百分比陷阱"。如上例的逻辑错误就是陷入了"百分比陷阱"。再如：

> 在快递员中，遭遇交通事故的人80%以上是男性，所以，男性快递员比女性快递员更容易发生交通事故。

此推理看似正确，其实陷入了"数字陷阱"，因为男性快递员和女性快递员的数量并未说明，事实上，男性快递员的数量远远多于女性快递员，发生交通事故的人的比例不一定比女性高。

（二）平均数陷阱

平均数也是常见的数据形式，在推理中，如果混淆不同意义的平均数，将总体的平均值固定地分配给总体中的个体，就会造成"平均数陷阱"。例如：

> 某公司在招聘宣传中说自己公司员工的平均月薪为8000元，小张觉得待遇不错，便应聘了，工作一个月后，却只领到了4000元。小张找主管理论，主管说，公司平均月薪8000元没错，但不是所有的人都是8000元。

上例中，小张就陷入了"平均数陷阱"。

（三）数据无可比性

统计推理中，如果忽略统计对象的差别而将统计数据作机械对比，就会犯"数据无可比性"的逻辑错误。例如：

> 飞机和火车相比哪个更安全呢？有人觉得飞机更安全，因为统计数据显示，每10亿公里，死亡人数飞机为0.05人，火车为0.6人。

上例推理不正确，因为统计数据虽然正确，但不具有可比性。飞机和火车作为两种交通工具，有着根本的区别，仅仅从里程上比较，是无法说明谁更安全的。飞机速度快，火车慢，若以乘坐时长为标准，每10亿小时，死亡人数飞机为30.8人，火车为30人。

（四）孤立数据

统计推理中，如果仅凭一个缺乏比较对象的孤立数据来得出结论，就会犯"孤立数据"的逻辑错误。例如：

> 实验中学的本科升学率为70%，所以，实验中学是省内最好的中学。

这个推理不正确，因为它只用了一个孤立的数据，没有比较对象，无法得出结论。

四 统计归纳推理应用于逻辑能力测试

统计归纳推理是逻辑能力综合测试的一项重要内容。

例 1

　　某省道限速 80 公里每小时。该省公路管理局通过在此省道的某一路段进行测试，发现限速 60 公里每小时比限速 80 公里每小时交通事故发生率降低了 5%，于是，他们认为应该在省道全路段施行 60 公里每小时的限速措施，降低事故发生率。

　　下面说法中最能支持公路管理局论断的是哪项？

　　A. 大多数司机之前在通过测试路段时已经把车速控制在 60 公里每小时之内

　　B. 测试路段的路况包含了此省道路况的大多数情况

　　C. 因为附近新修了一条路，测试路段的车流量在测试期间明显减少了

　　D. 测试路段在测试过程中新安装了几台监控设备

正确选项为 B。因为 B 选项表明样本和总体之间具有相关性，支持了公路管理局的观点。其他三选项都削弱了结论。

例 2

　　一名高中语文教师认为：目前中学生的作文水平已有了明显提高。因为本校高二学生的作文整体不错，立意准确，语句通顺，语言简洁，论证恰当。

　　下面说法中最能削弱这位教师观点的是哪项？

　　A. 上述推理没有提供反面观点

　　B. 本校高二学生的作文水平是否能够代表所有中学生的作文水平未得证实

　　C. 上述推理没有证明高中语文教师能够判断中学生的写作水平

　　D. 上述推理未排除这位高中语文教师不是一个好老师的可能性

正确选项为 B。因为 B 项质疑了样本和总体之间的相关性，直接削弱了教师的观点。A、D 项都与教师观点无关；C 项"没有证明高中语文教师能够判断"，不等于"不能判断"，削弱程度较弱。

例 3

据调查，某城市高收入人群中本科及以上学历者占 70%，这充分说明未达到本科学历的人在该市很难有高收入。

下面哪种说法为真才能支持上述结论？

A. 未达到本科学历的人占该城市总人口的比例不到 30%

B. 未达到本科学历的人占该城市总人口的 40% 以上

C. 该城市中低收入人群中，本科及以上学历的人占比不足 30%

D. 该城市中低收入人群中，未达到本科学历的人占比 40%

正确选项为 B。A 选项，未达到本科学历的人占该市总人口的比例不到 30%，在该市高收入人群中占 30%，恰好削弱了结论。B 选项，未达到本科学历的人占该市人口的 40% 以上，但在该市高收入人群中占 30%，加强了结论。C、D 两项讨论的是"该城市中低收入人群"，是无关项。

第四节　探求因果联系的逻辑方法

之所以能进行科学归纳推理，是因为事物之间存在因果联系。可以说，因果联系是科学归纳推理的基础。

一　什么是因果联系

自然界和人类社会的各现象之间是相互联系、相互制约的。如果某一现象的存在必然产生另一现象，它们之间就有因果联系。其中，引起某一现象产生的现象叫原因，而被其他现象引发的现象叫结果。例如"黄河涨水是上游下大雨或融雪引起的"，"黄河上游下大雨或融雪"是原因，"黄河涨水"是结果。

因果联系的特点主要表现在以下几个方面：

第一，因果联系是客观存在的，不以人的意志为转移。

第二，因果联系普遍存在于客观世界的各个领域中，可以说，没有一个现象不是由原因引起的,也没有一个现象不产生结果,即没有无因之果,也没有无果之因。

第三,因果联系在时间上是前后相继的,原因在前,结果在后。因果联系的这一特点为我们探求原因和结果提供了方向,但也要注意,时间上先后相继的两个现象并不一定有因果联系,如果仅依靠时间的先后来断定因果关系,就会出现"以时间先后为因果"的逻辑错误。

第四,通常情况下,因果联系无论在质上还是量上都是确定的,同样的原因产生同样的结果;另外,原因和结果具有共变性,原因发生了变化,一定会反映在结果中,结果的变化也总是由原因的变化引起的。

第五,因果联系是相对的,一现象对某现象是结果,对另一现象是原因。如"黄河涨水"是"黄河上游下大雨或融雪"的结果,又是"黄河中下游地区发生水灾"的原因。

第六,因果联系是复杂的,除了表现为一因一果外,还表现为一因多果或一果多因。所以,确定因果联系时,要全面考虑,不能将产生某一结果的多种原因简单地归为某一个原因,犯"单一原因"的逻辑错误。

因果联系有上述复杂的特点,所以,寻求事物现象间的因果联系是一个复杂的过程,实际应用中,应根据因果联系的特点进行综合分析,正确判定原因和结果。

二 探求因果联系的五种逻辑方法

探求因果联系有五种一般性的逻辑方法,即"求因果五法",包括求同法、求异法、求同求异并用法、共变法、剩余法。这五种方法由英国哲学家穆勒系统论述,又称为"穆勒五法"。

(一) 求同法

求同法也叫契合法,其基本内容是:如果被研究的现象在若干场合中出现,而在不同的场合中,有一个或几个共同的情况,那么这一个或几个共同的情况就可能是被研究现象的原因(或结果)。例如:

19世纪,人们还不知道甲状腺肿大病的病因。后来,人们在对流行甲状腺肿大病的地区进行调查和比较后发现，这些地区的地理位置、气候、人口密度、风俗等情况都不相同，但有一个共同的情况，就是土壤和水源中缺碘，人们的食物中也缺碘，所以，得出了碘缺乏是引起甲状腺肿大的原因的结论。

如果用 a 表示被研究的现象，用（1）、（2）、（3）……表示存在现象 a 的不同场合，用 A、B、C、D、E……表示存在现象 a 的不同场合中的各种情况，那么，求同法可以表示为：

场合	情况	被研究现象
（1）	A、B、C	a
（2）	A、D、E	a
（3）	A、F、G	a
……	……	……

所以，A 情况是 a 现象的原因（或结果）

求同法的特点是异中求同，即通过在不同的场合中排除不同的情况，寻找共同的情况来确定现象之间的因果联系。

运用求同法所得出的结论是或然的，这是因为在不同的场合中所发现的共同情况，不一定就是被研究对象的原因或结果。

运用求同法应注意以下两点：

第一，对被研究对象进行比较的场合越多越好。如果比较的场合太少，往往会有巧合存在的相同情况被误认为被研究对象的原因或结果；而比较的场合越多，各个场合巧合存在相同情况的可能性就越少，结论的可靠程度就越高。例如许多迷信的人把彗星的出现看作灾害祸乱的原因，正是把少数场合中巧合出现的不相干现象看成有因果联系的。

第二，注意分析各场合有无其他的共同情况。有时，某些表面相同的情况不一定就是被研究对象的原因或结果，真正的原因或结果往往比较隐蔽而未被发现，所以，运用求同法，应注意分析有无隐蔽的共同情况存在，力求找到所有的共同情况。

(二) 求异法

求异法也叫差异法，其基本内容是：如果被研究现象出现的场合与被研究现象不出现的场合只有一个情况不相同，而其他情况完全相同，那么这个不同的情况就可能是被研究现象的原因（或结果）。例如：

  一百多年前，一艘远洋船载着五个中国人和几十个外国人，由中国开往欧洲，途中，除了中国人之外，其他人都得了败血症。同一艘船上的生活条件大致相同，为什么出现了两种不同情况呢？后来得知，这五个中国人都有喝茶的习惯，而外国人没有此习惯。茶叶中含有丰富的维生素C，具有抗败血症的作用。

如果用 a 表示被研究的现象，用（1）表示存在现象 a 的场合，用（2）表示不存在现象 a 的场合，用 A、B、C、D 表示存在现象 a 的场合中的各种情况，用 B、C、D 表示不存在现象 a 的场合中的各种情况，那么，求异法可以表示为：

场合	情况	被研究现象
（1）	A、B、C、D	a
（2）	— B、C、D	—

所以，情况 A 是现象 a 的原因（或结果）

求异法的特点是同中求异，它是一种实验方法，而非观察方法。客观世界的现象纷繁复杂，要找到求异法所需要的两个场合仅靠观察是不行的，必须通过实验，在人工控制下，才能完成。所以，求异法得出的结论比求同法的结论更可靠。

运用求异法得出的结论是或然的，这是因为在两种不同的场合中所发现的不同的情况，不一定就是被研究对象的原因和结果。

运用求异法应注意以下两点：

第一，分析两个场合还有无其他不同情况。根据求异法的特点，在被研究对象出现和不出现的两种场合中，除了有一种情况不同外，其他情况应该完全相同，但是，由于可能有些不同情况比较隐蔽，未被发现，而这些不同情况很可能就是被研究现象的原因或结果，所以，运用求异法，应该注意是否存在隐蔽的不同情况，力求找到所有的不同情况。

第二，要注意区别两种场合中唯一不同的情况，到底是被研究对象的全部原因还是部分原因。有时，两种场合中唯一不同的情况只是被研究对象的部分原因，这时就应该继续探求其他原因，直至得出正确结论。

（三）求同求异并用法

求同求异并用法也叫契合差异并用法，其基本内容是：如果在出现被研究现象的几个场合（正面场合）中，都存在着一个共同的情况，而在不出现被研究现象的几个场合（反面场合）中，都没有这个情况，那么这个情况就可能是被研究现象的原因（或结果）。例如：

> 有些鸟类每年远行数以万里计的行程，却能准确地到达目的地，它们是怎样准确确定飞行方向的呢？经研究发现：凡是晴天，看见太阳的时候，它们都能正确地确定航向；凡是阴天，看不见太阳的时候，它们就迷失方向。由此断定，这些鸟类是利用太阳来定方向的。

如果用 a 表示被研究的现象，用（1）、（2）、（3）……表示正面的几种场合和反面的几种不同场合，用 A、B、C、D、E、F、G……表示各个场合中的情况，那么，求同求异并用法可以表示为：

正面场合	情况	被研究现象
（1）	A、B、C、D	a
（2）	A、D、E、F	a
（3）	A、F、G、H	a
……	……	……
反面场合	情况	被研究现象
（1）	— B、C、D	—
（2）	— D、E、F	—
（3）	— F、G、H	—
……	……	……

所以，A 情况是 a 现象的原因（或结果）

求同求异并用法是一个完整的、独立的方法，不是求同法和求异法的相继使用。它的特点是既求同又求异，具体地说，是两次求同，一次求异：首先，把被研究对象出现的正面场合加以比较，即求同；其次，把被研究对象不出现的反面场合加以比较，再求同；最后，把正面场合所得的结果与反面场合所得的结果加以比较，得出结论，即求异。其重点是在两次求同基础上的求异。

运用求同求异并用法得出的结论，虽然比单纯运用求同法或单纯运用求异法得出的结论可靠，但它仍然是或然性的。所以，在使用它时应注意以下两点：

第一，被考察的正面场合和反面场合越多，其结论的可靠性就越高。这是因为，如果考察的场合越少，就越会出现一些偶然情形，就容易把一个不相干的情况与被研究对象联系起来，而考察的场合越多，这些失误就越容易避免。

第二，对于反面场合，应选择与正面场合较为相似的来进行比较。这是因为反面场合是无限的，只有考察那些与正面场合相似的场合才有意义。反面场合与正面场合的情况越相似，其结论的可靠性就越高。

（四）共变法

共变法的基本内容是：在被研究现象发生变化的各个场合中，如果只有一个情况是变化着的，而其他情况保持不变，那么这个唯一变化着的情况可能是被研究现象的原因（或结果）。例如：

> 对一个物体加热，在其他情况不变的情况下，随着物体温度的不断升高，物体的体积也就不断膨胀，由此可以断定，物体受热是物体膨胀的原因。

如果用 a_1、a_2、a_3……表示被研究现象发生的各种变化，用（1）、（2）、（3）……表示被研究现象发生变化的各个场合，用 A_1、A_2、A_3……表示某个情况发生的各种变化，用 B、C、D 表示各个场合中的不同情况，那么，共变法可以表示为：

场合	情况	被研究现象
（1）	A_1、B、C、D	a_1
（2）	A_2、B、C、D	a_2
（3）	A_3、B、C、D	a_3

......　　　　　......　　　　　......
―――――――――――――――――――

所以，A 情况是 a 现象的原因（或结果）

共变法从现象变化的数量方面来判断现象之间的因果联系。现象的原因和结果在量上是共变的，这种共变可以是同向的，即结果的量与原因的量成正比，也可以是异向的，即结果的量与原因的量成反比。比如农作物密植与产量的关系：农作物在合理范围内，越密植越增产；但超过这个合理范围，则越密植越减产。

运用共变法得出的结论也是或然性的。所以，在使用时应注意以下几点：

第一，事物和现象之间的共变，只有在其他条件保持不变的情况下，才能确定其因果联系。例如物体受热膨胀是以压力不变为条件的，如果压力增大了，物体受热以后就不一定膨胀，因为在其他情况不变的条件下，压力增大会引起物体的缩小。所以，如果忽略了压力增大这个情况，就有可能得出错误的结论。

第二，注意某一情况与被研究现象的共变是不是偶然的巧合，二者之间有无因果联系。例如，因为雷鸣总是在闪电之后，所以，闪电的亮度与雷鸣的响度似乎有共变关系，其实，二者之间并无因果联系，它们都是自然放电引起的现象。

第三，事物和现象之间的共变有一定的限度，如果超过限度，就会影响甚至失去这种共变关系。例如多吃营养丰富的食品，可以增进健康；但若是吃得过多而超过限度，就会影响健康甚至引起疾病。

（五）**剩余法**

剩余法的基本内容是：已知某复合情况是另一复合现象的原因，同时又知道前一复合情况的某部分是后一复合现象的某部分的原因，那么前一复合情况的其余部分与后一复合现象的其余部分有因果联系。例如：

　　1885 年，德国的矿物学教授威斯巴克发现了新的矿石，他请化学家分析得出，其中有银、硫和微量的汞。后来，再作精确的定量分析，发现确实有以上三种元素，但三种元素的和只有 93%，那么剩余的 7% 必定是矿物中的未知元素。于是，他继续对矿石进行分离和提纯，最终得到了新元素。

剩余法可以用公式表示为：

复合情况 A、B、C、D 是复合现象 a、b、c、d 的原因

A 是 a 的原因

B 是 b 的原因

C 是 c 的原因
_____

所以，D 是 d 的原因

剩余法的特点是"从余果中求余因"，它在科学实验，特别是化学和天文学中得到了广泛的应用。

运用剩余法应该注意以下两点：

第一，确认复合现象的一部分是复合情况的一部分引起的，并且这部分复合情况不是复合现象剩余部分的原因，否则，就无法断定复合现象剩余部分的原因就是复合情况的剩余部分。

第二，复合现象剩余部分的原因不一定是一个单一的情况，还有可能是个复合情况，如果是这样，应进一步进行探索，不能轻率地下结论。

在认识和思考过程中，探求因果联系的五种方法常常不是孤立使用的，而是相互结合、相互补充、联合运用的，如果其中一种方法不足以确定事物之间的因果联系，可以同时运用其他方法。另外，这五种方法是探求因果联系的最基本的逻辑方法，而事物现象的因果联系是极其复杂的，所以，在实际思维过程中，绝不能满足、局限于这些方法。

三　探求因果联系的逻辑方法应用于逻辑能力测试

逻辑能力综合测试常常会涉及探求因果联系的五种方法。

例 1（2003，GCT）

一位打算买电冰箱的顾客在 A、B 两个品牌之间犹豫不决。A 品牌促销员对他介绍说："压缩机是电冰箱的核心部件，A 品牌电冰箱与 B 品牌电冰箱采用同样高质量的压缩机，但 A 品牌电冰箱

的价格比 B 品牌低三百元，所以如果买 A 品牌冰箱，花的钱少但能得到同样的制冷效果。"

若促销员的结论为真，下面哪一项必须为真？

A. 电冰箱的制冷效果仅由它的压缩机的质量决定

B. A 品牌电冰箱每年的销售量比 B 品牌大许多

C. A 品牌电冰箱的利润比 B 品牌低

D. A 品牌电冰箱的成本比 B 品牌低

正确选项是 A。促销员说两种品牌电冰箱的制冷效果一样，是利用求同法作出的推理，其唯一共同情况是两品牌冰箱的压缩机一样。只有保证压缩机是影响制冷效果的全部原因，才能得出结论；否则，如果电冰箱的制冷效果不仅仅由压缩机决定，售货员的说法就不成立。B、C、D 都与题干所陈述的推理无关。

例 2（2010，MBA）

化学课上，张老师演示了两个同时进行的教学实验：一个是 $KClO_3$ 加热后，有 O_2 缓慢产生；另一个实验是 $KClO_3$ 加热后迅速撒入少量 MnO_2，这时立即有大量的 O_2 产生。张老师由此指出：MnO_2 是 O_2 快速产生的原因。

下列哪一项与张老师得出结论的方法类似？

A. 统计发现，30 岁到 60 岁之间，年纪越大胆子越小，因此可以说，岁月是勇敢的腐蚀剂

B. 居里夫人在沥青提取物中提取放射性元素时发现，从一定量的沥青矿物中提取的全部纯铀的放射性强度比同等数量的沥青矿物中放射强度低数倍，她据此推断，沥青矿物中还存在其他放射性更强的元素

C. 将闹钟放在玻璃罩里，使它打铃，可以听到铃声，然后把玻璃罩的空气抽掉，就听不到铃声了，由此可见，空气是声音传播的媒介

D. 人们通过对绿藻、蓝藻、红藻的大量观察，发现结构简单、无根叶是藻类植物的主要特征。

正确选项是 C。题干中，张老师得出结论的方法是求异法，有无"MnO_2"是"O_2"是否快速产生的原因。C 项体现的也是求异法，有无"空气"是"铃声"是否可以听到的原因。A 项体现了共变法，B 项体现了剩余法，D 项体现了求同法，都与题干不同。

第五节　类比推理

一　类比推理的特点与作用

类比推理是指根据两个或两类事物一些属性上的相同或相似，并且已知其中一个或一类事物还具有其他属性，由此推出另一个或一类事物也具有同样属性的推理。例如：

  山西省有一位种棉能手，平时经常注意思考让棉花增产的问题。有一天，他看到一个种甜瓜的人正在给刚刚长出两片真叶的甜瓜秧打顶，据说打顶后两片真叶心儿里很快就可以长出两根蔓来，这样的甜瓜秧不但结瓜早，结瓜多，而且不容易脱落。这位种棉能手由此想到，棉花与甜瓜有许多相似之处——都是大田作物，都喜温热、喜干燥、喜阳光，如果用种甜瓜的方法种棉花，在棉花苗刚长出两片真叶的时候就给它打顶，说不定棉花也能长出两个杆，并且早出蕾、多结桃，这样就能增产了。后来，经过实验，他果真证实了自己的想法。

类比推理的一般形式为：

A 对象具有属性 a、b、c、d

B 对象具有属性 a、b、c
──────────────

所以，B 对象具有属性 d

在类比推理的形式中，A 和 B 可以指两个事物，也可以指两类事物，还可以指某一类事物与另一类事物的某个个体。

类比推理与比较不同，虽然两者都是将两个或两类事物的某些属性进行对照，但二者有着明显的差别。主要表现在：类比推理是在比较的基础上得出新结论的思维形式，它是一种推理，是创造性思维的重要形式；而比较是一种整理经验材料的逻辑方法，它通过对不同事物加以对照，找出它们之间的共同之处和差异所在，它不是推理。

（一）类比推理的特点

与演绎推理与归纳推理相比较，类比推理有着自己的特点，主要表现在以下几个方面：

第一，类比推理的推理方向是从特殊到特殊。类比推理是在两个或两类事物之间进行的，所以，在推理的方向上表现为从特殊到特殊，这一特征是它与演绎推理和归纳推理的最大区别。演绎推理是从一般到特殊的推理，而归纳推理是从特殊到一般的推理。

第二，类比推理的适用范围非常广。与演绎推理与归纳推理相比较，类比推理的适用范围更为广泛。演绎推理和归纳推理虽然思维的进程不相同，但两者都是在同类事物现象之间进行的推理；而类比推理既可以在两个不同的事物类之间进行比较，也可以在两个不同的个体之间进行比较。有些差别极大的不同类事物现象，也可以运用类比推理加以论证。例如：

> 18世纪中叶，奥地利的一位医生，根据他的父亲用叩击酒桶听其声音而推知桶内酒的数量多少的经验，把因腹病而存有积液的腹腔和盛有酒的酒桶加以类比，从而发明了通过叩击人的腹腔而推知其腹内积液多少的"叩诊"的方法。

第三，类比推理的结论受前提的制约程度较低。任何推理都是由前提推出结论的，所以，推理的结论要受前提的制约。在不同类型的推理中，结论受前提的制约程度有所不同。演绎推理的结论要蕴涵在前提中，所以，结论受前提的制约程度非常高，否则结论就不具有必然性。不完全归纳推理的结论超出了前提所断定的范围，所以，其结论受前提的制约程度要低于演绎推理。但是，不完全归纳推理的结论需要严格的例证来支持，否则就会犯"以偏概全"的逻辑错误，所以，归纳推理的结论受前提制约的程度也比较高。类比推理的前提大多只是为结论提供线索，而并未对它进行严格的规定或限制，并且类比推理可以把认识从一类事物引入另一类事物，其应用领域有很大的灵活性，所以，与演绎推理与归纳推理相比较，类比推理结论受前提的制约程度较低，应用范围更广。

类比推理的结论也是或然性的，这是因为类比推理是利用客观事物各属性之间互相联系和互相制约的关系来进行推理，而事物之间不仅具有相似性，也具有差异性，通过类比得出的某一属性也许正是两事物之间的差异，而不是相似性。另外，客观事物的属性有些是固有属性，有的则是偶然属性，而偶然属性不可能被另一事物所具有，因此，根据属性间的联系所进行的推理并非都具有必然性。实际上，类比推理的结论被实践推翻的不少，所以，进行类比推理时，需要对具体情况作出具体分析，避免一些本可以避免的逻辑错误。

要提高类比推理结论的可靠程度，应注意以下两点：

第一，类比的现象间的相同属性应尽可能多。两现象的相同属性越多，它们所属的类别就可能越接近，它们共同具有某种属性的可能性就越大，其结论的可靠程度就越高。例如：

一种新药物在临床应用之前，总是先在一些动物身上做实验，如猩猩、白鼠等。这是因为这些动物或者是高等动物，或者其基因与人类有相似之处。这样要比在其他低等动物或其基因与人类差异很大的动物身上做实验的可靠性要高。

第二，类比的事物现象间的相同属性应是本质属性。本质属性是事物的内在规定性，事物的其他属性大多是由它的本质属性决定的。所以，两事物现象间的相同属性越靠近本质属性，它们所属的类别就可能越接近，它们共同具有某种属性的可能性就越大，其结论的可靠程度就越高；而如果以表面属性作出类推，其结论往往是不可靠的。例如：

在很长时间内，人们把鲸看作鱼的一种，因为鲸也生活在水中，外形与鱼相似。事实上，这些都不是鲸的本质属性。因为鱼是用鳃呼吸的，而鲸是用肺呼吸的，两者属于不同的动物。

再如：

这篇小说，虽然只有1000多字，但文字很流畅，得过大奖；你写的那篇小说，也只有1000多字，文字也很流畅，所以也能得大奖。

可见，如果类比的两事物只是表现相似，而本质属性不同，就容易得出错误的结论。

如果没有遵循这两点要求，就会犯"机械类比"的逻辑错误。所谓机械类比，就是对两类本质属性根本不同的事物，机械地加以比较而得出结论。我们常说的"东施效颦"就是这样的实例。再如：

> 有个卖油郎的妻子，丈夫每次挑油去卖，她总是舀上一勺藏起来，以备急用。这年年景不好，到年底时，家里没钱过年了，妻子就端出那坛油卖了过了年。一个卖皇历的人听说了这件事，就在自己妻子面前夸了卖油郎的妻子，他的妻子很不服气，心想这有何难，便也偷偷藏起了一些皇历。到了年底，当卖皇历的人也为无钱过年发愁时，他妻子得意扬扬地拿出了一堆老皇历让他去卖，面对一堆老皇历，卖皇历的人只能苦笑不得。

卖皇历人的妻子不顾油和皇历的差别，进行机械类比，得出的结论是荒唐可笑的。

（二）类比推理的作用

类比推理在人们对客观世界的认识过程中，尤其是在创造性思维活动中有着重要的作用。

首先，类比推理是探求知识、发现科学原理的重要手段。

科学史上的许多重大发现，最初往往是通过类比推理而受到启发，然后提出科学假说，再得到证明而获得对客观事物的新认识的。这样的事例不胜枚举。例如：

> 在施旺和施莱登分别发现了动物和植物的机体都是由细胞组成的之后，施莱登又在植物细胞中发现了细胞核。施莱登把自己的研究成果告诉了施旺。施旺想，如果动物和植物的机体在实质上是相似的，那么动物的细胞一定也会有细胞核。后来，他通过显微镜观察，果真在动物的细胞中发现了细胞核。

许多科学发明创造也是通过类比推理而受到启发的。例如：

> 传说我国古代著名的工匠鲁班，有一次上山砍树，手指被野草

叶子划破了。他通过观察发现，尽管野草非常弱小，但因为它们的叶子的边缘上有许多锋利的小齿，就特别锋利。于是，他联想到如果在竹片上制作许多相似的小齿，也许能割开树木。经过反复实验和改进，最后，他在铁片上制作了许多小齿，发明了人们沿用至今的伐木工具——锯。

其次，类比推理是论证说理和反驳的重要方法。

类比推理虽然是一种或然性推理，不能从逻辑上确证结论必然为真，但由于它能够把智慧性和生动性溶于论辩和说理之中，经常能收到好的论证和表达效果。例如人们熟悉的"邹忌讽齐王纳谏"的故事中，邹忌在论证齐威王容易被众人的好话蒙蔽时，运用的就是类比推理：

（邹忌）于是朝见威王，曰："臣诚知不如徐公美。臣之妻私臣，臣之妾畏臣，臣之客欲有求于臣，皆以美于徐公。今齐地方千里，百二十城，宫妇左右莫不私王，朝廷之臣莫不畏王，四境之内莫不有求于王。由此观之，王之蔽甚矣。"[1]

类比推理也是反驳的重要手段。例如：

主妇对新来的女佣人说："如果你不介意，我就叫你阿莲，这是我以前那个女佣人的名字，我不愿意改变我的习惯。"女佣人回答道："我很同意你的观点，如果你不介意，我就叫你马太太，这是我对以前的主人的称呼。"

用类比推理进行反驳，可以做到"以其人之道还治其人之身"，能达到很好的反驳效果。

二　类比推理应用于逻辑能力测试

逻辑能力综合测试常常会考查类比推理的相关内容。

例1（2019，广东）

　　贫困：扶贫：脱贫

---

[1]　（西汉）刘向：《战国策·邹忌修八尺有余》，张清常、王延栋注《战国策笺注》，南开大学出版社1993年版，第221页。

对照以上词语，选出最恰当的一项。

A. 垃圾：清扫：整洁
B. 拥堵：交警：畅通
C. 噪声：抑制：平静
D. 羸弱：锻炼：健壮

正确选项是 D。题干中三个词的关系是："贫困"需要"扶贫"，以达到"脱贫"的目的。首先，"贫困"是一个形容词，表示状态，A 中的"垃圾"和 C 中的"噪声"都是名词，表示事物，不同类。其次，"扶贫"是个动词，而 B 项的"交警"是个名词，不同类。D 项"羸弱"是一个形容词，表示状态，并且"羸弱"需要"锻炼"来达到"健壮"的目的，与题干逻辑关系一致。

例 2（2009，上海）

实验发现：少量服用镇静药物 A 的人，在利用测谎仪进行的测谎实验中撒谎而未被检测出来，被测试者在面对测谎仪时所产生的心理压力能够被这种镇静药物有效抑制，而且没有明显的副作用。因此，有人认为镇静药物 A 可同样有效地减少日常生活中的心理压力，而且没有明显副作用。

下面最能支持以上论述的是哪一项？

A. 任何类型的镇静药物都有抑制心理压力的效果
B. 测谎仪所产生的心理压力与日常生活所面临的心理压力类似
C. 越来越多的人在日常生活中面临着心理压力
D. 若禁止测试者服用任何药物，测谎仪会得出准确的测试结果

正确选项是 B。题干由某类镇静药物在测谎实验时能够抑制心理压力，推出此类镇静药物在减少日常生活的心理压力时同样有效，运用的是类比推理，而要保证这个类比成立，必须满足测谎仪所产生的心理压力与日常生活所面临的心理压力类似这一条件，即 B 项。A 项虽然可以推出结论，但它并不是最能支持题干的论述，而且使题干所论述的推

理失去了意义。C、D 与题干推理无关。

思考和练习七

思考题

一、什么是归纳推理？它与演绎推理有什么关系？

二、归纳推理有哪些类型，各有什么特点？

三、举例说明统计归纳推理中有哪些数字陷阱。

四、什么是原因？什么是结果？什么是因果联系？因果联系有什么特点？

五、探求因果联系的逻辑方法有哪些，其内容和形式怎样？运用时应注意什么问题？

六、什么是类比推理？它有什么特点？

七、运用类比推理应注意什么问题？

练习题

一、下面哪些是归纳推理？哪些是演绎推理？为什么？

1. 凡是能被 2 整除的数是偶数，20 能被 2 整除，所以 20 是偶数。

2. 中国的医务工作者经过调查发现：吸烟者的肺癌发病率要高于不吸烟者的发病率。许多外国的医务工作者经过调查，也得出了同样的结论。可见，不论国内国外，吸烟者的肺癌发病率要高于不吸烟者的发病率。

3. 既然绿色植物都可以通过光合作用把水和二氧化碳转化为糖类而释放出氧，杨树也不例外。

4. 短篇小说是有故事情节的，中篇小说是有故事情节的，长篇小说是有故事情节的，所以，小说都是有故事情节的。

二、下列各题，应用了哪些探求因果联系的逻辑方法？

1. 1971 年，研究人员对烧热病进行了调查。研究人员从农民的反映中得知，在发病前一年，每家分到了几十斤棉油，那些棉油味道不好,吃了麻口。研究人员由此受到很大启发,猜想病因可能是吃了质量不合格的棉油,于是展开广泛的调查,从大量的材料中了解到许多患烧热病的人虽然家庭条件、身体状况、生活习惯等各不相同,但他们都吃过粗棉油。于是得出了吃粗棉油是引起烧热病的初步结论。

2. 日本学者对正在哺乳的妇女在各种条件相同的情况下进行了一次音乐实验:将120名妇女分成两组,一组让她们收听通过扬声器播放的古典音乐,另一组未让她们听。结果通过扬声器收听古典音乐的妇女比未收听的妇女,乳汁增加了20%。

3. 马克思在《资本论》中曾经引用了一个刊物里的一段话:"一旦有适当的利润,资本就胆大起来。如果有10%的利润,它就保证到处被使用;有20%的利润,它就活跃起来;有50%的利润,它就铤而走险;为了100%的利润,它就敢践踏一切人间法律;有300%的利润,它就敢犯任何罪行,甚至冒绞首的危险。"

4. 有两位化学家,从各种化合物中观察到氮重2.2990克,但在空气中氮却重2.3012克。于是他们设想,空气中的氮的多余重量,必定是一个同氮相结合的未知元素的重量,后来化学家们经过了多次实验发现了一种新的化学元素——氩。

5. 把绿色植物移到黑暗的地方,它就失去了绿色,再把它移到有光的地方,它就又重新得到了绿色。由此可知,光和植物产生绿色可能有因果联系。

6. 腐烂的肉里可以长出蛆来,但蛆是不是肉生的呢?意大利的医生雷地第一个用实验来判定这个说法是否正确。他于1668年做了实验:把一块块肉放在一个个容器里,有些容器上盖上细布,有的不盖,苍蝇可以自由进入那些不盖细布的容器里。结果表明,只有这些不盖细布的容器里的肉才生了蛆,所以,蛆不是肉生的。

7. 美国在25个州统计了100万抽烟的人的健康状况。这些人的其他情况大致相似。但每天吸烟1—9支的,平均减寿4.6岁;每天吸烟10—19支的,平均减寿5.5岁;每天吸烟20—29支的,平均减寿6.2岁;每天吸烟40支以上的,平均减寿8.3岁。所以,吸烟严重危害身体健康，吸烟的人比不吸烟的人会减少寿命，吸烟越多，减寿越厉害。

三、下列每小题只有一个选项是正确的，请根据归纳推理的有关知识选出正确的选项。

1.（2009，辽宁）一项对某市马拉松比赛的采访似乎存在矛盾：被采访的运动员在回答在此次马拉松运动会上的名次时，有60%的人说他们的成绩位居此次比赛的前20%。

下面可以支持这一现象的是（   ）

A. 并不是所有未被采访的马拉松运动员名次都在前20%以外

B. 参加马拉松的运动员有80%的人成绩不理想

C. 其余40%的被采访运动员成绩都在前20%以外

D. 马拉松成绩较差的运动员没有被采访

2. 有关50岁以上中老年人对《披荆斩棘的哥哥》这个节目不感兴趣的说法是不正确的。一项问卷调查表明，在2000位填写问卷的50岁以上中老年人中，80%的人说自己喜欢看这个节目。

下面最能削弱上述结论的是（   ）

A. 该问卷调查缺乏权威性，其准确程度值得商榷

B. 填写问卷的50岁以上中老年人，很可能是对《披荆斩棘的哥哥》感兴趣的人

C. 少数填写问卷的人，实际上还不到50岁

D. 大部分填写问卷的50岁以上中老年人，同时喜欢看其他娱乐节目

3.（2011，吉林）据某市卫生防疫部门统计，被狗咬伤的人中，自觉到医疗机构接种狂犬疫苗的人中只有1%感染狂犬病。当然，有些被狗咬伤的人只是自己在家处理伤口。据此，该市卫生防疫部门推测，被狗咬伤的人中，狂犬病的感染率要高于1%。

以下最能支持这一推测的是（   ）

A. 感染狂犬病的病人必须上报市级卫生防疫部门

B. 该市的狗大都没有注射过狂犬疫苗

C. 及时接种狂犬疫苗是预防狂犬病的最有效方法

D. 该市狂犬病预防普及工作效果不好

4. 某省重点高校违反学术规范的大学生人数，在近 20 年来有明显增长，这说明当代大学生在学术道德方面的素养越来越差。

以下明显削弱上述结论的是（　　）

A. 该重点高校没有对大学生进行学术道德方面的教育

B. 网络搜索引擎为学术不端行为带来了便利

C. 近 20 年来该重点高校大学生的数量大幅增加

D. 该重点高校有 30 名大学毕业生被评为学术诚信优秀个人

5.（2010，黑龙江）调查显示：儿童意外伤害最高发的场所是家中的客厅和卧室，占 39.9%，位列第一；其次是幼儿园，占 37.4%；再次是公共场所和娱乐场所，占 22.7%。因此，有些教育专家认为，儿童受伤的头号凶手是"家"。

以下最能削弱上述结论的是（　　）

A. 儿童在家中客厅和卧室的时间占儿童活动时间的 50% 以上

B. 这项调查是针对 2—5 岁儿童进行的

C. 另一项调查显示，儿童受伤在很多情况下是因为年轻父母疏于照看造成的

D. 调查显示，造成儿童意外死亡的地点公共场所和娱乐场所占比最高

6. 一项有关私营企业的调查显示，这些企业负责人的平均年龄是 55 岁，而在 20 年前这些私营企业负责人的平均年龄大约是 48 岁。因此可知，私营企业负责人的年龄呈老化趋势。

以下最能削弱上述论证的是（　　）

A. 题干没有说明 20 年前这些企业对负责人的人选是否有年龄限制

B. 调查仅限于有 20 年以上历史的私营企业

C. 20 年前这些企业的负责人的平均年龄是个近似值

D. 调查没有说明这些负责人任职的平均时长

7.（2011，国考）对四川地区出土的一批恐龙骨骼化石进行分析后，研究人员发现，骨骼化石内的铬、铀、砷、钡等元素含量超高，恐龙化石体内的有毒元素要比现代陆生动物高出几百甚至上千倍，因此，

一些古生物学家断定这些恐龙死于慢性中毒。

以下不能削弱上述断定的是（　　）

A. 恐龙化石附近的植物化石中，有毒元素含量很少

B. 经检验，这批恐龙化石都是老年恐龙化石，属于自然死亡的恐龙化石

C. 恐龙化石附近，土壤中的有毒元素会渗进化石

D. 恐龙化石内还有很多相应的解毒元素

8. 两个实验大棚种上数量相同的黄瓜苗，在第一个大棚里加入镁盐，第二个不加。第一个每亩产出了 10 千克黄瓜，第二个每亩产出了 5 千克。因为除了水以外没有施加任何其他东西，所以，第一个大棚有较高的产量一定是因为镁盐。

下面最严重地削弱了上述论证的是（　　）

A. 两个实验大棚都种植了 4 个不同的黄瓜品种

B. 两个实验大棚的土壤都有少量镁盐

C. 第三个实验大棚施加了一种高氮肥料，但没有加镁盐，产出了 7 千克黄瓜

D. 两个实验大棚的土质和日照量不同

四、比照题干选出正确的选项。

1. 楷体：字体

A. 沪剧：上海　　　B. 沟通：交流

C. 清朝：封建　　　D. 比喻：修辞

2. （　　）对于　效益　相当于　经营　对于（　　）

A. 投入；利润　　　B. 成本；税收

C. 生产；产品　　　D. 资本；投资

3. 风险：规避：损失

A. 保险：购买：理财　　　B. 老人：关爱：健康

C. 锻炼：加强：肥胖　　　D. 战争：保卫：国家

4. 班门弄斧　对于（　　）　相当于　（　　）对于　五谷丰登

A. 贻笑大方；风调雨顺　　　B. 守株待兔；民族振兴

C. 掩耳盗铃；国泰民安　　　D. 东施效颦；天从人愿

5. 歌星：北京人

A. 花卉：种植　　B. 专家：军人

C. 歌手：乐队　　D. 社会：自然

6. 伟大：高尚：人格

A. 公平：公开：公民　　B. 发展：进步：和谐

C. 民主：法制：社会　　D. 包容：理解：诚信

7. 理想　对于（　　）　相当于　（　　）对于　钻研

A. 想法；学习　　B. 志向；探索

C. 书籍；希望　　D. 年龄；路程

五、下列每小题只有一个选项是正确的，请根据类比推理的有关知识选出正确的选项。

1.（2010，吉林）飞机设计师曾经在设计飞机时遇到一个难题，即如何保证飞机的飞行不会偏离航向，为此，科学家们研究出一种振动陀螺仪，它的主要部件像是音叉，是通过一个中柱固定在基座上的，装在音叉两臂四周的电磁铁使音叉产生固定振幅和频率的振动。当飞机偏离正确航向时，音叉基座和中柱会发生旋转，中柱上的弹性杆就会将这一振动转变成一定的电信号，传给转向舵，于是航向便被纠正了。

科学家的这一研究灵感来自苍蝇的翅膀，由振动陀螺仪的工作原理可以推知苍蝇在飞行中保持航向的方法应该是（　　）

A. 翅膀粗糙的上表面形成空气旋涡，同时产生的一个反作用力使得苍蝇可以平稳升起

B. 翅膀关节极有弹性，直接伸入身体并同强有力的肌肉纤维连接，能承受巨大的作用力，并将力量传送到翅膀末端

C. 每个翅膀前部的上方都有一块深色的角质加厚区，被称为翼眼或称翅痣，以减少振动

D. 后翅以每秒钟 330 次的频率不停地振动，当苍蝇身体倾斜时，后翅振动频率的变化能够被其基部的感受器所感觉，传达给大脑

2. (2012,浙江)有些机器有承担部分母亲角色的功能,科学家研究发现,由这些机器替代母亲养育的雌性大猩猩幼崽,当它们有后代时难以承担母亲的角色。人类与大猩猩具有很大的相似性,所以婴儿不应该由保姆或日托中心来照管,而只应该由他们的亲生母亲来抚育。

以下最能加强以上的结论的是(　　)

A. 研究表明大猩猩的个体差异不显著

B. 由亲生母亲之外的雌性大猩猩抚育的大猩猩幼崽,在有后代时,都不能承担母亲的角色

C. 当由机器替代母亲养育长大的雌性大猩猩有后代时,可以教会它们一些抚育技能

D. 即使由亲生母亲抚育较短一段时间的大猩猩幼崽,长大后也能承担母亲的角色

3. (2009,辽宁)科学家发现,生活在大的群体之中的鸟类比生活在孤独之中的鸟类大脑中有着更多的新的神经元,也有着更强的记忆力,它们据此向人类发出忠告:如果你是一个孤独者,你最好结交一些朋友,否则就会丧失你宝贵的脑细胞,导致记忆力低下。

下面最能反驳上述观点的是(　　)

A. 人类大脑和鸟类大脑根本不同

B. 人脑比鸟类大脑发达得多

C. 很多交友多的人记忆力并不好

D. 很多孤独者的记忆力非常好

4. (2011,广东)合理精简的机构设置,使得甲县卫生局的工作效率非常高,甲县卫生局的部门结构和乙县卫生局十分相似,因此乙县的卫生局工作效率也会很高。

下面最能反驳上述结论的是(　　)

A. 乙县卫生局的部门结构未必与甲县的相同

B. 两县卫生局的工作人员数量有较大的差异

C. 工作流程的设置对工作效率有重要影响

D. 甲县卫生局的不同部门的工作效率有高有低

5.（2013，天津）地球和月球相比，有许多共同属性。如它们都属太阳系星体，都是球形，都有自转和公转。既然地球上有生物存在，因此月球上也很可能有生物存在。

下面最能削弱上述论述的是（　　）

A. 地球和月球大小不同

B. 月球上同一地点温度变化极大，白天可以上升到100℃，晚上又降至零下160℃

C. 地球和月球的生成时间不同

D. 月球距地球很远，不可能有生物存在

# 第八章
论证和谬误

8

第一节 论证概述

一 论证的构成

论证是指运用已知为真的命题，合乎逻辑地确定另一命题真实或虚假的思维过程。如以下两例：

> 如果要顺利地进行社会主义经济建设，就要加强社会主义法治，这是因为，如果要顺利地进行社会主义经济建设，就要有安定团结的局面，而如果要有安定团结的局面，就要加强社会主义法治。

> 有人说，没有上过大学的人都不能成为人才。那么，请问：高尔基、爱迪生、法拉第、富兰克林等都没有上过大学，你能说他们不是人才吗？

此两例都为论证。前一个是用已知的命题来确定另一命题为真，后一个是用已知的命题来确定另一命题为假。

从结构上看，一个论证包含论题、论点、论据、论证方式、隐含的前提或假设等部分。

（一）论题

论题是指论辩双方要讨论的问题。例如"学习逻辑到底有没有必要"，论辩双方要围绕这个问题展开讨论，一般会有相对立的观点。有些论题本身就是论证者要加以论证的观点，即论点，例如"论学习逻辑的必要性"。

（二）论点

论点是指真实性或虚假性需要被确定的命题，也就是论证者要证明或反驳的观点。例如，上面两例中的"如果要顺利地进行社会主义经济建设，就要加强社会主义法治"和"没有上过大学的人都不能成为人才"就是论点。

论点可以是真实性早已被确定的命题，也可以是真实性尚未确定的命题。对前一种论题进行论证，重在说明，使人信服，例如对数学中常用的公式的论证；对后一种论题进行论证，重在研究和探索，以期有新的发现，例如对科学假说的论证。论点常常放在论证的开头部分，来表明论证者的观点。论点也是一个论证所要得出的结论，所以论点既是论证的起点，也是论证的终点。

（三）论据

论据是用来确定论题的真实性或虚假性的命题。也就是论证者证明或反驳所用的理由。论据回答"论证的根据是什么"的问题。一个论证中，论据可以有多个。

因为论据是用来确定论题的真假的，所以，论据本身应当是真实性明显的命题。真实性不明显的命题，不能单独充当论据，论证中必须再为它提供论据，即第二层论据。如果第二层论据的真实性仍不明显，论证中必须再为它提供论据，即第三层论据……直到论据是真实性明显的命题为止。

真实性明显的命题作为论据有两类。一类是被实践检验的确实可靠的科学原理、定理、公理、原则等，即所谓"理论论据"，如上面第一例中的论据"如果要顺利地进行社会主义经济建设，就要有安定团结的局面，而如果要有安定团结的局面，就要加强社会主义法治"。另一类是客观存在的事实，即所谓"事实论据"，如上面第二例中的论据"高尔基、爱迪生、法拉第、富兰克林等都没有上过大学，你能说他们不是人才吗"。事实论据必须是真实确凿的、无可怀疑的，只有这样，才有说服力。当然，并不是任何真实的事实都可以做论据，客观情况非常复杂，信手拈来的命题并不一定都能说明事物的本质，所以，事实论据除了要真实确凿之外，还应该是全面的而非片面的，是本质的而非表面的，是能够突出事实的命题。

（四）论证方式

论证方式是指联系论点与论据的形式。运用论据确定论题的真实或虚假总要借助一定的推理来完成，因此，也可以说论证方式是证明和反驳过程中所有推理的综合，回答"怎样论证"这个问题。例如，上面第一例的论证过程是：

如果要顺利地进行社会主义经济建设，就要有一个安定团结的局面；

如果要有一个安定团结的局面，就要加强社会主义法治；

所以，如果要顺利地进行社会主义经济建设，就要加强社会主义法治。

这里运用了充分条件假言连锁推理的肯定式，可以表示为：

如果 p，就 q

如果 q，就 r

所以，如果 p，就 r

上面第二例的论证过程是：

高尔基、爱迪生、法拉第、富兰克林等都没有上过大学，他们是人才（有的没有上过大学的人是人才），所以，没有上过大学的人都不能成为人才是假的。

这里运用了性质命题对当关系推理，可以表示为：

SIP 真→SEP 假

（五）隐含的前提或假设

论证中，有的实际上的论据并没有出现在论证语言中，这些论据被当作理所当然的理由，未予表达，称为隐含的前提或假设，也叫预设。预设在日常语言中很常见，例如：

逻辑学课上，小王迟到了。老师问："你怎么又来晚了？"

老师之所以如此问，是因为其预设是"过去上逻辑学课时小王也曾经迟到过"。

在语言表达和理解中，要注意话语中隐含的预设，只有根据环境和受众选择正确的预设，才能使言语得体，理解准确。例如：

一条街上新开了两家早餐铺，都卖中式汉堡，一个月后结算营业额发现，甲家是乙家的两倍。原来，每当顾客买中式汉堡时，甲家营业员问的是"夹一个鸡蛋还是两个鸡蛋"，而乙家营业员问的是"要不要夹鸡蛋"。

"夹一个鸡蛋还是两个鸡蛋"的预设是"要鸡蛋"，而"要不要夹鸡蛋"没有这个预设。顾客受预设的影响，作出了不同的选择。甲家卖鸡蛋多，当然营业额就高，乙家卖鸡蛋少，营业额就低。

一般情况下，论证的三要素指论题、论据和论证方式。

二 论证与推理及验证的关系

（一）论证与推理的关系

论证与推理有着非常密切的联系，主要表现在：论证总是借助一定的推理来进行；二者在构成上有一定的对应关系，即论题相当于推理的结论，论据相当于推理的前提，论证方式相当于推理形式。

当然，论证与推理毕竟是不同的，其差异主要表现在三个方面。第一，思维进程不同。论证是由论题到论据，即先有论题，然后才运用论据对论题进行论证；而推理是由前提到结论。第二，结构的繁简程度不同。总体上说，论证的结构要比推理更为复杂，一个论证过程通常包含不止一个推理，可能包含一系列的推理。第三，逻辑要求不同。论证是运用已知为真的命题，确定另一命题的真实性，所以，不但论据要真实，而且论题的真实性必然要被断定；推理是根据一个或几个命题，得出一个新命题，它断定的是前提与结论之间的逻辑关系，所以，只要推理形式正确，推理原则上并不要求前提真实。可以说，论证必然要运用推理，但并非所有的推理都是论证。

（二）逻辑论证与实践验证的关系

逻辑论证是由已知为真的命题，确定另一命题真实性的思维过程，它是一种自觉的理性认识活动，在认识世界、揭露谬误、探索真理方面有着重要作用。

实践验证是由客观事实来确定某一个命题的真实性，它是认识活动见之于实践的活动，而实践是检验真理的唯一标准。

从本质上说，逻辑论证不是检验真理的标准，一个观点是不是真理，归根到底必须由实践来检验，逻辑论证本身也需要接受实践的检验；逻辑论证确定真实性的论题正确与否，必须由实践来检验；论证中所运用的证据，必须是实践检验为真的命题；论证中所运用的推理形式，也必须是实践检验为真的事物间的联系。另外，由于客观世界和人的认识能力的不断发展，有些被实践检验过的命题，曾经认为是正确的，后来未必正确，这就需要依靠不断发展的实践来检验。

逻辑论证是以实践为基础的探求真理性认识的重要辅助手段。首先，人们通过实践获得或证实真理常常是一个漫长的过程，在这个过程中，经常需要对实践的结果进行理论分析，而这正是逻辑论证的内容。其次，经过实践验证过了的真理，要想让更多的人去理解、掌握，就需要系统地表达出来，就需要逻辑论证。最后，人们对客观世界的认识是一个历史的过程，具有继承性和阶段性，如果每个人在接受每一条真理时都要通过实践的检验，是不必要的，也是不可能的，所以，在一定的认识阶段，逻辑论证在间接地积累知识的过程中，有着不可或缺的作用。

三 诡辩

诡辩是一种特殊的论证，指主观上故意违反逻辑规则，为错误观点进行辩解的论证。

之所以说诡辩是一种特殊的论证，是因为一般的论证是在遵守逻辑规则基础上进行的，而诡辩不但违反了逻辑规则，而且是为了达到某种目的，施展计谋手段，故意地违反逻辑规则而进行论证。

诡辩有各种各样的手法和具体表现。

例如：

> 有一次，某单位职工到剧场看演出。演出开始之前，坐在前排的一个小伙子向舞台的墙壁上吐了一口痰，被维持秩序的老大爷看到了，他走上前来对小伙子说："年轻人，不要随地吐痰。"谁知小伙子翻了翻眼皮说："谁随地吐痰了，我把痰吐在墙壁上，能叫随地吐痰吗？"

此例中，小伙子玩弄偷换概念的手段，故意违反逻辑规律，是一种诡辩。

再如：

> 鲁迅先生的《阿Q正传》中写道，阿Q偷萝卜，被萝卜的主

人发现了。当他受到责备时，他狡辩说："这是你的？你能叫得他答应你吗？"

此例中，阿Q为了给自己的偷盗行为作掩护，强词夺理，他证明"这萝卜不是你的"的理由"你不能叫得它答应你"明显是虚假的，用的是故意捏造论据的手法，犯了"理由虚假"的逻辑错误。

再如：

　　社会达尔文主义者说：人类社会的压迫剥削关系，是符合生物进化规律的。因为生物界的规律就是生存竞争，就是弱肉强食，就是适者生存。

此例中，社会达尔文主义者故意违反逻辑规律，采用"机械类比"的手法，通过混淆不同事物的性质，来达到自己的目的。

不管形式如何，诡辩是诡辩者为了混淆视听，玩弄词语以达到自己目的的一种手段，大部分情况下，诡辩的目的是欺骗群众、掩盖错误。

要驳斥诡辩，应该利用逻辑思维的基本规律及有关概念、命题、推理的规则等，指出其逻辑错误的实质及手法。

论证和反驳都是逻辑能力综合测试的重要内容，对相关问题，本章将在第五节进行综合论述。

第二节　论证的类型与规则

一　论证的类型

论证的形式是多样的，可以根据不同的标准进行分类。根据是否由论据直接得出论题，论证可以分为直接论证和间接论证；根据论证过程中所运用的推理形式是演绎推理还是归纳推理或类比推理，论证可以分为演绎论证、归纳论证、类比论证。

（一）直接论证和间接论证

1. 直接论证

直接论证是从论据为真直接确定论题为真的论证。例如：

　　司马迁写《史记》用了十八年，王充写《论衡》用了三十年，宋应星写《天工开物》用了二十年，王桢写《农书》用了十五年，哥白尼写《天体运行》用了三十年，达尔文写《物种起源》用了二十二年，马克思写《资本论》用了四十年。可见，要有所成就，就要花大量的时间和精力。

此例为直接论证。尽管论据不止一个，但由论据都可以直接得出论题。

2. 间接论证

间接论证是通过确定其他命题虚假来确定论题真的论证。间接论证通常有两种方法：反证法和选言证法。

(1) 反证法

反证法是指通过确定论题的矛盾命题为假来确定论题为真的论证方法。其论证过程是：

第一步，找出原论题的矛盾命题，即反论题。

第二步，以反论题为前件，推导出必然的后件，然后，根据真命题确定后件为假，再依据充分条件假言直言推理的否定后件式，确定反论题为假。

第三步，根据排中律，由反论题假，确定原论题真。

论证过程可以表示为：

论题：　　p

反论题：非 p

论证：　　如果非 p，则 q

　　　　　非 q

结论：　　p

例如：

我们进行生产建设，一定要注意保护自然环境，因为如果不注意保护自然环境，就有可能破坏生态平衡，产生严重的自然灾害，严重威胁到人民的生命财产安全。

运用反证法的关键是确定反论题为假，如果从反论题得出的命题显然荒谬，就可以确定反论题为假。所谓显然荒谬，一般是指三种情况：

第一，与已知的事实或条件相矛盾；第二，与已知的科学原理、定理、定义等相矛盾；第三，在论证过程中自相矛盾。

(2) 选言证法

选言证法是通过确定论题之外的其他可能性情况为假，从而确立论题为真的论证方法。其论证过程是：先穷举出几种可能的情况，组成一个选言命题，然后对论题以外的其他情况一一排除，最后确立论题为真。

论证过程可以用公式表示为：

论题：p

论证：或 p 或 q 或 r

　　　非 q 并且非 r

结论：p

例如：

公安人员经过严密的调查得出：有杀人嫌疑的是王工、熊辉、赵少扬三个人，但杀人的却只有一个人。这个人是谁呢？后来，经过周密的排查发现：王工没有作案时间，而赵少扬是个严重的晕血者，见血就晕倒，不可能连捅被害人十多刀。所以，公安人员断定：杀人嫌疑最大的是熊辉。

运用选言证法，要注意以下两个方面：第一，举出的几种可能情况除了要包含论题外，还要穷尽一切可能；第二，论证过程中使用的选言推理形式必须是选言推理的否定肯定式，这也是排中律的要求。

(二) 归纳论证、演绎论证、类比论证

1. 演绎论证

演绎论证是运用演绎推理形式进行的论证。这种论证方式往往以一般原理作为论据来得出论题。例如：

凡是能吸收有毒物质的行为都是有害于健康的行为，而吸烟是能吸收有毒物质的行为，所以，吸烟是有害于健康的行为。

这是一个演绎论证。其论题是"吸烟是有害于健康的行为"，论据是"凡是能吸收有毒物质的行为都是有害于健康的行为，而吸烟是能吸收有毒物质的行为"，论证方式是三段论第一格的 AAA 式。

因为演绎推理的前提与结论之间具有必然的联系，前提蕴涵结论，所以，当论据真实时，论题的真实性是必然的，所以，演绎论证具有严格的逻辑论证性质。

2. 归纳论证

归纳论证是运用归纳推理形式进行的论证。例如：

> 地球上所有的大洲都有矿藏，因为调查显示：欧洲、亚洲、非洲、北美洲、南美洲、大洋洲、南极洲都有矿藏，而这七个洲是地球上所有的大洲。

这是一个归纳论证。其论题是"地球上所有的大洲都有矿藏"，论据是"欧洲、亚洲、非洲、北美洲、南美洲、大洋洲、南极洲都有矿藏，而这七个洲是地球上所有的大洲"，论证方式是归纳推理中的完全归纳推理。

归纳推理包括完全归纳推理和不完全归纳推理，这两种归纳推理的可靠性不同，因此，两种论证的可靠程度也不同。当论据真实时，完全归纳论证论题的真实性是必然的，不完全归纳论证论题的真实性是或然的。

3. 类比论证

类比论证是运用类比推理形式所进行的论证。例如：

> 经过了几十年的艰苦斗争，我们取得了革命的胜利，但是，要保持这个胜利，我们必须要继续奋斗，搞好社会主义建设，不然，胜利的果实就会得而复失。在历史上，李自成就曾经夺取过政权，但是，胜利后他和他手下的许多人放弃了奋斗，而转向腐化享乐，所以，他的政权只在北京维持了四十天，就失败了。我们应当从这段历史中得到教训。

这是一个类比论证。其论题是"为了保持革命的胜利，我们必须要继续努力奋斗"，论据是李自成政权的失败事实，论证方式是类比推理。

日常表达中，经常会用比喻来论证，因为论证中的比喻是从事物之间的相似点上来阐述道理的，并且作比喻的事理也是真实的，所以，比喻论证可以看作类比论证的特殊形式。例如：

> 根深才能叶茂，没有扎实的基础，就很难在科学上有很高的造诣。

这里，用"根深才能叶茂"打比方，确定了"没有扎实的基础知识就很难在科学上有很高的造诣"这一论题的真实。

类比论证生动形象，通俗易懂，在日常表达中得到了广泛应用。当然，因为类比推理的前提与结论之间没有必然联系，所以，当论据真实时，类比论证论题的真实性是或然的。

二　论证的规则

论证过程中，必须遵循一定的规则，才能使论证有效。这些规则主要包括论题的规则和论据的规则。

(一) 论题的规则

1. 论题应当明确

论题是论证的对象，是论证的中心和主旨。在论证中，只有论题明确，才能做到有的放矢。论题明确，一是指论题在思想上要明确，即论题的内容要有严格的规定性，关键的概念没有歧义；二是指在表达上应该确切，即表达论题所用的词语应当准确鲜明，确切无疑。如果论题不明确，就会使论证迷失方向，犯"论题不清"的逻辑错误。例如：

> 青年人喜欢丰富多彩的生活，比如听听摇滚音乐，开开家庭舞会，我看没有什么不可以。社会在发展，时代在进步，资产阶级的科学技术要学，难道生活方式就是一个禁区吗？当然，我不赞成青年人去学习资产阶级那一套生活方式，听摇滚音乐、开家庭舞会，毕竟不符合我国的国情，所以，我不赞成青年人把这一套吸收过来，加以模仿。

上述论述中，说话者对听摇滚音乐、开家庭舞会的态度不明确，对资产阶级生活方式的态度不清楚，既像肯定，又像否定。所以，论题含糊不清、似是而非，犯了论题不清的逻辑错误。

2. 论题应当同一

在一个论证中，论题必须前后一致，保持同一，这是同一律对论证的要求。论题是论证的中心，只有论题始终如一，论证才能紧紧围绕这一中心来进行，否则就会丧失论证的意义，导致"转移论题"的逻辑错误。

转移论题有多种表现形式，比较常见的是"扩大论题"和"缩小论题"两种。

扩大论题是指把原来的论题转换成一个比原来涉及范围更广的论题，也叫"证明过多"。例如本来要论证"普通逻辑和辩证逻辑是有区别的"这个论题，但在论证过程中却换成了"普通逻辑和辩证逻辑是没有联系的"这一涉及范围更广的论题，这就是扩大论题。

缩小论题是指把原来的论题转换成一个比原来涉及范围更小的论题，也叫"证明过少"。例如本来要论证"吸烟对身体健康有害"这个论题，但在论证过程中却换成了"过量吸烟对身体健康有害"这一涉及范围更小的论题，这就是缩小论题。

(二) 论据的规则

1. 论据必须是真实的

论据是论题成立的根据，必须正确无误，不能虚假或真实性有待验证。如果违反了这一规则，就会犯"论据虚假"或"预期理由"的逻辑错误。

(1) 论据虚假

例如：

　　如果人有灵魂的话，何必要这个躯体；如果人没有灵魂，这个躯体又有什么用。人或者有灵魂，或者没有灵魂，所以，人的躯体是没有用的。

上例中，作为论据的两个假言命题"如果人有灵魂的话，何必要这个躯体"和"如果人没有灵魂，这个躯体又有什么用"都是虚假的，犯了虚假论据的错误。

(2) 预期理由

如果论据的真实性还有待验证，就会犯"预期理由"的逻辑错误。例如：

　　有人提出：在其他天体上有高度文明的社会。理由是：在其他天体上有智力发达的生物。

上例中，论据"在其他天体上有智力发达的生物"的真实性还未得到验证，犯了预期理由的逻辑错误。

2. 论据的真实性不能依赖论题的真实性来推出

论证中，论题的真实性依赖于论据，所以，论据的真实性应该在论证论题之前得到确定。如果论据的真实性需要确定，必须运用论题以外的其他命题来论证，而不应该依赖论题的真实性来确定。如果违反了此规则，就会犯"循环论证"的逻辑错误。例如：

甲：我知道那次战争为什么会失败了。

乙：为什么？

甲：因为士兵们都逃跑了。

乙：为什么士兵们都逃跑了。

甲：因为战争失败了。

这是一个循环论证。先用"士兵们都逃跑了"来论证"战争失败了"，又用"战争失败了"来论证"士兵们都逃跑了"。用论据来论证论题，又用论题来论证论据，使论题和论据的真实性都无法得到论证，陷入了毫无意义的文字游戏中。

3. 论据必须能合乎逻辑地推出论题

论据能够合乎逻辑地推出论题，这是充足理由律在论证中的体现。具体说来，论据必须满足以下两个条件，才能合乎逻辑地推出论题：第一，论据必须是真实的，并且与论题相关；第二，论据必须是充足的。如果不满足这两个条件，就会犯"推不出"的逻辑错误。

一般来说，推不出有两种表现形式：一是"论据与论题不相干"，二是"论据不足"。

（1）论据与论题不相干

论据与论题不相干，指的是尽管论据未必虚假，但它与论题毫无关系。例如：

古时候，有一位姓靳的大学士，他的儿子不成材，但他的儿子的儿子却考中了进士。这位大学士常常责备他的儿子不成材，可他的儿子却振振有词地说:"您的父亲不如我的父亲,您的儿子不如我的儿子,我有什么不成材的呢?"

此例中,大学士儿子提出的论据"您的父亲不如我的父亲,您的儿子不如我的儿子"虽然是事实,但与他想证明的"我不是不成材"没有关系,犯了"论据与论题不相干"的逻辑错误。

(2) 论据不足

论据不足指论据虽然是真实的,但不足以推出论题。例如:

> 小王说:"中国的失业率是很低的,因为我认识的所有成年人中没有一个失业的。"

小王说的"我认识的所有成年人中没有一个失业的"虽然是事实,但作为论据,不能必然得出论题"中国的失业率是很低的",犯了"论据不足"的逻辑错误。

第三节　反驳

一　反驳的方法

反驳是指运用已知为真的命题,合乎逻辑地确定某一论题或论据虚假,或论证方式错误的思维过程。例如:

> 孔子怎么能未卜先知呢?如果孔子未卜先知,他应当在见到颜渊之前就知道颜渊没有被匡人杀死,既然孔子以为颜渊被匡人杀死了,可见孔子并不能未卜先知。

这是一个反驳。它运用命题"如果孔子未卜先知,他应当在见到颜渊之前就知道颜渊没有被匡人杀死",和命题"孔子以为颜渊被匡人杀死了"来反驳命题"孔子能未卜先知"。

论证是探求真理、阐明正确理论的重要手段,而反驳是驳斥谬误、维护真理的重要手段,二者既有区别,又有联系,是两种相辅相成的方法。在实际运用中,既要充分阐明正确的理论,又要揭露和批判错误的观点,因此,我们既要掌握论证的方法,也要掌握反驳的方法。

反驳的主要目标是论题,但也兼及论据和论证方式,即反驳可以针对论题、论据和论证方式三个方面中的任何一个方面来进行，所以，反驳有反驳论题、反驳论据、反驳论证方式三种方法。

（一）反驳论题

反驳论题就是通过反驳来确定对方论题的虚假性。例如：

倘若说，作品愈高，知音愈少。那么，推论起来，谁也不懂的东西，就是世界上的绝作了。[1]

此例反驳的是论题"作品愈高，知音愈少"。

确立论题为假，是反驳的根本目的，所以，只要能证明对方的论题为假，就完成了反驳的主要任务。

（二）反驳论据

反驳论据就是用反驳的方式来确定对方论据的虚假性。例如：

一天，阿凡提正在路上走着。迎面走过来一个人，在他面前停下说："可敬的学者，请给我读读信吧。"阿凡提抱歉地说："对不起，我不识字。"那个人怀疑地说："别骗人了，你头上缠着那么大的散蓝，怎么会不识字呢？"阿凡提听了，立刻摘下散蓝给那个人戴上，说："好，现在你可以自己读信了。"

此例反驳了论据"你头上缠着那么大的散蓝，怎么会不识字呢"。

论据是论题真实性的依据，所以，论据被驳倒，论题就失去了依据和说服力。当然，驳倒了对方的论据，并不等于就驳倒了论题，而只能说明论题是有待于验证的。因此，要想真正驳倒对方，应当把反驳论据同反驳论题结合起来，只有这样，才能从根本上制服论敌。

（三）反驳论证方式

反驳论证方式就是确定一个论证的论据和论题之间没有必然联系，也就是确定一个论证的论证方式是违反逻辑规律的。例如：

美国逻辑学家贝尔克因为反对一位参议员而遭到该参议员的图谋陷害。当时，美国共产党在美国是非法的，这名参议员便处心积

---

[1] 鲁迅：《集外集拾遗·文艺的大众化》，载《鲁迅全集》（第七卷），人民文学出版社 2005 年版，第 224 页。

虑地将贝尔克说成是一个共产党人。参议员说："所有的共产党人都反对我，你也反对我，所以你是共产党人。"贝尔克则反驳道："所有的鹅都吃白菜，你也吃白菜，那么你也是鹅了。"

此例中，贝尔克反驳的方法就是反驳论证方式。参议员的论证方式是三段论推理，但却违反了三段论"中项至少周延一次"的规则，贝尔克用相同的推理形式，推出显然荒谬的结论，对参议员的说法进行了有力反驳。

论证方式错误，并不说明其论题一定错误，因此，反驳论证方式并不能必然地确定对方的论题为假。但是，论证方式不正确，论题的真实性就不能被必然确定，论题的真实性就值得怀疑。

二　反驳的类型

反驳的形式是多样的，可以根据不同的标准进行分类。根据反驳过程中是否从某一命题为真直接确定另一命题为假，反驳可以分为直接反驳和间接反驳。

（一）直接反驳

直接反驳是运用已知为真的命题（与被反驳命题有矛盾关系或反对关系的命题）直接确定被反驳命题为假的反驳方法。例如：

有人说，"英雄人物是历史的创造者"，这种说法是错误的。因为几千年的人类历史告诉我们，人民群众才是历史的创造者。自有人类社会以来，历代劳动人民不仅创造了社会的物质财富，而且还创造了社会的精神财富，在社会实践中推动了历史向前发展。

此例用已知为真的命题"人民群众是历史的创造者"直接确定了被反驳命题"英雄人物是历史的创造者"为假，是直接反驳。其中，用来反驳的命题"人民群众是历史的创造者"与被反驳的命题"英雄人物是历史的创造者"是反对关系。

（二）间接反驳

间接反驳是通过论证与被反驳命题有矛盾关系或反对关系的命题真

实，确定被反驳命题虚假的反驳方式。例如：

　　老张开车闯红灯让交警拦了下来。老张辩解说："我一向遵守规则，过去从未闯过红灯，这是第一次，可以原谅吧。"交警说："如果第一次违反规则就可以原谅，那么第一次偷窃、诈骗就都可以原谅了。要知道，第一次偷窃和诈骗也会给社会带来极大的危害。"

此例并未直接反驳"第一次违反规则可以原谅"这一论题，而是通过论证"第一次违反规则有的不能原谅"来间接反驳论题。

间接反驳中最常用的方法是归谬法。归谬法通过假设被反驳命题为真，推出逻辑矛盾，从而间接地确定被反驳命题为假。

归谬法的基本推理形式是充分条件假言直言推理否定后件式，即要反驳命题 p，先假定 p 真，然后从这个假定中推出一个或一系列显然为假的命题 q，再由 q 命题的假必然得出 p 假。可以用公式表示为：

被反驳论题：p

反驳过程：　　如果 p，则 q

　　　　　　　非 q

结论：　　非 p

归谬法有三种主要形式：

第一种，从被反驳的命题中推出假命题。

例如：

　　有人说，自然科学是有阶级性的，这是错误的观点。如果自然科学有阶级性的话，那么，无产阶级和资产阶级关于使用电灯的原理技术，就应该截然不同，祖冲之和阿基米德关于圆周率的发现，就应该完全两样，而这显然是极其荒唐的。

第二种，从被反驳的命题中推出两个相互矛盾的命题。

例如：

　　有人声称"梦是事件的先兆"，所以，梦是可以"圆"的，"圆梦"可以预示未来。其实，这是一种荒谬的说法。唐朝安史之乱期间，安禄山打进长安，做了一个梦，梦见自己的袖子很大，他找了一个乐工为他圆梦，乐工说这象征着"垂衣而治"，意味着安禄山可以取代唐朝皇帝。后来，唐朝统治者又打回长安，抓住这个乐工要治罪，乐工却说，他对安禄山说的是假话，其实，梦见袖子太大是说"出手不得"，注定他要失败。同样一个梦，同一个人圆梦，却有两种自相矛盾的解释，可见"圆梦"并不科学。

第三种，从被反驳的命题中推出与其相矛盾的命题。

例如：

  古希腊学者克拉底鲁宣称：我们对任何事物所作出的肯定或否定都是假的。亚里士多德对这种说法进行反驳说："克拉底鲁的话等于说'一切命题都是假的'，而如果一切命题都是假的，那么，这个'一切命题都是假的'的命题也是假的。"

归谬法与反证法有一定相似之处，容易混淆，有必要进行比较。二者的论证过程分别表示如下：

反证法　证明：p
　　　　　假设：非 p
　　　　　　　　如果非 p，则 q
　　　　　　　　非 q
　　　　　结论：p

归谬法　反驳：p
　　　　　假设：p
　　　　　　　　如果 p，则 q
　　　　　　　　非 q
　　　　　结论：非 p

归谬法和反证法的相同点是：都是间接论证方法，都采用充分条件假言直言推理的否定后件式。

归谬法和反证法的不同点是：证明的目的不同，反证法是论证论题 p 为真，而归谬法是论证论题 p 为假；运用的逻辑规律不同，反证法运用排中律（p 与非 p 不能同假），而归谬法运用矛盾律（p 与非 p 不能同真）；假设不同，反证法假设真命题 p 为假，而归谬法假设假命题 p 为真。

第四节 谬误

一 谬误的界定

简单来说,谬误是指人们在思维和语言表达中存在的逻辑错误。谬误是一种"坏"论证,它貌似有理,但实际上违反了论证合理性标准,不能确定论题的真实性。例如:

  上帝是存在的,因为没有人能证明上帝不存在。

此例为谬误,"没有人能证明上帝不存在",不能得出"上帝是存在的"。论证一个命题为真,不能仅依据该命题没有被证明为假,如果这样,就是以无知为论据,是"诉诸无知"的谬误。

逻辑学对谬误的研究历史悠久,亚里士多德在《辩谬篇》中就讨论过谬误问题,把谬误称为"表面的论证"或"假冒的论证"。随着谬误研究的不断发展,当代对谬误分析的范围更广、程度更深,分析的方法也更多样化。

诡辩是一种常常与谬误一起被提及的现象。可以说,诡辩也是谬误,但它与一般谬误存在不同。一般谬误可能是无心的错误,而诡辩一定是精心的设计。诡辩是诡辩者为了达到某种目的,故意地违反逻辑规律和论证合理性,得出错误的结论。使用动机的不同,是区分谬误和诡辩的依据。例如:

  甲:你们通宵达旦吵吵嚷嚷地打扑克,影响别人休息。
  乙:影响别人,又不影响你。

此例为诡辩。甲说的"别人"这一概念包括甲本人,而乙故意地把"别人"说成是不包含甲的其他人,是偷换概念,违反了同一律。

本章主要讨论一般的谬误问题。

二 谬误的类型

谬误有许多种不同的类型,传统上,根据谬误的原因是否为论证形式的错误,将其分成形式谬误和非形式谬误两大类。形式谬误是指论证形式无效的谬误,例如:三段论的中项不周延,大项或小项在前提中不周延但在结论中周延;充分条件假言推理的肯定后件式、否定前件式;必要条件假言推理中的肯定前件式、否定后件式;等等。其他不是由论证形式造成的谬误,都是非形式谬误。例如:

甲:最近这只股票一定会大涨。

乙:真的假的?为什么这么说。

甲:真的,大家都这么说。

此例为非形式谬误,其逻辑错误与论证形式无关。甲援引众人的意见作为论据来进行论证,论据和论题之间没有必然联系,是一种"诉诸众人"的谬误。

形式谬误仅仅与论证形式有关,是语形谬误,情况比较单纯;非形式谬误是语用谬误,绝大多数需要结合具体的论证语境来分析,情况比较复杂。本书在前面介绍思维的逻辑形式及其规律时,已经对各种形式谬误有所论述,本节主要介绍常见的非形式谬误,包括含混谬误、预设谬误、不相干谬误、充足性谬误四种类型。

(一) 含混谬误

含混谬误是指由于论证语言语义不清而导致的谬误。主要包括概念混淆、结构歧义、错置重音、合成与分解等。

1. 概念混淆

概念混淆是由于论证中某个词的含义不明确而造成的谬误。如果在论证中混淆同一词语的不同意义,或者混淆集合概念和非集合概念,就会造成概念混淆。例如:

所有的鸟都是有羽毛的,拔光了羽毛的鸟还是鸟,所以拔光了羽毛的鸟是有羽毛的。

这是一个错误的论证。其原因是"鸟"这个词语在前提中意义不同。"所有的鸟都是有羽毛的"中,"鸟"是一般意义上的动物名称,是有羽毛的鸟;"拔光了羽毛的鸟还是鸟"的第二个"鸟",指被拔光了羽毛的鸟,是另外一个概念。因此,"鸟"无法作为中项来构成一个有效的三段论。

2. 结构歧义

结构歧义是由于论证中某个句子因结构原因造成意义不确定而导致的谬误。例如：

> 资料室里有二十人在读书和看报，所以，资料室里有二十人在读书。

此例是结构歧义。这是因为"资料室里有二十人在读书和看报"这句话有歧义，它可以指资料室里有二十个人，其中一部分读书，一部分人看报，也可以指资料室里有二十个人，他们既读书又看报，而只有后一种意思才能推出结论。

3. 错置重音

错置重音是指在论证中由于重读的部分不同而产生歧义的谬误。例如：

> 小明说："既然老师说不允许在考试的时候抄别人的题，那我在平时抄别人的就可以了。"

小明之所以得出"平时抄别人的就可以了"的结论，是因为他故意把"在考试的时候"重读，有意利用重读、强调等手段得出不正确的结论，是错置重音的谬误。

4. 合成与分解

合成与分解是一组相对立的谬误。合成是指从整体的某一部分或集合体的某一个体具有某种性质，得出整体或集合体也具有该性质。分解是从整体或集合体具有某种性质，得出该整体的某一部分或集合体中的某个个体也具有该性质。分别如：

> 东风集团下属子公司东风制药厂今年的效益非常好，所以东风集团的效益也非常好。

> 实验小学二年级一班是先进班集体，所以，该班学生小王也是先进个人。

第一例是合成谬误，由东风集团某个子公司效益好得出该集团效益好，混淆了部分与整体。第二例是分解谬误，由班级是先进班集体得出班级里的某个人是先进个人，混淆了集合体与个体。

（二）预设谬误

预设谬误是指在论证过程中依据一些不恰当的预设前提得出错误结论的谬误。主要包括复杂问语、非黑即白、预期理由等。

1. 复杂问语

复杂问语是指问句中问题的预设是虚假的，或者是有争议的。一般情况下，表达疑问的语句都有其预先假定的内容，叫作预设。例如"你要吃一个馒头还是两个？"其预设是"你要吃馒头"。如果一个问句的预设是虚假的，回答者就会陷入困境，因为不管是肯定回答还是否定回答，都是在承认预设的基础上作出的。例如：

请问是雌蚊子咬人狠，还是雄蚊子咬人狠？

此问题就属于复杂问语，其预设是"雄蚊子和雌蚊子都是咬人的"，然而，此预设虚假。事实上，雌蚊子咬人吸血，但雄蚊子只吸植物汁液。因此，不管回答者选择雌蚊子还是雄蚊子，都是错误的。

对复杂问语，可以指出其预设的虚假，也可以采用重复预设的方式进行回避。例如：

三国时，大将军钟会去看望当时的名士嵇康，嵇康正在打铁，不理会钟会，钟会看了一会儿，正要离开时，嵇康问道："何所闻而来，何所见而去？"钟会答道："闻所闻而来，见所见而去。"

上例中，嵇康之所以这样问，是因为他有个预设：钟会来看他是有目的的，是"听到传闻的话才来，看到想看的东西才走"。所以，他的问句是个复杂问语。对这种不便回答或者是不好回答的问题，钟会采用了回避的方法。

2. 非黑即白

非黑即白是指在本来有其他选择的情况下，却要求他人作出非此即彼的选择。例如：

如果不支持这项改革，就是反对这项改革。如今你不支持这项改革，所以你一定是反对这项改革。

上例只给出了"支持"和"反对"两个选择，强迫二选一，但其实"支持"和"反对"是反对关系，可以同时为假，此为非黑即白的谬误。

3. 预期理由

预期理由是指用本身的真实性尚待证明的命题充当论据结论。例如：

> 用望远镜观察火星可以发现上面有不少有规则的条状阴影，这就是火星人开凿的运河，因此火星上是有人的。

此例用真假性尚待验证的命题"火星上有规则的条状阴影是火星人开凿的运河"为依据，推出"火星上有人"这一结论，是预期理由的谬误。

（三）不相干谬误

不相干谬误是指用与结论不相干的前提或理由来得出结论的谬误。其前提与结论看似有关而实际无关。主要包括诉诸权威、诉诸无知、诉诸众人、诉诸感情、诉诸个人、人身攻击、"稻草人"、循环论证等。

1. 诉诸权威

诉诸权威是指以权威或专家的意见作为论据进行论证。例如：

> 这种解题思路一定是对的，因为这是王老师说的，王老师是一位治学严谨的、受人尊敬的、造诣很深的著名数学家。

此例仅仅以权威性作为论据，是诉诸权威的谬误。

2. 诉诸无知

诉诸无知是以对某事的无知为论据进行论证，即仅仅依据一个命题没有被证明为假，来论证该命题为真，或者是仅仅因为一个命题没有被证明为真，来论证该命题为假。例如：

> 你说的那件事一定是不存在的，因为我从来没有听说过那件事。

此例是诉诸无知的谬误，从没听说过那件事，未必那件事不存在。

3. 诉诸众人

诉诸众人是以众人的意见、见解或行为来进行论证，即以被广泛接受的观点行为作为依据来论证。例如：

> 我们班大多数同学都热爱运动，所以，运动应该是有益于健康的。

此例得出"运动应该是有益于健康的"这一结论的论据仅仅是"大多数同学都热爱运动",是诉诸众人的谬误。

4. 诉诸感情

诉诸感情是以感情为论据进行论证。例如:

> 律师辩护说:"陪审团的女士们和先生们,看看这位可怜的男人坐在轮椅上不能移动双腿,这样一个人真的有能力去挪用公款吗?"

此例中,律师的辩护不是根据事实和法律,而是通过卖惨博得人们对被告的怜悯,是诉诸感情的谬误。

5. 诉诸个人

诉诸个人是指以某个人的言行作为依据来进行论证。例如:

> 甲劝乙说:"别再喝酒了,喝酒对身体不好。"乙说:"别说了,你自己不也喝酒吗?"

此例中,乙以甲的个人行为为依据判定论题的真假,是诉诸个人的谬误。

6. 人身攻击

人身攻击是指在反驳对方时,不针对对方的观点进行反驳,而是从对方的出身、职业、地位、长相等与论题无关的方面对对方进行攻击。例如:

> 甲:我觉得刚才那个球处理得不够好,应该先把球传给小王,打个配合,而不是直接投篮。
>
> 乙:有本事你上场啊,连上场的资格都没有,还在这里说三道四。

此例是人身攻击的谬误。乙的言外之意是说甲能力不行,没有资格说话。

7. "稻草人"

"稻草人"是指通过歪曲对方来反驳对方,或者把某种极端的观点强加给对方来丑化对方的论证,就像树立了一个稻草人做靶子,认为打倒了稻草人就打倒了对方。例如:

> 小明说国家应该投入更多的预算来发展教育事业,小红回复

说："想不到你这么不爱国，居然想减少国防开支，让外国列强有机可乘。"

此例中，小红把小明的观点"国家应该投入更多的预算来发展教育事业"强行歪曲为"减少国防开支"，通过丑化对方来打败对方，是一个"稻草人"的谬误。

8. 循环论证

循环论证是指用来证明论题的论据本身的真实性要依靠论题来证明的谬误。例如：

> 问：《圣经》所述内容是否可信呢？
> 答：是。因为那是上帝的语言被人记录下来的。
> 问：那上帝是否存在呢？
> 答：是。《圣经》中说上帝是存在的。

此例用上帝证明《圣经》是可信的，又用《圣经》证明上帝是存在的，是循环论证的谬误。

(四) 充足性谬误

如果论证的论据不充足，论据和结论之间的逻辑关系不必然能得出结论，就会导致充足性谬误。主要包括以偏概全、错误归因、因果倒置等。

1. 以偏概全

以偏概全是指以某些特例或偶然现象为依据来概括该类事物特点的谬误。例如：

> 一个旅行者走进了下野的有钱的大官的书斋，看见有许多很贵的砚石，便说中国是"文雅的国度"；一个观察者到上海来一下，买几种猥亵的书和图画，再去寻寻奇怪的观览物事，便说中国是"色情的国度"。[①]

上例是鲁迅先生作品中的一段话，他讽刺了有些人仅凭"很贵的砚石"得出"中国是'文雅的国度'"的结论，仅凭"几种猥亵的书和图

[①] 鲁迅：《且介亭杂文二集·内山完造作〈活中国的姿态〉序》，载《鲁迅日文作品集》，上海文艺出版社1981年版，第83页。

画"和"奇怪的观览物事"得出"中国是'色情的国度'"的结论,都是由特殊和偶然现象得出的结论,是以偏概全的谬误。

2. 错误归因

错误归因是指仅依据两个事物现象之间可能存在相关性,得出一事物现象是另一事物现象的原因的谬误。例如:

> 有个人观察一只鸟后发现,这只鸟每天都会在太阳出来之前就开始鸣叫,鸟叫过一会儿太阳就出来了,所以,他得出结论是鸟的叫声使太阳出来了。

此例把"鸟叫"作为"太阳出来"的原因,是典型的错误归因。

3. 因果倒置

因果倒置是指在论证中以原因为结果,或以结果为原因的谬误。例如:

> 老师:小明同学因为喜欢数学,所以他的数学学得非常好。
>
> 小明:其实,我是因为学得好,才喜欢数学的。

此例中,"学得好"是原因,"喜欢数学"是结果,老师犯了因果倒置的谬误。

以上是较为常见的谬误,实际应用中还有许多种其他类型的谬误,应结合语境具体分析。

三 谬误应用于逻辑能力测试

逻辑能力综合测试中常常涉及谬误问题。

例 1

> 专家目前发现了高危的代码执行零日漏洞,目前所有支持的Windows系统均受影响。已有相关证据表明,至少在 7 周前就有黑客利用该漏洞,在不触发 Windows Defender 以及其他终端保护产品的情况下,在受害者设备上安装恶意程序。幸运的是目前还没有证据证明这一漏洞会造成个人信息泄露,所以计算机用户不必担心自己的个人信息泄露。

下面哪项表述能够指出上述论证的错误?

A. 没有考虑这一事实：没有被证明的因果关系，人们也可以假定这种关系的存在

B. 没有考虑这种可能：即使尚未证明因果关系的存在，这种关系也是存在的

C. 没有说明计算机漏洞产生的技术原因

D. 用仅仅是对结论加以重述的证据来支持结论

正确选项是 B。题干所述论证的错误之处在于"目前还没有证据证明这一漏洞会造成个人信息泄露"并不等同于这件事情没有发生，只是目前缺乏证明的手段而已。此论证是一个诉诸无知的谬误。

例 2（2003，MPA）

雄孔雀漂亮羽毛的主要作用是吸引雌孔雀，但没人知道为什么漂亮的羽毛能在求偶中具有竞争的优势，一种解释是雌孔雀更愿意与拥有漂亮羽毛的雄孔雀为偶。

下面哪项陈述最准确描述了上文论证中的错误？

A. 把属于人类的典型特征归属于动物

B. 把针对事物中个别种类断定的不能证明为真的结论，推广到这类事物的所有种类

C. 这种解释使用了一种原则上既不能证明为真，也不能证明为假的论据

D. 把需要作出解释的现象本身作为依据对此现象作出解释

正确选项是 D。题干用"雌孔雀更愿意与拥有漂亮羽毛的雄孔雀为偶"为论据，来解释"为什么漂亮的羽毛能在求偶中具有竞争的优势"，但这一论据与论题的意思相同，实际上并没有作出解释。此论证是循环论证，应选 D 项。

第五节 论证的分析评价与逻辑能力测试

在各种类型的逻辑能力综合测试中，论证的分析评价都是一个重要内容。本节结合具体题目，主要从识别隐含假设、断定结论、加强论

证、削弱论证、解释与评价等方面介绍论证的分析与评价相关问题。

一 识别隐含假设

论证中常常存在着对论证起支持作用，但在论证语言中却没有出现的命题，这就是隐含假设。例如：

> 他在以往工作中有过很大失误，故不能委以重任。

上例中隐含了"以往在工作中有过很大失误的人不能委以重任"这一假设。

虽然隐含假设在论证语言中没有出现，却是事实上的论据，因此，要正确分析和评价一个论证，就要寻找并识别其隐含假设。由于论证语言中没有隐含假设的相关陈述，就需要我们从论证文字中寻找线索，准确识别。

逻辑能力综合测试中，识别隐含假设常用的方法有"搭桥法"和"反向代入法"。所谓搭桥法，就是找出论据所讨论的对象和论题所讨论的对象，并断定二者之间的联系。反向代入法是指把某一可能是隐含假设的命题反向代入论证中，即先假设该命题不成立，验证论证是否成立，如果论证不成立，则该命题为论证的隐含假设。

例1（2013，国考）

20世纪50年代以来，人们丢弃了多达10亿吨塑料，这种垃圾可能存在数百年甚至数千年。近日一个科研小组在亚马孙雨林中发现一种名为内生菌的真菌，它能降解普通的聚氨酯塑料。科研人员认为利用这种真菌的特性，将有望帮助人类消除塑料垃圾所带来的威胁。

科研人员的论证还需要下面哪项作为前提？

A. 塑料垃圾是人类活动产生的最主要的废弃物种类
B. 内生菌在任何条件下都可以很好地分解塑料制品
C. 这种真菌在地球上其他地区也能正常地存活生长
D. 目前绝大多数塑料垃圾都属于普通的聚氨酯塑料

正确选项是D。此论证由前提"内生菌能降解普通的聚氨酯塑料"

得出了"利用这种真菌的特性,将有望帮助人类消除塑料垃圾所带来的威胁"的结论。文字表达中未表达"普通的聚氨酯塑料"与"塑料垃圾"之间的关系,而这是得出结论所必需的。因此,用"搭桥法"把二者联系起来,得出论证中暗含的假设"绝大多数塑料垃圾都属于普通的聚氨酯塑料",即 D 项。

例 2(2017,宁海)

婴儿期的记忆缺失现象是指婴儿不能记住生命中最初的两年或三年里发生的事件。以往对这一现象的解释是:婴儿这一时期不能形成持久的关于自身经验的表征,即没有相关的记忆的存在,因此无法利用早期记忆;但近来的研究却发现事实并非如此。婴儿能够回忆较早的经验,并且在婴儿期内相隔相当长的一段时间内都能回忆,因此研究者认为并不是所有婴儿都存在记忆缺失的现象。

上述论述中研究者得出结论的隐含假设前提是哪项?

A. 婴儿的短期记忆优于长期记忆
B. 自身经验的表征和记忆密切相关
C. 能够回忆相关经验意味着一定存在记忆
D. 记忆缺失常常是由难以提取记忆线索引起的

正确选项是 C。上述论证由"婴儿能够回忆较早的经验,并且在婴儿期内相隔相当长的一段时间内都能回忆",得出结论"并不是所有婴儿都存在记忆缺失的现象",即"有些婴儿不存在记忆缺失的现象"。其中,"回忆经验"与"存在记忆"之间的联系未表明,因此,要使论证成立,需要在两者之间建立联系,即 C 项。其他三项都不是论证所必需的假设。

例 3(2012,国考)

众所周知,西医利用现代科学技术手段,可以解决很多中医无法解决的病症;而中医依靠对人体经络和气血的特殊理解,也治愈了很多西医束手无策的难题。据此,针对某些复杂疾病,很多人认为中西医结合的治疗方法是有必要的。

上述论述中很多人得出结论的隐含假设前提是什么?

A. 针对这些疾病的中医和西医的治疗方法可以互相结合，扬长避短

B. 这些疾病单独用中医治疗，或者单独用西医治疗，并不能得到有效治疗

C. 针对这些疾病医学界已经掌握了中西医疗法结合的方法

D. 针对这些疾病，医学界已经尝试了中西医结合的疗法，并取得了良好的效果

正确选项是 B。上述论证首先指出西医和中医都能治愈很多对方无法治愈的病症，因此得出结论"针对某些复杂疾病，很多人认为中西医结合的治疗方法是有必要的"。把 B 项用反向代入法可得：如果这些疑难疾病单独用中医或西医就能有效治疗，中西医结合就没有必要了。所以，B 项是结论成立的必需前提。因为结论是中西医结合的治疗方法有必要，跟它的疗效和是否已经开始尝试或掌握这一方法没有联系，因此，其他三项都不是得出结论的必要前提。

二 断定结论

断定结论是指根据给出的前提，合乎逻辑地得出正确结论。断定结论的有效方法是：准确定位题干所述内容，对比选项，找出最合理的论断。

例 4（2021，甘肃）

最新的两项研究成果引起人们关注：一是利用某种细菌来制造人造肉的蛋白质，该细菌靠吸收温室气体二氧化碳生长，每产生 1 千克蛋白质约需 2 千克二氧化碳；二是把从大气中回收的二氧化碳和水合成乙醇，生产 1 千克乙醇需要 1.5 千克二氧化碳。专家预测，这些新技术将有助于 21 世纪实现温室气体零排放的目标。

由此可以推出：

A. 利用二氧化碳生产食品和酒类将成为一项新兴产业

B. 未来可通过人造食品吃掉二氧化碳来减少其排放

C. 只有二氧化碳资源化利用，才能实现温室气体零排放

D. 二氧化碳资源化利用可能实现温室气体零排放目标

正确选项是 D。题干主要介绍了两项研究成果，并没有提及二氧化碳生产食品和酒类将成为一项新兴产业，A 项排除。题干并没有说明未来是否真的能够通过人造食品吃掉二氧化碳来减少排放，B 项排除。题干没有提及只有二氧化碳资源化利用，才能实现温室气体零排放，C 项表述过于绝对，排除。D 项"二氧化碳资源化利用可能实现温室气体零排放目标"正是对题干所述内容的概括，可以推出。

例 5（2018，黑龙江）

如果央行允许人民币继续贬值，那么市场对于人民币贬值的预期就容易强化。如果市场形成较强的人民币贬值预期，大量的资金就会流出我国。资金流出我国，不仅会强化这种人民币的贬值预期，导致更多的资金流出我国，而且可能会导致我国资产价格全面下跌，继而可能引爆金融市场的区域性风险及系统性风险，这些都是我们不愿意看到且不允许出现的情况。

由此可以推出：

A. 货币持续贬值会导致资产全面下跌
B. 资金流失严重会出现货币贬值预期
C. 央行不会允许人民币继续贬值
D. 我国将重点着手干预资金外流

正确选项是 C。题干的叙述说明了"我们不愿意看到且不允许出现"人民币继续贬值的情况，与 C 项表述一致。A 项说法过于绝对，题干表述的是人民币持续贬值"可能会"导致资产价格全面下跌，不是"会"下跌。B 项"资金流失严重会出现货币贬值预期"，与题干所说的较强的人民币贬值预期会导致资金大量流失因果正好相反。D 项内容题干中并没有提及。

例 6（2001，MBA）

麦角碱是一种可以在谷物种子的表层大量滋生的菌类，多见于黑麦。麦角碱中含有一种危害人体健康的有毒化学物质。黑麦是在中世纪引进欧洲的，由于黑麦可以在小麦难以生长的贫瘠和潮湿的土地上，有较好的收成，因此，成为那个时代贫穷农民的主要食物来源。

上述信息最能支持以下哪项断定？

A. 在中世纪以前，欧洲贫瘠而潮湿的土地基本上没有得到耕作

B. 在中世纪的欧洲，富裕农民比贫穷农民较多地意识到麦角碱所含有毒物质的危害

C. 在中世纪的欧洲，富裕农民比贫穷农民较少受到麦角碱所含有毒物质的危害

D. 在中世纪的欧洲，如果不食用黑麦就可以避免受到麦角碱所含有毒物质的危害

正确选项是 C。题干主要陈述了两方面的内容，一是中世纪的欧洲的黑麦含有有毒物质麦角碱，二是黑麦是贫穷农民而非富裕农民的主要食物来源。C 可以由题干中直接得出，其他选项都不能。

三　加强论证

加强论证也叫强化论证，要求合乎逻辑地找出对论点具有支持作用的命题。加强论证型题目，一般在题干中给出一个论证，但论证的某个论据或假设未包括在题干内，需要补充出来，使论证成立的可能性增大。

不同的论证类型，加强论证的方式会有所不同。例如类比论证，加强方式是两类对象有本质属性上的相同之处；归纳论证，加强方式是样本数量大、样本选取科学；根据现象分析原因的论证，加强方式是建立因果联系、排除他因等。解决加强论证型题目，应该在找出论点和论据的基础上进行判断，肯定假设前提或增加论据都是加强论证。

例 7（2019，浙江）

某教育机构对一所高中全体学生的学习习惯和语文成绩进行了调查研究，结果发现相比于喜欢大量做习题的学生，喜欢大量阅读课外读物的学生，语文成绩更好，因此，该机构认为阅读比做习题

更能提高学生的语文成绩。

以下哪项为真，最能支持该机构的观点？

A. 语文考试对学生的阅读量要求很高

B. 学生之所以做大量习题，是因为其语文成绩较差

C. 各项成绩都很优秀的学生，才有时间和精力阅读课外读物

D. 其他机构在小学和初中做了同类研究得出了相反的结论

正确选项是 A。题干所表达的论点是"阅读比做习题更能提高学生的语文成绩"。论据是：一项调查结果发现，"相比于喜欢大量做习题的学生，喜欢大量阅读课外读物的学生，语文成绩更好"。题干论点和论据的话题一致，可以首先考虑增加论据，即增加阅读比做习题更能提高学生语文成绩的理由，选项 A 符合。其他三项都对论点有削弱作用。

例 8（2016，吉林）

近日，某国的科学家们正在尝试用粒子加速器治疗癌症。他们将包括胶质瘤细胞在内的几种肿瘤细胞培养物放置在模拟人类头部的有机玻璃器皿中。再把这个"人头"放在粒子加速器的作用范围内。科学家们首次在肿瘤细胞内聚集着足够量的硼-10，然后再用中子束照射肿瘤部位，使肿瘤细胞内部发生核反应，肿瘤细胞随之死亡。

以下哪项为真，最能支持实验的成功？

A. 中子束对肿瘤细胞的作用有别于健康细胞

B. 脑胶质肿瘤类癌症用其他治疗方法无法治愈

C. 只有肿瘤细胞会在中子束的作用下死亡

D. 中子束能摧毁包括脑细胞在内的人体细胞

正确选项是 C。题干所述论题是"科学家们正在尝试用粒子加速器治疗癌症"这一实验，而实验要成功，必须满足一个前提，那就是"只有肿瘤细胞会在中子束的作用下死亡"，否则，如果正常的健康细胞也会死亡，那么实验就是失败的，因此，C 项是实验成功的必要条件，最能支持实验成功。A、B 项与论题无关，D 项削弱了论题。

例 9（2018，江苏）

绿茶的主要成分是茶多酚，近来大量动物实验发现，茶多酚具有抑制肿瘤细胞增殖，促进肿瘤细胞消亡的作用，但是有些专家通过对大量人群的研究，并未发现饮茶越多癌症发病率就越低这一现象，据此，他们并不认为经常饮茶能够防癌。

以下哪项为真，则是上述专家作出结论的最合理的假设？

A. 如果茶叶在生产加工运输过程中受到重金属、农药等致癌物质的污染，则饮茶越多就越增加患癌风险

B. 如果人们长期饮茶，但又奉行抽烟、喝酒、熬夜等不良生活习惯，很难看出经常饮茶带来的防癌作用

C. 只有假定品种不同但分量相同的茶叶中含有的茶多酚基本相同，才能得出经常饮茶能够防癌这一结论

D. 只有在大量人群中发现饮茶越多，癌症发病率就越低这一现象，才能得出经常饮茶能够防癌这一结论

正确选项是 D。题干所述专家的论点是：经常饮茶并不能够防癌。论据是：通过对大量人群的研究，并未发现饮茶越多癌症发病率就越低。A 项讨论的是受到致癌物污染的茶叶是否会增加患癌风险，与题干论题无关。B 项实际上肯定了饮茶能够防癌，削弱了结论。C 项讨论的是在什么情况下能够得出饮茶防癌这一结论，与题干论题无关。

四 削弱论证

削弱论证要求找出论证中的漏洞，即找出削弱或割裂论据和结论之间因果关系的命题。

不同的论证类型，削弱的方式会有所不同。例如类比论证，削弱方式是两类对象有根本不同；归纳论证，削弱方式是样本数量小、样本选取不科学；根据现象分析原因的论证，削弱方式是切断因果联系、另有他因等。解决削弱论证型题目，应该在找出论点和论据的基础上进行判断，削弱论题、削弱论据或削弱论证方式都是削弱论证。

例10（2019，云南）

有人认为创造力和精神疾病是密不可分的。其理由是尽管高智商是天才不可或缺的要素，但是仅当高智商与认知抑制解除相结合的情况下，才能得到创造性的天才。

以下各项中，最能质疑上述观点的是哪一项？

A. 事实上大部分杰出人物并没有表现出任何精神疾病症状

B. 长期封闭式治疗精神疾病，反而可能降低患者的认知能力和创造力

C. 人生中的某些事件（如破产、失恋等）也能够提高人的创造潜能

D. 大部分拥有高智商的精神疾病患者，并没有表现出自己是创造性的天才

正确选项是 D。 题干所述论点是"创造力和精神疾病是密不可分的"。论据是"仅当高智商与认知抑制解除相结合的情况下，才能得到创造性的天才"。论点和论据都是在讨论创造力和精神疾病之间的关系，论题一致，若要削弱，可考虑否定论点，即否定创造力和精神病疾病之间有必然联系。D项"大部分拥有高智商的精神疾病患者，并没有表现出自己是创造性的天才"，恰好是否定了论点。

例11

今天是小秋的生日，快递员一大早就送来了一束玫瑰花和一张贺卡，但贺卡上没有署名。朋友小夏认为玫瑰花是陈宏送的，小秋则认为不可能，因为她与陈宏不熟。小夏说她想到的其他可能性都被否定了，剩下的这个可能性尽管有点意外，但应当是真的。

下面哪项为真，最能削弱小夏的说法？

A. 小夏不可能比小秋更了解陈宏

B. 小夏不可能穷尽所有的可能性

C. 实际上小秋跟陈宏比较熟

D. 陈宏是一个非常浪漫的人

正确选项是 B。题干所述论点是"小夏认为玫瑰花是陈宏送的"。论据是"她想到的其他可能性都被否定了"。B 项与论据相矛盾，直接削弱了论据。

例 12

A 市经济发达，在 A 市就读的大学生毕业后都选择留在 A 市工作和生活。但是，今年与 A 市相邻的 B 市出台了一项针对大学毕业生购房的优惠政策，许多 A 市大学毕业生因此选择在 B 市购房。由此可以预测，今年留在 A 市的大学毕业生将会更容易找到工作。

以下最能反驳上述论证的是哪一项？

A. 过去几年 A 市的大学毕业生并没有面临很大的就业压力

B. 与去年相比，今年 A 市的几个企业招收员工的数量有所减少

C. 绝大多数在 B 市购房的 A 市大学毕业生仍然选择在 A 市工作

D. B 市的大学毕业生同样不容易找到心仪的工作

正确选项是 C。题干所述论点是"今年留在 A 市的大学毕业生将会更容易找到工作"。论据是"今年与 A 市相邻的 B 市出台了一项针对大学毕业生购房的优惠政策，许多 A 市大学生因此选择在 B 市购房"。论点有关找工作的难易程度，论据有关大学生购房，二者讨论的论题不一致，可以考虑通过说明大学生购房与找工作的难易程度没有关系来进行削弱。C 项"绝大多数在 B 市购房的 A 市大学毕业生仍然选择在 A 市工作"恰好说明了论点和论据没有必然联系。

五　解释与评价

（一）解释

解释是指对某一现象或矛盾发生的原因，或者对论证的正确性等作出说明。解释型题目的题干一般是关于某些事实或现象的描述，要求是对这些事实现象或矛盾作出合理的解释。

例 13（2010，上海）

第一个事实：电视广告的效果越来越差，一项跟踪调查显示，在电视广告所推出的各种商品中，观众能够记住其品牌名称的商品的百分比逐年降低。

第二个事实：在一段连续插播的电视广告中，观众印象较深的是第一个和最后一个，而中间播出的广告留给观众的印象一般说要浅得多。

以下哪项最能使得第二个事实成为对第一个事实的合理解释？

A. 在从电视广告里见过的商品中，一般电视观众能记住其品牌名称的，大约还不到一半

B. 近年来，被允许在电视节目中连续插播广告的平均时间逐渐缩短

C. 近年来，一段连续播出的电视广告所占用的平均时间逐年增加

D. 近年来，一段连续播出的电视广告中，所出现的广告的平均数量逐渐增加

正确选项是 D。题干所陈述的第二个事实说明：在一段连续插播的电视广告中，观众印象较深的是第一个和最后一个，其余的印象较浅。D 项说明：近年来，连续播出的电视广告的平均数量增加了。广告数量逐渐增加，但观众印象深刻的广告数量没有增加，因此，观众印象深刻的广告百分比一定是逐年降低的。D 项可以使得第二个事实成为对第一个事实的合理解释。

例 14（2021，国考）

近年来，国家从药品生产、流通和销售各环节发力，频频出台降低药价的相关政策，但是让不少患者感到疑惑的是，一方面是国家降低药价的政策不断出台，另一方面却是诸多常用药价格不断上涨。

以下哪项如果为真，最能解释上述现象？

A. 价格下降的药品占大多数，上涨的药品占少数，因此，从

整体上来说药品价格仍然是下降了

B. 常用进口药的需求增多，相关政策无法控制此类药品的价格上涨

C. 国家虽然出台了降低药价的政策，但是其影响要经过一段时间才能显现出来

D. 降低药价的政策可以有效控制药品市场中因制药原材料涨价而导致的药价上涨

正确选项是 B。题干所陈述的矛盾是"一方面是国家降低药价的政策不断出台，另一方面却是诸多常用药价格不断上涨"。B 项说明"常用进口药的需求增多"，是导致常用药价格上涨的原因，而国家政策是无法控制进口药价格上涨的，可以解释题干所陈述的矛盾。

（二）评价

评价是指对论证过程作出评判，包括对论证方法、推理形式的比较与评判。评价型题目的题干一般是一段论证或者对话，要求对论证的结构、观点、有效性、逻辑错误等作出评判。

例 15

　　心脏代谢疾病是全球主要的死亡原因之一。法国专家团队一项最新研究发现，患有心脏代谢疾病的患者每天食用 150 克面包，8 周后心脏代谢疾病的风险显著降低。因此，他们认为食用高纤维面包可以降低心脏代谢疾病的风险。

　　为了对上述研究结果作出评价，以下哪个问题最为重要？

A. 患者每天食用 200 克高纤维面包对心脏代谢疾病风险有无影响

B. 不食用高纤维面包的患者患心脏代谢疾病的风险是多少

C. 心脏代谢疾病患者中食用高纤维面包和不食用高纤维面包的各有多少

D. 心脏代谢疾病患者中，男性和女性各占多少比例

正确选项是 B。题干根据"患有心脏代谢疾病的患者每天食用 150 克面包，8 周后心脏代谢疾病的风险显著降低"，得出"食用高纤维面

包可以降低心脏代谢疾病的风险"这一结论。要得出此结论，需要用"不食用高纤维面包患者"的情况进行对比，若二者相似，就不能得到题干结论，所以，B 项是必须回答的问题。

例 16

所有想当科学家的都需要学计算机，有些学计算机的注重数学能力，小王不注重数学能力，所以小王不想当科学家。

下面哪项与上述推理形式最为类似？

　　A. 所有物理学家都懂力学，有些懂力学的喜欢文学，小吴不喜欢文学，所以，小吴不是物理学家

　　B. 所有的人都是爱美的，有些爱美的还喜欢音乐，张老师不爱美，所以，张老师不喜欢音乐

　　C. 所有美术专业的学生都会画图，有些会画图的爱好书法，小明不会画图，所以，小明不是美术专业的学生

　　D. 所有的教授都承担过科研项目，有些承担过科研项目的是知名教授，小王是普通教授，所以小王没承担过科研项目

正确选项是 A。题干的推理形式是：所有的 P 都是 M，有些 M 是 N，S 不是 N，所以，S 不是 P。四个选项中只有 A 的推理形式与题干相同。

思考和练习八

思考题

一、什么是论证？论证的规则有哪些？

二、什么是反驳？反驳有哪些类型？反驳的方法有哪些？

三、什么是谬误？谬误有哪些主要类型？

四、论证的分析评价主要包括哪些内容？

练习题

一、分析下列论证的结构，指出其论题、论据和论证类型。

1. 巴基斯坦故事片《人世间》，成功地塑造了女主人公拉基雅这一

典型形象，在那冷酷的社会里，她受尽了人世间的各种痛苦和折磨，让人产生深切的同情。

在影片中，拉基雅的丈夫恶贯满盈，最后被人枪杀。凶手是拉基雅吗？她是开了枪的呀！曼索尔是一位正直的律师，他用充分的理由，证明了拉基雅不是杀死她丈夫的凶手，把这位善良的妇女从绝境中解救了出来。

曼索尔是这样证明的：如果拉基雅是凶手，那么，她手枪中的五颗子弹至少有一颗打中了她丈夫，而现在经过现场检查，她手枪中的五颗子弹都打在了对面的墙上，打在墙上，当然就没有打中她丈夫；再有，如果拉基雅是凶手，那么，子弹一定是从前面打进她丈夫的身体的，因为拉基雅是面对面地对她丈夫开的枪，但经过法医检查，尸体上的子弹是从背后打进去的。

2. 在西方科学史上，有这样一个有趣的现象，许多对科学发展作出巨大贡献的人，他们的研究成果是他们在从事的职业之外进行研究而获得的。例如：

哥白尼是波兰大主教的秘书和医生，但他对天文学的研究成果具有划时代的意义；军官笛卡儿把量变引入了数学，提出了运动守恒；外交官布莱尼兹发现了微积分；19世纪三大发现之一的能量守恒和转化定律，由四个人分别独立地提出来，他们在这个问题上都是业余研究者：焦耳是酿酒商，迈尔是医生，赫尔姆霍茨是生物学教授，格罗夫是律师。这样的事例还很多。由此可见，业余研究也能出第一流的科学成果，出第一流的人才。

3. 枇杷不是此琵琶，只因当年识字差。

若使琵琶能结果，满城箫管尽开花。

二、分析下列反驳，指出被反驳的论题、反驳所用论据、反驳的类型。

1. 冯玉祥将军在任陕西督军时，两个外国人以"中国外交部发给他们的护照上准许携带猎枪"为他们非法去终南山行猎辩护，冯玉祥反驳说："准许你们携带猎枪，就是准许行猎吗？若是准许你们携带手枪，难道你们就可以在中国境内随意杀人吗？"

2. 有人认为"有些植物是没有叶绿素的"。我们认为这种观点是错误的。实际上,"凡是植物都是有叶绿素的",因为凡是能进行光合作用的都有叶绿素,而植物都能进行光合作用,例如花草树木乃至藻类植物与苔藓等都含有叶绿素。

3. 有个官员,想寻机报复阿凡提。一次,他给阿凡提一个月的时间,让阿凡提去找一只下蛋的公鸡,如果找不到,就要叫阿凡提离开故乡,阿凡提答应了。一个月过去了,阿凡提让他的妻子去告诉这个官员,说会下蛋的公鸡找到了,可是,阿凡提却无法送来,因为他正在坐月子。官员一听大为生气,说道:"胡说,哪有男人坐月子的!"阿凡提的妻子答道:"男人不能坐月子,那公鸡会下蛋吗?"

4. "五四运动"前夕,保皇派康有为提出祭祀孔子要用膝行跪拜礼。他说因为要跪拜才生这膝盖的。鲁迅先生对此在一篇小杂感中进行了驳斥,他说人生膝盖大有用处。走路需要膝盖曲折,坐下来需要膝盖弯曲……并非只是为了跪拜的。

三、下列每小题只有一个选项是正确的,请根据论证和谬误的有关知识选出正确的选项。

1. (2011,国考)据某一房产中介机构统计,2010 年 9 月份第 2 周,全国十大城市的商品房成交量总体呈上涨趋势,并且与 8 月第 2 周相比上涨幅度更明显,如果没有其他因素抑制,按照这种趋势,9 月份或将创新政以来最高水平,虽然现在还不能确定楼市完全回暖,但未来楼价调控的压力还是很大的。

下面最有可能是上述论证前提假设的是(   )

A. 炒房者将资金大量投入楼市
B. 楼市成交量的增长会带动楼价的上涨
C. 国家对楼价的调控手段不足
D. 消费者对楼市的购买热情没有减退

2. (2012,重庆)美国于 1976 年发生了注射疫苗导致更严重疫情的事件,在甲流盛行的时期,不少人认为注射疫苗是一种危险行为,但专家认为,注射甲流的疫苗是一种有效保护自己不受甲流传染的手段。

以下是专家观点假设前提的是（　　）

A. 与注射疫苗导致疫情发生的可能性相比，甲流对人的威胁更大

B. 甲流疫苗研发过程严谨，质量可靠，安全性受到权威专家认可

C. 1976年，美国发生注射疫苗导致的严重疫情是由于注射过量所致

D. 与以往的季节性流感疫苗相比，甲流疫苗的质量标准并未降低

3.（2012，上海）有两套检测系统 X 和 Y，尽管依据的原理不同，但都能检测出所有的产品缺陷，也都会错误地淘汰 3% 无瑕疵产品。由于错误淘汰的成本很高，所以通过同时安装两套系统，并且只淘汰两套系统都认为有瑕疵的产品就可以省钱。

以下是上述论述前提假设的是（　　）

A. 接受一个次品所造成的损失比淘汰一个无瑕疵产品所造成的损失大

B. 不论采用哪一种系统，第二次检测只需要对第一次没被淘汰的产品进行检测

C. 在同等价格范围的产品中，X 系统和 Y 系统是市场上最少出错的检测系统

D. 系统 X 错误淘汰的 3% 无瑕疵的产品与系统 Y 错误淘汰的 3% 无瑕疵产品不完全相同

4.（2017，国考）有关地球冰川的研究发现，当冰川下的火山开始喷发后，会快速产生蒸汽流，爆炸式穿透冰层，释放灰烬进入高空，并且产生沸石、硫化物和黏土等物质。研究者发现，在火星表面的一些圆形平顶山丘也探测到这些矿物质大量存在，因此，研究者推测火星早期是覆盖着冰川的，那里曾有过较多的火山活动。

以下是上述结论前提假设的是（　　）

A. 研究发现火星存在火山

B. 火星地质活动不活跃，地表地貌大部分形成于远古较活跃的时期

C. 沸石、硫化物和黏土这三类物质是仅在冰川下的火山活动后才

会产生的独特物质

D. 在火星平顶山丘的岩石中发现了某种远古细菌，说明这里很可能曾经有水源

5. （2005，MPA）一项调查表明，某中学的学生对围棋的热爱程度远远超过其他棋类，并且经常下围棋的学生的平均学习成绩比其他学生更好，看来，下围棋可以提高学生的学习成绩。

以下最能削弱上述论证的是（　　）

A. 围棋能够锻炼专注力，保证学习效率的提高

B. 下围棋的同学受到了学校有效的指导，其中一部分同学才不至于因此荒废学业

C. 下围棋有助于智力开发，从而提高学习成绩

D. 该中学与学生家长约定，如果孩子的学习成绩的名次没有排在前20名，双方共同禁止学生下围棋

6. （2015，山西）某学院进行了一项有关奖学金对学习效率是否有促进作用的调查，调查内容包括自习的出勤率，完成作业所需要的平均时间，日平均阅读量三项指标，结果表明，获得奖学金的学生比没有获得奖学金的学生的学习效率要高出25%，由此得出结论，奖学金对帮助学生提高学习效率的作用是明显的。

以下最能削弱上述结论的是（　　）

A. 获得奖学金的同学通常是因为有好的学习习惯和高的学习效率

B. 获得奖学金的同学可以更容易改善学习环境来提高学习效率

C. 学习效率低的同学通常学习时间长而缺少正常的休息

D. 对学习效率高低与奖学金多少的关系的研究，应当采取定量方法进行

7. （2020，江苏）一项针对某企业工作人员的研究报告显示，使用社交软件的工作人员罹患心脑血管病、糖尿病等疾病的概率显著低于不使用社交软件的工作人员，因此，企业管理人员认为社交软件的使用有利于工作人员的健康。

以下最能削弱管理人员结论的是（　　）

A. 长时间使用电脑或手机会引发多种健康问题

B. 该企业工作人员普遍在 45 岁以上，大部分人不使用社交软件

C. 该企业工作人员里，健康的人才在工作之余使用社交软件

D. 该企业工作人员没有足够的时间和精力锻炼身体

8.（2019，山东）近年来，科技的迅猛发展为科幻小说创作提供了丰富的素材，科幻小说的主题一般围绕着科技幻想展开，揭示科技发展带来的社会问题及其给人类带来的启示，因此科幻小说的蓬勃发展是科技发展的结果。

以下最能削弱上述结论的是（   ）

A. 伴随着科技进步的科幻小说经历了初创、成熟和鼎盛三个历史时期

B. 科技发展拓展了科幻小说的想象空间，科幻小说为科技发展提供了人文视角

C. 科技只是科幻小说中的背景元素，科幻小说本质上还是要讲述一个完整的故事

D. 科幻小说展现了人类的愿望，推动科技发展将那些梦想变成现实

9.（2014，上海）考古学家不久前对某岛屿的古城进行了考古挖掘，他们发现了一些典型的被地震摧毁的古建筑废墟。因此考古学家猜测，公元 300 年前后，古城被地震摧毁了。

以下最能有力支持考古学家猜测的是（   ）

A. 大多数关于该古城的传说都提到了公元 300 年前后的那次地震

B. 在该古城发现了一些制作于公元 260 年至公元 350 年间具有该岛风格的画像

C. 在那些建于公元 300 年前后的坟墓中发现的饮酒容器，也出现在该古城附近的坟墓中

D. 在该古城中，考古学家未发现公元 300 年之后的铜币，却发现了大量公元 300 年之前的铜币

10.（2019，浙江）研究人员发现，在过去的一个半世纪中出现过

几次地球转速放缓时期，这种时期每次会持续 5 年左右，更为关键的是，地球转速放缓的同时伴随着强震增多，研究人员据此得出结论，地球转速放缓导致强震多发。

以下最能质疑上述结论的是（　　）

A. 在地球转速放缓时期，每年发生 25 次至 30 次强震，在其他时期约为 15 次

B. 在地球转速放缓时期，发生火山喷发的次数与其他时期相比没有明显变化

C. 地球转速放缓会使昼夜长短发生变化，昼夜长短变化，导致全球强震多发

D. 地核的轻微变化，导致地球的转速放缓，也导致全球范围内的强震多发

11.（2010，MPA）英国石油公司在墨西哥湾的油井发生爆裂，大量原油泄漏，该公司立即并持续使用化学分散剂来分解浮油。美国众议院能源和环境委员会主席埃德·马基对化学分散剂的安全性提出了严重质疑。美国食品和药物管理局的回应是：化学分散剂是安全的，因为没有任何报告显示这种化学品进入海产品食物链，并威胁到公众的健康。

以下对上述回应的最恰当描述是（　　）

A. 美国食品和药物管理局的回应是正确的

B. 美国食品和药物管理局的回应有漏洞，因为他们没有分析化学分散剂的特性，并以此为依据推出结论

C. 美国食品和药物管理局的回应有漏洞，因为他们把没有证据证明某种情况的存在，当作证据证明某种情况不存在

D. 美国食品和药物管理局的回应有漏洞，因为他们没有找到化学分散剂不能进入海产品食物链的充分的证据

12. 民乐专家李教授批评本市民乐团最近的演出不能充分表现民乐的特色，他的同事苗教授认为这一批评带有个人偏见。作为民乐演奏权威的苗教授考察过民乐团的演奏者，结论是每一位演奏者都拥有足够的

技巧和才能来表现民乐的特色。

以下最为恰当地概括了苗教授反驳中漏洞的是（　　）

A. 他对李教授的评论风格进行攻击，而不是对其观点加以反驳

B. 他不当地假设，如果一个团队每个成员具有某种特征，那么这个团队总能体现这种特征

C. 他仅从维护自己的权威地位的角度加以反驳

D. 他无视李教授的批评意见是与实际情况相符的

习题参考答案

第一章

一、
1. 客观规律
2. 特殊的观点、理论和看法
3. 思维的规律和规则
4. 客观规律
5. 逻辑学

二、
1-7　　2-8　　3-5　　4-6

第二章

一、
1. 非集合概念　　2. 集合概念　　3. 集合概念
4. 非集合概念　　5. 集合概念　　6. 非集合概念
7. 非集合概念　集合概念

二、
1. 交叉关系。
2. "诗人"和"小说家"是交叉关系，二者真包含于"文学家"。
3. 全异关系。
4. "中国青年"和"日本青年"是全异关系，二者分别与"运动员"和"大学生"是交叉关系，"运动员"与"大学生"是交叉关系。
5. 全异关系。
6. 全同关系。

三、
1. B　　2. C　　3. C　　4. A　　5. C

四、

概括：正确　　限制：错误

概括：正确　　限制：错误

概括：错误　　限制：错误

概括：错误　　限制：错误

概括：正确　　限制：错误

概括：正确　　限制：错误

五、

1. 划分　错误　分解

2. 定义　错误　不清楚明确

3. 划分　错误　混淆依据

4. 定义　错误　循环定义

5. 定义　错误　定义过窄

6. 划分　错误　子项相容

7. 定义　错误　否定形式的定义

8. 定义和划分　划分错误　多出子项

六、

1. D　2. B　3. C　4. D　5. A　6. D　7. A　8. C　9. C

第三章

一、

1. 不能　2. 能　3. 能　4. 能　5. 不能　6. 能

二、

1. A　2. E　3. O　4. I　5. A　（周延情况略）

三、

（略）

四、

1. 所有的行星都有卫星。

2. 有的鱼目能混珠。

3. 有的历史人物不受历史条件限制。

4. 所有的动词都是动作行为动词。

五、

1. 无效   2. 无效   3. 有效   4. 无效   （原因略）

六、

（略）

七、

1. 可以推出"具有申请优秀队员资格者都是参加者"。

2. 能推出"违法的都不是我的合作伙伴"，不能推出"不违法的都是我的合作伙伴"。（原因略）

3. 不能推出"有些偶数不是非自然数"。（原因略）

八、

1. 无效。两个否定前提不能得出结论。

2. 无效。中项不周延。

3. 无效。两个否定前提不能得出结论。

4. 无效。中项不周延。

5. 无效。四概念。

6. 无效。小项扩大。

7. 无效。中项不周延，两个特称前提不能得出结论。

九、

1. P（E）M   2. M I P
   M A S   M （A）S
   S（O）P   S （I）P

（推导过程略）

十、

1. 全异关系。

2. O 命题。（推导过程略）

3. 大前提 PAM，小前提 SOM，结论 SOP。

4. "有些 A 是 C" 或 "有些 C 是 A"。

5. 大前提 MAP，小前提 SAM，结论 SAP。

6. 大前提 MAP，小前提 SIM 或 MIS，结论 SIP。

十一、

1. 小前提：这首诗是近体诗。

2. 大前提：发展中的困难都是能够战胜的困难。

3. 大前提：领导干部是公民。

4. 大前提：有毒的物质能致病。

十二、

1. B   2. C   3. D   4. B   5. B   6. A   7. A   8. B

9. B   10. B   11. C   12. C   13. C   14. A   15. B   16. D

第四章

一、

1. 必然肯定命题   2. 必然肯定命题   3. 可能肯定命题

4. 可能否定命题

二、

1.（略）

2. 可以推出，二者是下反对关系，不可同真。

3. 不能推出，二者是差等关系，"可能非 P" 真，"必然非 P" 真假不定。

4.（略）

三、

1. 不正确。"不可能非 P" 真，"必然非 P" 假。

2. 正确。"可能 P" 真，"必然非 P" 假。

3. 不正确。"必然 P" 假，"可能 P" 真假不定。

4. 不正确。"可能非 P" 真，"可能 P" 真假不定。

5. 不正确。"种子植物" 在前提中不周延，但在结论中周延。

四、

1. 非对称关系　　2. 对称关系　　3. 反对称关系

五、

1. 非传递关系　　2. 传递关系　　3. 反传递关系

六、

1. 无效。反传递关系。

2. 无效。传递关系。

3. 无效。非传递关系。

4. 无效。关系三段论中的性质命题前提不能是否定命题。

5. 无效。媒概念不周延。

七、

1. A　　2. C　　3. A　　4. C　　5. D　　6. D　　7. C　　8. B

第五章

一、

1. 联言命题　　p∧q

2. 不相容选言命题　　p∨̇q

3. 相容选言命题　　p∨q

4. 充分条件假言命题　　p→q

5. 必要条件假言命题　　p←q

6. 充分条件假言命题的负命题　　¬(p→q)

7. 相容选言命题　　p∨q∨r

8. 联言命题的负命题　　¬(p∧q∧r)

二、

1. 当 p、q、r 不相容时，推理正确；当 p、q、r 相容时，推理错误。

2. 不正确。相容选言推理无肯定否定式。

3.（1）不能得出结论，相容选言推理无肯定否定式。

（2）能得出结论，结论是"或者小王参加会议，或者小张参加会议",符合相容选言推理的否定肯定式。

(3) 能得出结论,结论是"小张参加会议",符合相容选言推理的否定肯定式。

4. 张珊上北京大学,学文学专业;王谦上北京师范大学,学哲学专业;李月上清华大学,学计算机专业。

由(2)(5) 推出"王谦不学计算机",根据(4) 推出"王谦学哲学",根据(2)(3) 推出"王谦在北京师范大学",根据(1) 推出"李月在清华大学",所以"张珊在北京大学"。由"李月在清华大学"和(5),推出"李月是学计算机专业的",所以,"张珊学文学专业"。

三、

1. 无效。必要条件假言推理无肯定前件式。

2. 有效。符合假言连锁推理的肯定式。

3. 欣欣正确。

月月说的是充分条件假言命题 p→q,欣欣说的是其逆否命题 →p←→q,二者等值,明明说的是→p→→q,与 p→q 不等值。

4. D、E 去。

假设"A 去",则"A 去"与(1)组合,构成充分条件假言推理否定后件式,推出"B 去";此结论与(2)组合,构成必要条件假言推理肯定后件式,推出"C 去";"A、B、C 都去"与题干矛盾,所以假设错误,得出"A 不去"。"A 不去"与(4)组合,构成相容选言推理否定肯定式,推出"D 去",此结论与(3)组合,构成充分条件假言推理肯定前件式,推出"E 去"。结论为"D、E 去"。

5. A 是逻辑学家,B 是文学家,C 是语言学家,D 是音乐家。

假设 A 的预测是正确的,则 A 是逻辑学家,且 B、C、D 的预测都是错误的。因为 B、C、D 的预测错误,与他们的预测相矛盾的说法是正确的。与 C 说法矛盾的是"D 会成为音乐家",与 D 说法矛盾的是"B 会成为文学家",与 B 说法矛盾的是"C 不会成为一个逻辑学家",由此可推出"C 会成为语言学家"。推理没有出现矛盾,假设成立。

四、

（略）

五、

1．（p∧q）→p

2．p→（q∨r）

3．p∧（q∨r）

4．¬p∨¬q

5．（（p∨q）→r）∧（s→t）

六、

1．二难推理复杂构成式

（（（p→q）∧（r→s））∧（p∨r））→（q∨s）

2．二难推理简单破坏式

（（（p→q）∧（p→r））∧（¬q∨¬r））→¬p

3．若A是罪犯，他会说假话"我不是罪犯"；若A不是罪犯，他会说真话"我不是罪犯"；A或者是罪犯，或者不是罪犯；总之，他要说"我不是罪犯"。可见B说的是真话，C说的是假话，所以C是罪犯。

七、

1．有效。假言联言推理的复杂否定式。

2．有效。联言推理的分解式。

3．无效。不符合充分条件假言连锁推理的推理形式。

4．有效。必要条件假言推理的否定前件式。

5．无效。不符合必要条件假言易位推理的推理形式。

6．有效。联言推理的组合式。

7．有效。二难推理的复杂构成式。

8．有效。假言联言推理的复杂肯定式。

八、

1．（p→q）与（¬q→¬p）

根据充分条件假言易位推理形式，二者等值。

2．p←q与¬p∧q

二者是矛盾关系，p←q 的负命题的等值命题是→p∧q。

3. →（p∧q）与→p∧→q

不等值，→（p∧q）的等值命题是选言命题→p∨→q，与联言命题→p∧→q 不同。

4. →（→p∧q）与 p←q

等值，p←q 的负命题的等值命题是→p∧q，与→（→p∧q）的负命题相同。

九、

1. 重言式　　2. 重言式　　3. 可满足式

十、

1. 重言式　　2. 重言式　　3. 非重言式

十一、

1. B　　2. D　　3. B　　4. D　　5. B　　6. C　　7. A　　8. B
9. C　　10. A　　11. B　　12. A　　13. B　　14. C　　15. D　　16. C
17. A　　18. B　　19. C　　20. C　　21. D

第六章

一、

1. 违反充足理由律　　2. 违反矛盾律　　3. 违反充足理由律
4. 违反同一律　　5. 不违反　　6. 违反排中律
7. 违反矛盾律　　8. 违反排中律　　9. 违反同一律
10. 不违反

二、

1.（1）甲没有逻辑错误，"一会儿……一会儿又"说明不是同一思维过程。

（2）有逻辑错误，违反了矛盾律。

（3）乙没有逻辑错误，"种小麦好"和"种棉花好"是反对关系，可以同时为假。

2. 可以断定甲班和乙班有些同学不是团员。

A 为 →p←q，B 为 p∧q，二者是矛盾关系，一真一假。据题干可知共两个命题为假，所以 C 为假，则 C 的负命题为真。C 为 p∨q，C 的负命题的等值命题为 →p∧→q，即"甲班有些同学不是团员，并且乙班有些同学不是团员"。

3. 考取的是丙，猜对的是 D。

B 为"乙或者丁"，D 为"非乙非丁"，二者为矛盾关系，一真一假。据题干可知只有一个命题为真，所以 A、C 为假，A、C 的矛盾命题为真，即"甲没有考取""丙考取了"。据此知 D 的说法正确。

三、

1. 逻辑矛盾：若理发师不给自己刮胡子，按他的规定"我只能给那些不给自己刮胡子的人刮胡子"，他应该给自己刮胡子；若理发师给自己刮胡子，按他的规定"我只能给那些不给自己刮胡子的人刮胡子"，他不应该给自己刮胡子。

2. 逻辑矛盾：如果判定旅游者的话是真的，按照承诺，就应该放了他，可这就又证明了旅游者的话是假的；如果判定旅游者的话是假的，按照承诺，就应该杀了他，可这就又证明了旅游者的话是真的。

第七章

一、
1. 演绎推理　　2. 归纳推理　　3. 演绎推理　　4. 归纳推理

二、
1. 求同法　　　　2. 求异法　　3. 共变法　　4. 剩余法
5. 求同求异共用法　　6. 求异法　　7. 共变法

三、
1. D　　2. B　　3. C　　4. C　　5. A　　6. B　　7. A　　8. D

四、
1. D　　2. A　　3. C　　4. A　　5. B　　6. C　　7. B

五、

1. D   2. B   3. A   4. C   5. B

第八章

一、

1. 论点：拉基雅不是杀死她丈夫的凶手。

论据：如果拉基雅是凶手，那么，她手枪中的五颗子弹至少有一颗打中了她丈夫，而现在经过现场检查，她手枪中的五颗子弹都打在了对面的墙上，打在墙上，当然就没有打中她丈夫；再有，如果拉基雅是凶手，那么，子弹一定是从前面打进她丈夫的身体的，因为拉基雅是面对面地对她丈夫开的枪，但经过法医检查，尸体上的子弹是从背后打进去的。

论证类型：间接论证的反证法，演绎论证。

2. 论点：业余研究也能出第一流的科学成果，出第一流的人才。

论据：哥白尼是波兰大主教的秘书和医生，但他对天文学的研究成果具有划时代的意义；军官笛卡儿把量变引入了数学，提出了运动守恒；外交官布莱尼兹发现了微积分；19世纪三大发现之一的能量守恒和转化定律，由四个人分别独立地提出来，他们在这个问题上都是业余研究者：焦耳是酿酒商，迈尔是医生，赫尔姆霍茨是生物学教授，格罗夫是律师。

论证类型：直接论证，归纳论证。

3. 论点：枇杷不是琵琶。

论据：若使琵琶能结果，满城箫管尽开花。

论证类型：间接论证的反证法，演绎论证。

二、

1. 被反驳的论题：护照上准许携带猎枪就是可以打猎。

反驳所用论据：若是准许你们携带手枪，难道你们就可以在中国境内随意杀人吗？

反驳的类型：归谬法。

2. 被反驳的论题：有些植物是没有叶绿素的。

反驳所用论据：在客观上，"凡是植物都是有叶绿素的"，因为凡是能进行光合作用的都有叶绿素，而植物都能进行光合作用，例如花草树木乃至藻类植物与苔藓都含有叶绿素。

反驳的类型：直接反驳。

3. 被反驳的论题：存在下蛋的公鸡。

反驳所用论据：男人不能坐月子。

反驳的类型：归谬法。

4. 被反驳的论题：要跪拜才生这膝盖的。

反驳所用论据：人生膝盖大有用处。走路需要膝盖曲折，坐下来需要膝盖弯曲……并非只是为了跪拜的。

反驳的类型：直接反驳。

三、

1. B　　2. A　　3. D　　4. C　　5. D　　6. A　　7. C　　8. D
9. D　　10. D　　11. C　　12. B

主要参考书目

陈波：《逻辑学十五讲》，北京大学出版社 2016 年版。

粉笔公考编著：《公务员考试决战行测 5000 题·判断推理》，中国工信出版集团、电子工业出版社 2021 年版。

贾娇燕编著：《形式逻辑》，齐鲁书社 2010 年版。

李永新主编：《中公版·2020 山东省公务员录用考试专项突破教材：判断推理（全真题库）》，山东人民出版社 2019 年版。

李永新、李琳主编：《中公教育·2023 公务员录用考试专项题库：判断推理》，人民日报出版社 2022 年版。

《逻辑学》编写组：《逻辑学》，高等教育出版社 2018 年版。

《普通逻辑》编写组：《普通逻辑》，上海人民出版社 2011 年版。

周建武编著：《逻辑学导论——推理、论证与批判性思维》，清华大学出版社 2021 年版。